clasici conte[mporani]
LITER[A]

Clasici contemporani Litera
pune laolaltă scriitori contemporani laureați
sau nominalizați ai unor prestigioase premii literare
care le prefigurează statutul de „clasici".
Operele de ficțiune cele mai noi, cele mai vândute,
cele mai iubite din zilele noastre –
cărți pe care abia aștepți să le citești.

Svetlana Aleksandrovna Aleksievici este o scriitoare şi jurnalistă din Belarus. S-a născut la Stanislaviv, în Ucraina, pe 31 mai 1948, dintr-un tată bielorus şi o mamă ucraineană, şi a crescut în Bielorusia (denumirea ţării în perioada sovietică). După terminarea şcolii, a lucrat ca reporter la mai multe ziare locale, înainte de a absolvi Universitatea de Stat din Belarus (1972) şi de a deveni corespondent al revistei literare *Neman* din Minsk (1976).

De-a lungul carierei sale de jurnalist, Aleksievici s-a specializat în naraţiuni literare întemeiate pe declaraţiile martorilor oculari, istorii orale ale mai multor evenimente dramatice din istoria sovietică: al Doilea Război Mondial, războiul din Afganistan, căderea URSS, dezastrul de la Cernobîl. În urma persecuţiilor politice din partea administraţiei Lukaşenko, a părăsit Belarusul în 2000, trăind timp de un deceniu la Paris, Göteborg şi Berlin. În 2011 s-a mutat înapoi la Minsk.

A publicat mai multe volume care s-au bucurat de apreciere, cărţi publicate sau în curs de publicare în 43 de limbi şi în 47 de ţări: *Războiul nu are chip de femeie* (*U voinî ne jenskoe liţo*, 1985), ce cuprinde mărturii ale femeilor care au luptat în al Doilea Război Mondial, titlu vândut în peste 2 milioane de exemplare; *Ultimii martori* (*Poslednie svideteli*, 1985), amintiri ale celor care au copilărit în vremea celui de-al Doilea Război Mondial; *Soldaţii de zinc* (*Ţinkovîe malciki*, 1989), despre experienţele soldaţilor sovietici în războiul din Afganistan; *Zacearovannîe smertiu* (*Fermecaţi de moarte*, 1993), despre sinuciderile provocate de prăbuşirea Uniunii Sovietice; *Rugăciune pentru Cernobîl* (*Cernobîlskaia molitva*, 1997), mărturii ale supravieţuitorilor celei mai mari catastrofe nucleare din istorie; şi *Vremuri second-hand* (*Vremea second hand*, 2013), o încercare de portretizare a „omului sovietic" prin amintirile generaţiilor nostalgice de după căderea imperiului comunist. Svetlanei Aleksievici i s-au acordat numeroase premii pentru cărţile sale, iar în anul 2015 a fost distinsă cu Premiul Nobel pentru Literatură, „pentru scrierile ei polifonice, memorial al suferinţei şi curajului în epoca noastră".

SVETLANA ALEKSIEVICI

Rugăciune pentru Cernobîl

O cronică a viitorului

Traducere din limba rusă şi note
ANTOANETA OLTEANU

Cernobîlskaia molitva. Hronika buduşcego
Svetlana Aleksievici
Copyright © 2013 Svetlana Aleksievici

Editura Litera
tel.: 0374 82 66 35; 021 319 63 90; 031 425 16 19
e-mail: contact@litera.ro
www.litera.ro

Rugăciune pentru Cernobîl
O cronică a viitorului
Svetlana Aleksievici

Copyright © 2019, 2020 Grup Media Litera
pentru versiunea în limba română
Toate drepturile rezervate

Editor: Vidraşcu şi fiii
Redactor: Mona Apa-Slujenco
Corector: Cătălina Călinescu
Copertă: Flori Zahiu
Tehnoredactare şi prepress: Ofelia Coşman

Seria de ficţiune a Editurii Litera este coordonată
de Cristina Vidraşcu Sturza.

Descrierea CIP a Bibliotecii Naţionale a României
ALEKSIEVICI, SVETLANA
Rugăciune pentru Cernobîl. O cronică a viitorului /
Svetlana Aleksievici; trad. din lb. rusă: Antoaneta Olteanu. –
Bucureşti: Litera, 2019
ISBN 978-606-33-4053-6

I. Olteanu, Antoaneta (trad.)

821.111

Noi suntem aer, nu pământ...

M. Mamardașvili

INFORMAȚIE ISTORICĂ

„Bielorusia... Pentru lume suntem *terra incognita* – un teritoriu necunoscut, străin. «Rusia albă», cam asta înseamnă denumirea țării noastre în limba engleză. Toți știu despre Cernobîl, dar numai în legătură cu Ucraina și cu Rusia. Mai trebuie să povestim și despre noi."

Narodnaia gazeta, *27 aprilie 1996*

„26 aprilie 1986, la ora 1 și 23 de minute și 58 de secunde, o serie de explozii au distrus reactorul și clădirea celui de-al patrulea bloc energetic de la centrala atomoelectrică de la Cernobîl, aflată în apropierea graniței bieloruse. Cernobîlul a devenit cea mai mare catastrofă tehnologică a secolului XX.

Pentru mica Bielorusie (cu o populație de 10 milioane de locuitori) a fost o calamitate națională, deși bielorușii nu au nici o centrală atomoelectrică. Este în continuare o țară agrară, cu o populație preponderent rurală. În anii Marelui Război pentru Apărarea Patriei, fasciștii germani au nimicit 619 sate de pe teritoriul bielorus, împreună cu locuitorii lor. După Cernobîl, țara a pierdut 485 de sate și cătune: 70 dintre ele sunt îngropate pentru eternitate în pământ. În război, unul din patru bieloruşi a murit; astăzi, unul din cinci trăieşte pe teritoriul contaminat. Sunt 2,1 milioane de oameni, dintre ei – 700 000 de copii. Printre factorii scăderii demografice, radiaţia ocupă locul cel mai important. În regiunile Gomel şi Moghilău (cele care au avut cel mai mult de suferit în urma catastrofei de la Cernobîl), mortalitatea a depăşit natalitatea cu 20%.

În urma catastrofei, în atmosferă au fost aruncate 50 000 000 Ci de radionuclizi. Dintre aceştia, 70% au căzut în Bielorusia: 23% din teritoriul ei a fost contaminat cu radionuclizi – peste 1 Ci/km^2 de cesiu-137. Pentru comparaţie, în Ucraina a fost contaminat 4,8% din teritoriu, în Rusia – 0,5%. Suprafaţa teritoriilor agricole intens contaminate, de peste 1 Ci/km^2, formează peste 1,8 milioane de hectare. Stronţiu-90, cu o densitate de peste 0,3 Ci/km^2, a contaminat circa 0,5 milioane de hectare. Din circuitul agricol au fost scoase 264 000 de hectare de pământ. Bielorusia e o ţară a pădurilor. Dar 26% din păduri şi peste jumătate din păşunile din luncile Pripetului, Niprului, Sojului fac parte din zona de contaminare radioactivă.

Ca urmare a influenţei permanente a dozelor mici de radiaţie, anual în ţară creşte numărul de îmbolnăviri de cancer, de copii înapoiaţi mintal, cu tulburări nervoase şi psihice şi cu mutaţii genetice."

Belorusskaia enţiklopedia, „Cernobîl",
1996, pp. 7, 24, 49, 101, 149

„Conform datelor din studiile de cercetare, pe 29 aprilie 1986, un nivel radioactiv înalt a fost înregistrat în

Polonia, Germania, Austria, România, pe 30 aprilie, în Elveția și nordul Italiei, pe 1–2 mai, în Franța, Belgia, Olanda, Marea Britanie, nordul Greciei, pe 3 mai în Israel, Kuweit, Turcia. Substanțele gazoase și volatile, propulsate la o mare înălțime, s-au răspândit pe tot globul: pe 2 mai au fost înregistrate în Japonia, pe 4 mai, în China, pe 5, în India, pe 5 și 6 mai, în SUA și Canada. A fost nevoie de mai puțin de o săptămână ca Cernobîl să ajungă o problemă a întregii lumi."

Urmările avariei de la Cernobîl în Bielorusia, Minsk, Colegiul superior internațional "Saharov" pentru studierea radioecologiei, 1992, p. 82

„Reactorul patru, numit obiectivul «Carcasa», păstrează în continuare, în pântecele său de plumb, fier și beton, circa 200 de tone de materiale nucleare. Iar combustibilul este amestecat parțial cu grafit și beton. Nimeni nu știe ce se întâmplă cu ele azi.

Sarcofagul a fost construit solid, într-un mod unic, iar inginerii din Petersburg care au ridicat construcția probabil că se pot mândri cu ea. Trebuia să reziste treizeci de ani. Totuși, a fost asamblată «teleghidat», plăcile au fost îmbinate cu ajutorul roboților și al elicopterelor, de aici și fisurile. Astăzi, conform unor date, suprafața generală a fisurilor depășește 200 de metri pătrați și printre ele continuă să iasă la suprafață particule radioactive. Dacă bate vântul din nord, atunci spre sud avem de-a face cu niște cenuși active cu uraniu, plutoniu, cesiu. Mai mult, într-o zi cu soare, cu lumina stinsă, în sala reactorului se văd coloane de lumină ce cad de sus. Ce înseamnă asta? Și ploaia pătrunde înăuntru. Iar dacă ajunge umezeală în masele ce conțin combustibili, este posibilă o reacție în lanț...

Sarcofagul este un mort care respiră. Respiră moarte. Pentru cât timp mai are putere? Nimeni nu va răspunde la această întrebare, căci până acum a fost imposibil să ajungem la multe puncte de legătură și construcții pentru a afla cât mai pot rezista ele. Dar toți ne dăm seama: distrugerea carcasei ar duce la niște urmări chiar mai îngrozitoare decât cele din anul 1986."

Ogoniok, nr. 17, aprilie 1996

„Înainte de Cernobîl, la 100 000 de locuitori din Bielorusia erau 82 de cazuri de afecțiuni oncologice. Astăzi statistica este aceasta: la 100 000 de locuitori, 6 000 de bolnavi. De aproape 74 de ori mai mult.

Mortalitatea, în ultimii zece ani, a crescut cu 23,5%. De bătrânețe moare un om din paisprezece, în principal oameni apți de muncă — la 46–50 de ani. În regiunile cele mai contaminate, la un control medical s-a stabilit: din zece oameni, șapte sunt bolnavi. Dacă mergi prin sate, te frapează cimitirele apărute peste tot."

„Până acum, multe cifre sunt necunoscute. Toate sunt ținute în secret, pentru că sunt monstruoase. Uniunea Sovietică a trimis la locul catastrofei 800 000 de soldați din serviciul de urgență și au fost chemați să lucreze lichidatori, vârsta medie a acestora din urmă fiind de 33 de ani. Iar copiii au fost luați în armată imediat după terminarea școlii.

Numai în Bielorusia s-au aflat pe lista de lichidatori 115 493 de oameni. Din datele Ministerului Sănătății, din 1990 până în 2003 au murit 8 553 de lichidatori. Câte doi oameni pe zi."

„Așa a început istoria...
Anul 1986. Pe primele pagini ale ziarelor sovietice și străine sunt reportaje despre procesul vinovaților catastrofei de la Cernobîl.

Iar acum, imaginați-vă un bloc gol cu patru etaje. Un bloc fără locatari, dar cu lucruri, mobilă, îmbrăcăminte pe care nimeni nu le va mai putea folosi niciodată. Pentru că acest bloc se află la Cernobîl. Dar chiar într-un asemenea bloc al orașului mort, cei care trebuiau să-i judece pe vinovații de producerea avariei atomice au ținut o conferință de presă pentru ziariști. La cel mai înalt nivel, la CC al PCUS, s-a decis că acest caz trebuie soluționat la locul faptei. Chiar la Cernobîl. Procesul a avut loc în clădirea casei de cultură din partea locului. Pe banca acuzaților sunt șase persoane – directorul centralei atomice Viktor Briuhanov, inginerul-șef Nikolai Fomin, inginerul-șef adjunct Anatoli Diatlov, șeful de tură Boris Rogojkin, șeful atelierului reactorului Aleksandr Kovalenko, inspectorul Iuri Laușkin de la Inspecția Națională pentru Energie Atomică.

Locurile pentru spectatori sunt pustii. Sunt prezenți doar ziariști. De fapt, aici nici nu mai sunt oameni, orașul a fost «închis», fiind «zonă de control radioactiv sever». Oare nu din acest motiv a fost ales și ca loc al procesului, cu cât mai puțini martori, cu atât mai puțină zarvă? Nu sunt nici operatori TV, nici ziariști străini. Desigur, pe banca acuzaților toți voiau să vadă zeci de funcționari cu răspundere, inclusiv din Moscova. Răspunderea trebuia să o poarte și știința modernă. Dar s-au mulțumit cu «acarii».

Sentința... Viktor Briuhanov, Nikolai Fomin și Anatoli Diatlov au primit câte zece ani. Alții au avut niște sentințe mai mici. În detenție, Anatoli Diatlov și Iuri Laușkin au murit din cauza urmărilor expunerii la radiațiile puternice. Inginerul-șef Nikolai Fomin a înnebunit, dar, iată, directorul centralei, Viktor Briuhanov, și-a ispășit pedeapsa de la un capăt la altul, toți cei zece ani. L-au întâmpinat rudele și câțiva ziariști. Evenimentul a trecut neobservat.

Fostul director trăiește la Kiev și lucrează ca mărunt funcționar la o firmă.

Așa se încheie istoria."

„În curând, Ucraina va începe o construcție grandioasă. Deasupra sarcofagului care a acoperit în anul 1986 reactorul al patrulea, distrus, al centralei nucleare de la Cernobîl, o să apară o nouă carcasă, numită «Arca». Pentru acest proiect, 28 de țări donatoare vor oferi în următoarea perioadă un capital inițial de peste 768 de milioane de dolari. Noua carcasă trebuie să reziste nu treizeci, ci o sută de ani. Și a fost proiectată grandios, deoarece trebuie să aibă un volum suficient de mare pentru a se realiza acolo lucrări de îngropare a reziduurilor. E nevoie de o fundație masivă: de fapt, va trebui să se facă un grund artificial din stâncă, din stâlpi și plăci de beton. După aceea va trebui pregătit depozitul unde vor fi mutate reziduurile radioactive scoase din carcasa veche.

Noua carcasă va fi făcută din oțel de calitate superioară, capabil să rețină radiațiile gama. Numai metalul va avea 18 000 de tone.

«Arca» va fi o construcție fără precedent în istoria omenirii. În primul rând, ne vor uimi dimensiunile ei – această a doua membrană va avea o înălțime de 150 de metri. Iar din punct de vedere estetic, va semăna cu Turnul Eiffel."

Din materiale publicate în ziarele bieloruse
în anii 2002–2005

O VOCE OMENEASCĂ SINGURATICĂ

„Nu știu despre ce să povestesc. Despre moarte sau despre iubire? Sau este același lucru; despre ce? Ne căsătoriserăm recent. Încă mai mergeam pe stradă ținându-ne de mână, chiar dacă ne duceam numai până la magazin. Mereu amândoi. Eu îi spuneam lui: «Te iubesc!» Dar încă nu știam cât de mult îl iubeam. Nu-mi imaginam... Trăiam în căminul unității de pompieri unde lucra el. La etajul unu. Și acolo erau încă trei familii tinere, toți aveam aceeași bucătărie. Iar jos, la parter, se aflau mașinile. Mașinile roșii de pompieri. Era serviciul lui. Eram mereu la curent: unde este, ce se întâmplă cu el. În toiul nopții aud un zgomot. Strigăte. Mă uit pe fereastră. El mă vede: «Închide ferestruica și culcă-te la loc. E incendiu la centrală. O să vin repede».

Nu am văzut explozia. Numai flacăra. Parcă s-a luminat tot, tot cerul. O flacără înaltă. Funingine. O căldură groaznică. Iar el tot nu vine și nu vine. Era funingine pentru că ardea bitumul, acoperișul centralei fusese acoperit cu bitum. Mergeau, își amintise după aceea, parcă prin smoală. Respingeau focul, iar el se târa. Se ridica. Aruncau grafitul aprins de sub picioare. Plecaseră fără costumele ignifuge, așa cum erau, numai în cămăși, așa plecaseră. Nu fuseseră preveniți, fuseseră chemați la un incendiu obișnuit.

Ora patru, ora cinci, ora șase. La șase ne pregăteam să mergem la părinții lui. Să punem cartofi. Din orașul Pripiat până în satul Sperijie, unde locuiau părinții lui, sunt 40 de kilometri. Să semănăm, să arăm. Îi place să facă asta. Mama lui își aducea adesea aminte că nu voiau, ea cu tatăl, să-l lase să plece la oraș, ba chiar construiseră o casă nouă. L-au luat în armată. A făcut armata la Moscova, la trupele de pompieri, iar când s-a întors, numai pompier a vrut să fie! Nu recunoștea nimic altceva. (*Tace.*)

Uneori parcă îi aud vocea... Vie... Nici fotografiile nu acționează asupra mea așa cum o face vocea. Dar nu mă strigă niciodată. Și în vis, eu îl strig pe el.

Ora șapte. La ora șapte mi s-a spus că e la spital. Am dat fuga, dar în jurul spitalului se formase deja un lanț de milițieni, nu lăsau pe nimeni. Numai mașinile salvării intrau. Milițienii strigau: «Nu vă apropiați de mașini, contoarele sar în aer!»

Nu numai eu, toate soțiile au dat fuga, toate cele ale căror soți s-au aflat noaptea la unitate. Eu m-am dus repede s-o caut pe o cunoștință, lucra ca doctor la spital. Am apucat-o de halat, când a coborât din mașină.

— Lasă-mă să intru!

— Nu pot! E foarte rău. Toți sunt foarte rău.

Îi țin calea:

— Numai să mă uit.

— Bine, zice, atunci să fugim repede cincisprezece-douăzeci de minute.

L-am văzut. Umflat tot, plin de vânătăi. Aproape că nu mai are ochi.

— E nevoie de lapte! De cât mai mult lapte! spune cunoștința mea. Să bea cel puțin trei litri.

— Dar el nu bea lapte.

— Acum o să bea.

Mulți medici, surori medicale, mai ales sanitarele din acest spital urmau să se îmbolnăvească după o vreme. Să moară. Dar atunci nimeni nu știa asta.

La ora zece a murit operatorul Șișenok. El a fost primul. În prima zi. Am aflat că rămăsese un altul sub ruine, Valeri Hodemciuk. Nu l-au mai găsit. Au turnat beton peste el. Dar încă nu știam că ei toți o să fie primii.

Întreb:

— Vasenka, ce ne facem?

— Pleacă de aici! Pleacă! O să ai un copil.

Sunt însărcinată. Dar cum să-l las pe el? Mă roagă:

— Pleacă! Salvează copilul.

— Mai întâi trebuie să-ți aduc lapte, după aceea o să mai vedem.

Vine repede prietena mea, Tania Kibenok, soțul ei se află în același salon. E și tatăl ei cu ea, sunt cu mașina. Ne urcăm și ne ducem în satul cel mai apropiat, după lapte, la vreo trei kilometri de oraș. Cumpărăm multe borcane de trei litri cu lapte. Șase, să ajungă pentru toți. Dar din cauza laptelui vomau așa de tare. Tot timpul își pierdeau cunoștința, li se puneau perfuzii. Medicii, nu se știe de ce, repetau că s-au otrăvit cu gaze, nimeni nu vorbea de radiații. Iar orașul se umpluse de mașini militare, toate drumurile fuseseră închise. Peste tot erau soldați. Nu mai mergeau trenurile. Străzile erau spălate cu un praf alb. Am început să mă panichez, cum o să mă duc eu mâine în sat, să-i cumpăr lapte proaspăt? Nimeni nu vorbea despre radiații. Numai soldații purtau măști de gaze... Orășenii luau pâine din magazine, pungi deschise cu bomboane. Pe tarabe erau prăjituri... Viața se desfășura ca de obicei. Numai... Străzile erau spălate cu nu știu ce praf...

Seara nu am mai putut să intrăm în spital. În jur, era o mare de oameni. Stăteam vizavi de fereastra lui, el s-a apropiat și a strigat ceva. Așa de disperat! În mulțime cineva a auzit: «La noapte îi duc la Moscova». Soțiile s-au adunat la un loc. Ne-am decis: mergem cu ei. «Dați-ne drumul la soții noștri! Nu aveți dreptul!» Ne-am luptat, i-am zgâriat. Soldații, deja era un cordon dublu, ne împingeau înapoi. Atunci a ieșit un medic și a confirmat că o să fie transportați cu avionul la Moscova, dar că trebuie să le aducem haine – cele în care fuseseră îmbrăcați la centrală arseseră. Autobuzele nu mai circulau și am luat-o la fugă prin tot orașul... Am venit cu gențile, dar avionul plecase deja. Au făcut-o intenționat. Ca să nu mai strigăm, să nu plângem...

E noapte... Pe o parte a străzii merg autobuze, sute de autobuze (orașul era pregătit pentru evacuare), iar pe partea cealaltă, sute de mașini de pompieri. Veneau de peste tot. Toată strada era acoperită de o spumă albă. Mergem pe ea... Ocărâm și plângem...

La radio se anunța: orașul este evacuat pentru trei-cinci zile, luați cu voi haine groase și treninguri, o să trăiți în păduri. În corturi. Oamenii chiar s-au bucurat – o să mergem în natură! O să petrecem acolo 1 Mai. Lucru neobișnuit. Au făcut pentru drum frigărui, au cumpărat vin. Au luat cu ei chitarele, casetofoanele. Dragile sărbători din mai! Plângeau numai femeile ale căror soți fuseseră răniți.

Nu mai țin minte cum am ajuns... Parcă m-am trezit când am văzut-o pe mama lui: «Mamă, Vasia e la Moscova! L-au dus cu un avion special!» Dar noi tocmai terminaserăm de sădit în grădină cartofi, varză, iar peste o săptămână satul urma să fie evacuat! Cine să fi știut? Cine să fi știut atunci de asta? Spre seară am început să vomit. Sunt în luna a șasea de sarcină. Mi-e așa de rău! Noaptea visez că el mă strigă, cât era viu mă striga în vis: «Liusia! Liusenka!» Iar când a murit, nu m-a mai strigat niciodată. Niciodată... (*Plânge.*) Dimineața mă trezesc cu gândul să mă duc singură la Moscova. «Unde te duci tu așa?», plânge mama. L-a chemat pe tata: «Să te ducă el». Am luat de pe cec banii pe care-i aveau ei. Toți banii.

Nu mai țin minte drumul. Mi-a ieșit din nou din minte. La Moscova, l-am întrebat pe primul milițian în ce spital sunt internați pompierii de la Cernobîl și el ne-a spus, chiar m-am mirat, pentru că ne speriaseră că e «secret de stat, strict secret».

Spitalul nr. 6, pe strada Șciukinskaia.

În spitalul acesta, un spital special, de radiologie, nu puteai intra fără permis. Am dat bani portăresei și atunci ea mi-a spus: «Du-te». A spus la ce etaj. Am rugat iar pe cineva, am implorat. Și, uite, stau în cabinetul șefei de secție de la radiologie, Anghelina Vasilievna Guskova. Pe atunci nu știam cum o cheamă, nu reținusem nimic.

Știam numai că trebuia să-l văd. Să-l găsesc. M-a întrebat imediat:

— Draga mea! Draga mea! Ai copii?

Cum să recunosc?! Și îmi dau deja seama că trebuie să-mi trec sub tăcere sarcina. N-o să-mi dea drumul la el! Bine că sunt slăbuță, deocamdată nu se observă nimic.

— Am, răspund.

— Câți?

Îmi spun: «Trebuie să spun că doi. Dacă e unul, oricum n-o să-mi dea drumul».

— Un băiat și o fată.

— Dacă ai doi, se vede că n-o să mai faci alții. Acum ascultă: sistemul nervos central e afectat în totalitate, măduva e afectată în totalitate.

«Ei, bine», îmi zic, «o să fie puțin nervos.»

— Și încă ceva: dacă o să începi să plângi, te trimit imediat înapoi. Nu se poate să-l îmbrățișezi și să-l săruți. Să nu te apropii prea mult. Îți dau o jumătate de oră.

Dar știu că n-o să plec de aici. Dacă o să plec, atunci plec cu el. Mi-am jurat!

Intru. Ei stau pe pat, joacă cărți și râd.

— Vasia! îl strigă ei, iar el se întoarce și zice:

— O, fraților, sunt pierdut! M-a găsit și aici!

E așa amuzant, are pe el o pijama mărimea 48, iar el poartă 52. Mânecile sunt scurte, pantalonii, la fel. Iar umflătura de pe față se retrăsese deja. I se făcuseră infiltrații cu nu știu ce soluție.

— Dar de ce ai dispărut așa deodată? întreb.

Vrea să mă îmbrățișeze.

— Stai jos, stai jos! zice medicul, împiedicându-l să se apropie de mine. Lăsați îmbrățișările.

Am luat asta cumva în glumă. Și atunci au venit toți și din alte saloane. Toți ai noștri. Din Pripiat. Douăzeci de oameni au fost aduși aici, cu avionul. Ce mai e pe acolo? Ce e în orașul nostru? Răspund că a început evacuarea, tot orașul e dus de acolo pentru trei sau cinci zile. Băieții tac. Iar acolo mai erau și două femei, una din ele era de serviciu la intrare în ziua avariei și a început să plângă:

— Doamne, Dumnezeule! Acolo sunt copiii mei. Ce s-o întâmpla cu ei?

Aș fi vrut să rămân singură cu el, măcar pentru o clipă. Băieții au simțit asta, fiecare și-a găsit o scuză și au ieșit pe hol. Atunci l-am îmbrățișat și l-am sărutat. El s-a tras în spate:

— Nu te așeza alături de mine. Ia un scaun.

— Ei, dar astea sunt prostii, am zis eu fluturând din mână. Dar tu ai văzut unde s-a produs explozia? Ce e acolo? Doar ați ajuns primii.

— Cel mai probabil e un act dușmănos. O mână criminală. Toți băieții noștri așa cred.

Așa se spunea atunci. Așa gândeau.

A doua zi, când am venit, deja erau așezați, fiecare în salonul lui. Li se interzicea categoric să iasă pe coridor. Să comunice unul cu altul. Ciocăneau în perete: punct-linie, punct-linie, punct... Medicii explicau asta prin faptul că fiecare organism reacționează diferit la dozele de radiație și ceea ce suportă unul altuia îi este peste puteri. Acolo unde stăteau ei, chiar și pereții deveneau radioactivi. În stânga, în dreapta și cu un etaj mai jos. De acolo i-au scos pe toți, nu mai era nici un bolnav. Sub ei și deasupra lor nu era nimeni.

Trei zile am locuit la Moscova, la niște cunoștințe. Ele îmi spuneau: «Ia un castron, ia o oală, ia tot ce-ți trebuie, nu te jena». S-au dovedit a fi niște oameni așa de buni. Aşa de buni! Am făcut supă de curcan pentru şase persoane. Şase băieţi de la noi, pompieri, din aceeaşi tură. Toţi au fost de serviciu în noaptea aia: Vaşciuk, Kibenok, Tîtenok, Pravik, Tişciura. Am cumpărat de la magazin pentru toţi pastă de dinţi, periuţe, săpun. La spital nu era nimic. Am cumpărat nişte prosoape mici. Acum mă minunez de cunoştinţele mele, desigur, se temeau, nu aveau cum să nu se teamă, doar umblau tot felul de zvonuri, dar, oricum, chiar ele mi-au propus: «Ia tot ce trebuie. Ia! Cum e el? Cum sunt toţi? O să trăiască?» Să trăiască... (*Tace.*) Am întâlnit atunci mulţi oameni buni, nu l-am uitat pe nici unul... Lumea se îngustase până la mărimea unui punct. El... Numai el... Ţin minte o sanitară în vârstă care m-a învăţat: «Sunt boli care nu se vindecă. Trebuie să stai şi să-i mângâi mâinile».

Dimineaţă devreme mă duc la piaţă, de acolo, la cunoştinţele mele, fac supă. Curăţ totul, tai mărunt, fac porţii. Cineva m-a rugat: «Adu un merişor». Cu şase borcane de un litru şi jumătate... Mereu pentru şase persoane! La spital. Stau până seara. Iar seara – din nou în capătul celălalt al oraşului. Cât aş fi putut rezista aşa? Dar peste vreo trei zile au spus că pot să locuiesc în hotelul destinat cadrelor medicale, chiar pe teritoriul spitalului. Doamne, ce fericire!!!

– Dar acolo nu am bucătărie! Cum o să le fac eu de mâncare?

– Nici nu mai trebuie să faceţi de mâncare. Stomacurile lor nu mai suportă mâncarea.

El începea să se schimbe – în fiecare zi întâlneam deja un alt om... Arsurile ieşiseră la suprafaţă... În gură, pe limbă şi pe obraji îi apăruseră răni mici, apoi se făcuseră mai mari. Mucoasa se lua în straturi, în straturi albe. Culoarea feței... Culoarea trupului... Vânăt. Roșu. Cenușiu-închis. Dar era tot al meu și așa de drag! Nici nu pot să povestesc! Nu pot să scriu! Și nici să îndur... M-a salvat faptul că totul s-a întâmplat subit, nici nu aveam când să mă gândesc, când să plâng.

Îl iubeam! Și încă nu știam cât de mult îl iubeam! Abia ne căsătoriserăm, încă nu ne bucuraserăm din plin unul de altul. Mergem pe stradă. Mă ia în brațe și mă învârte. Și mă sărută, mă sărută. Oamenii trec pe lângă noi și zâmbesc toți.

Clinica pentru boli produse prin iradiere – 14 zile... În 14 zile, omul moare.

În hotel, chiar în prima zi, m-au măsurat cu dozimetrele. Hainele, geanta, portofelul, pantofii – totul «ardea». Și mi le-au luat imediat. Chiar și lenjeria de corp. Numai de bani nu s-au atins. În schimb mi-au dat un halat de spital mărimea 56 în loc de 44, iar papuci 43 în loc de 37. «Poate o să vă înapoiem hainele», mi-au spus, «poate nu, puțin probabil că vor rezista «curățeniei».» În felul acesta am apărut în fața lui. S-a speriat. «Mamă, ce-i cu tine?» Dar eu totuși am reușit să mai fac niște supă. Am pus fierbătorul într-un borcan de sticlă... Am aruncat acolo niște bucăți de pui, mici, mici... Apoi cineva mi-a dat o oală mică, femeia de serviciu sau portăreasa de la hotel, mi se pare. Cineva, un fund de tocat, pe care am tăiat pătrunjel proaspăt. Cu halatul de spital nu mă puteam duce la piață, cineva mi-a adus verdeață. Dar totul era inutil, el nu putea nici să bea... nici să înghită un ou crud măcar... Iar eu voiam să fac rost de câte ceva gustos! Ca și cum asta ar fi putut să ajute. Am dat fuga la poștă: «Fetelor», le rog, «trebuie să-i sun urgent pe părinții mei de la Ivano-Frankivsk. Îmi moare soțul aici». Nu se știe de ce, au ghicit numaidecât de unde sunt și cine e soțul meu, mi-au făcut imediat legătura. Tata, sora și fratele meu au venit în aceeași zi cu avionul, la mine, la Moscova. Mi-au adus lucruri. Bani.

9 Mai. El îmi spunea mereu:

– Nici nu-ți imaginezi ce frumoasă e Moscova! Mai ales de Ziua Victoriei, când sunt artificiile. Aș fi vrut să le fi văzut și tu.

Stau lângă el în salon, a deschis ochii:

– Acum e zi sau seară?

– Ora nouă seara.

– Deschide fereastra! O să înceapă artificiile!

Am deschis fereastra. Etajul șapte, tot orașul e la picioarele noastre! Un buchet de foc a țâșnit spre cer.

– Uite, asta da!

– Ți-am promis că o să-ți arăt Moscova. Ți-am promis că de sărbători toată viața o să-ți dau flori.

M-am uitat – scoate de sub pernă trei garoafe. I-a dat bani surorii medicale și i le-a cumpărat.

Am dat fuga spre el și l-am sărutat:

– Dragul meu! Iubirea mea!

A început să mormăie:

– Ce ți-au spus medicii? Nu trebuie să mă îmbrățișezi! Nu trebuie să mă săruți!

Mi s-a interzis să-l îmbrățișez, să-l mângâi. Dar eu l-am ridicat și l-am așezat pe pat. Am făcut patul, i-am pus termometrul, am luat și am dus plosca. Am șters... Toată noaptea am stat alături de el. Îi păzeam fiecare mișcare. Fiecare oftat.

Bine că s-a întâmplat nu în salon, ci pe hol. Mă luase amețeala, m-am sprijinit de pervaz. Trecea un medic pe lângă mine, m-a luat de mână. Și, pe neașteptate:

– Sunteți însărcinată?

– Nu, nu!

M-am speriat așa de tare că o să ne audă cineva.

– Nu mă mințiți, a zis el, cu un oftat.

Așa de tare m-am pierdut, că nici nu am mai apucat să-l rog nimic.

A doua zi am fost chemată la șefa de secție:

– De ce m-ai mințit? m-a întrebat ea sever.

– Nu aveam altă soluție. Dacă vă spuneam adevărul, m-ați fi trimis acasă. A fost o minciună scuzabilă!

– Ce-ai făcut!!!

– Dar eu cu el...

– Draga mea! Draga mea...

Toată viața o să-i fiu recunoscătoare Anghelinei Vasi-lievna Guskova. Toată viața!

Au venit și alte soții, dar nu li s-a dat drumul. Erau cu mine mamele lor: mamelor li se dădea voie. Mama lui Volodia Pravik se ruga mereu la Dumnezeu: «Ia-mă mai bine pe mine».

Un profesor american, doctorul Gale... El a făcut operația de transplant de măduvă. M-a liniștit: «Există o speranță, una mică, dar există. Un organism așa de puternic, e un băiat așa de tare!» I-au chemat toate rudele. Două surori au venit din Bielorusia, fratele, din Leningrad, acolo lucra. Natașa, cea mică, avea paispre-zece ani, plângea foarte tare și-i era frică. Dar măduva ei se potrivea cel mai bine... (*Tace.*) Acum pot să vorbesc despre asta... Înainte nu puteam. Zece ani am tăcut. Zece ani... (*Tace.*)

Când el a aflat că măduva osoasă trebuia luată de la sora lui mai mică, a refuzat categoric: «Mai bine mor. Nu vă atingeți de ea, e mică». Sora cea mare, Liuda, avea douăzeci și opt de ani, era soră medicală, își dădea seama despre ce era vorba atunci când a acceptat operația în locul Natașei. «Numai să trăiască», spune ea. Eu am văzut operația. Erau așezați alături, pe mese... E acolo în sala de operație o fereastră mare. Operația a durat două ore... Când au terminat, îi era mai rău Liudei decât lui, avea pe piept optsprezece înțepături, a ieșit greu din anestezie. Și acum suferă, e cu invaliditate... Era o fată frumoasă, puternică. Nu s-a căsătorit... Iar atunci eu alergam dintr-un salon în altul, de la el la ea. El stătea de-acum nu în salonul lui, ci într-o cameră specială, presurizată, în spatele unei folii transparente, unde nu aveam voie să intru. Acolo sunt niște dispozitive speciale ca să faci injecții, să pui un cateter fără să intri după această folie. Toate aveau niște arici, niște încuietori, am învățat să le folosesc. Trăgeam la o parte folia și mă strecuram la el. În cele din urmă mi-au pus un scăunel lângă el. I se făcuse așa de rău, că nu mai puteam să-l las singur nici o clipă. Mă striga mereu: «Liusia, unde ești? Liusenka!» Mă chema întruna... Celelalte barocamere unde se aflau băieții de la noi erau deservite de soldați, pentru că sanitarii civili refuzaseră să lucreze, cereau haine de protecție. Soldații scoteau plosca. Spălau pe jos, schimbau lenjeria... Făceau tot ce trebuia. De unde apăruseră acolo soldații? Nu am întrebat... Numai el. El. Iar în fiecare zi auzeam:

a murit, a murit, a murit Tișciura, a murit Tîtenok. A murit... Parcă-mi dădeau cu un ciocan în creștet...

Ieșea afară de 20–30 de ori pe zi. Cu sânge și mucoasă. Pielea începea să plesnească pe mâini, pe picioare. Tot trupul i se umpluse de vezicule. Când își întorcea capul, pe pernă rămâneau smocuri de păr... Și tot îmi era așa de drag. Așa de mult îl iubeam... Încercam să glumesc: «Chiar e comod. Nu mai trebuie să porți pieptănul după tine». În curând toți au fost tunși. Pe el, eu l-am tuns. Voiam să fac totul singură. Dacă fizic ar fi fost posibil, zi și noapte aș fi fost lângă el. Îmi părea rău de fiecare clipă... Și de o clipă îmi părea rău... (*Își acoperă fața cu mâinile și tace.*) A venit fratele meu și s-a speriat: «Nu te mai las să te duci acolo!» Dar tata îi spune: «Pe una ca ea să n-o lași? Păi ea intră și pe fereastră! Pe scara de incendiu!»

Am ieșit de acolo. Când m-am întors, pe măsuța lui era o portocală. Mare, nu galbenă, ci roz. Zâmbește și zice: «M-au servit. Ia-o tu». Iar sora medicală face semn cu mâna prin folia aia, să nu mănânc portocala. Din moment ce a stat așa de mult lângă el, nici vorbă s-o mănânc, ți-e și frică s-o atingi.

«Ei, mănânc-o», mă roagă el. «Doar îți plac portocalele.» Iau portocala în mână. Iar el între timp închide ochii și adoarme. Tot timpul îi făceau injecții să doarmă. Narcotice. Sora medicală se uită la mine îngrozită... Iar eu? Sunt gata să fac orice, numai ca el să nu se gândească la moarte... Și la faptul că boala lui e îngrozitoare, că mi-e frică de el... Un fragment de discuție... Cineva încearcă să mă convingă: «Nu trebuie să uitați că în fața dumneavoastră nu este soțul, omul iubit, ci un obiect radioactiv cu o densitate mare de contaminare. Nu faceţi decât să vă sinucideţi. Veniţi-vă în fire». Iar eu, ca nebună: «Îl iubesc! Îl iubesc!» El dormea, eu îi şopteam: «Te iubesc!» Mergeam prin curtea spitalului: «Te iubesc!» Îi duceam plosca: «Te iubesc!» Mi-am adus aminte cum trăiam noi înainte. În căminul nostru... El adormea noaptea numai dacă mă apuca de mână. Avea acest obicei: în somn mă ţinea de mână. Toată noaptea.

Iar la spital îl iau de mână şi nu-i dau drumul...

E noapte. Linişte. Suntem singuri. S-a uitat la mine atent, atent, şi deodată a spus:

— Vreau aşa de mult să-l văd pe copilul nostru! Cum este?

— Dar cum să-i spunem?

— Ei, asta tu o să alegi.

— De ce eu, dacă suntem doi?

— Atunci, dacă o să se nască un băiat, să fie Vasia, iar dacă e fetiţă, Nataşa.

— Cum Vasia? Doar eu am un Vasia. Tu! Nu am nevoie de altul.

Încă nu ştiam cât de mult îl iubeam! Pe el... Numai pe el... Ca o oarbă! Nici nu simţeam înţepăturile sub inimă... Deşi eram deja în luna a şasea... Credeam că în mine e micuţa mea şi că ea e la adăpost. Micuţa mea...

Nici un medic nu ştia că noaptea stăteam în barocameră. Nu bănuia nimeni. Surorile medicale îmi dădeau drumul. La început încercaseră şi ele să mă convingă să renunţ: «Eşti tânără. Ce ţi-a trecut prin minte? Nu mai este un om, ci un reactor. O să ardeţi amândoi». Eu, ca un căţeluş, alergam după ele. Stăteam cu orele la uşă. Le-am rugat, le-am implorat. Şi atunci ele spuneau:

«Naiba să te ia! Nu ești normală». Dimineața, înainte de ora opt, când începea vizita medicilor, îmi făceau semn prin folie: «Fugi!» Fug pentru o oră la hotel. Iar de la nouă dimineața până la nouă seara am voie. Picioarele mi se învinețiseră până la genunchi, se umflaseră, așa de tare obosisem. Sufletul era mereu mai tare decât trupul. Iubirea mea...

Când eram eu cu el... nu făceau asta... Dar când plecam, îl fotografiau... Nu avea nici un fel de haine. Gol. Un cearșaf ușor deasupra. În fiecare zi schimbam cearșaful ăsta, iar spre seară era tot plin de sânge. Îl ridicam și în mână îmi rămâneau bucățele de piele, se lipeau de mine. Îl rugam: «Dragul meu! Ajută-mă! Sprijină-te pe mână, în cot, cât poți, să netezesc patul sub tine, să nu mai rămână nici o dungă, nici o cută». Orice atingere îi provoca numaidecât o rană. Mi-am tăiat unghiile până la sânge, să nu-l zgârii cumva. Nici o soră medicală nu voia să se apropie, dacă era nevoie de ceva, mă chemau pe mine. Și ei... Îl fotografiau... Spuneau că pentru știință. Iar eu i-aș fi alungat pe toți de acolo! Aș fi strigat la ei și i-aș fi lovit! Dacă aș fi putut, nu i-aș fi lăsat acolo. Dacă...

Ies din salon pe coridor. Și mă lovesc de perete, de o canapea, pentru că nu văd nimic. O opresc pe sora de serviciu. «Moare.» Ea-mi răspunde: «Și tu ce vrei? A primit 1 600 de röntgeni, iar doza mortală e de 400». Și ei îi pare rău, dar în alt fel. Iar aici e vorba de ceva al meu... Și îmi este drag...

Când au murit toți, în spital s-a făcut renovare. Au jupuit pereții, au scos parchetul și l-au dus afară. La tâmplărie.

Mai târziu, ultimele momente... Țin minte numai fragmente. Totul plutește...

Noaptea stau lângă el pe un scăunel... La opt dimineața: «Vasenka, eu plec. Mă duc să mă odihnesc puțin». Deschide și închide ochii, mi-a dat voie. Imediat ce ajung la hotel, în camera mea, mă culc pe jos, nu puteam să stau pe pat, așa de tare mă durea tot, când o sanitară a bătut la ușă: «Du-te! Du-te fuga la el! Te cheamă întruna!» Iar în dimineața aceea Tania Kibenok mă rugase așa de tare, mă chemase: «Hai cu mine la cimitir. Fără tine nu pot să merg». În dimineața aceea erau îngropați Vitia Kibenok și Volodia Pravik. Cu Vitia era prieten, familiile noastre erau prietene. Cu o zi înainte de explozie ne-am fotografiat împreună în cămin la noi. Soții noștri sunt așa de frumoși acolo! Veseli! Ultima zi a vieții noastre de atunci... Înainte de Cernobîl... Așa de fericiți suntem!

M-am întors de la cimitir, ajung repede la biroul surorii medicale:

— Ce mai face?

— Acum cincisprezece minute a murit.

— Cum? Toată noaptea am fost lângă el. Am plecat numai pentru trei ore!

M-am dus la fereastră și am început să țip: «De ce? De ce?» Mă uitam la cer și strigam. Mă auzea tot hotelul. Le era frică să vină la mine. Mi-am venit în fire, trebuia să-l văd pentru ultima oară! Să-l văd! Am luat-o la fugă pe scară. Se afla încă în barocameră, nu fusese dus. Ultimele lui cuvinte: «Liusia! Liusenka». «Acum a plecat. Vine acum», încerca să-l liniștească sora medicală. A oftat și s-a liniștit.

Nu m-am mai dezlipit de el... Am mers cu el până la sicriu... Deși țin minte nu sicriul, ci un sac mare de plastic... Sacul acesta... La morgă m-au întrebat: «Vreți să vă arătăm în ce-o să-l îmbrăcăm?» «Vreau!» L-au îmbrăcat în uniformă de ceremonie, i-au pus cascheta pe piept. Încălțăminte nu i-au pus, pentru că picioarele i se umflaseră. Niște bombe în loc de picioare. Uniforma de ceremonie a fost și ea tăiată, nu au putut să-l îmbrace cu ea, trupul lui nu mai era întreg. Totul era o rană sângerândă. La spital, ultimele două zile... Îi ridicam mâna, iar osul se mișca, se legăna osul, țesuturile de pe trup se dezlipiseră de el. Bucățele de plămâni, bucățele de ficat îi ieșeau pe gură... Se îneca cu propriile măruntaie... Îmi înfășuram mâna cu un bandaj și i-o băgam în gură și numai eu știu ce scoteam de acolo... Asta nu se poate povesti! Asta nu se poate descrie! Și să mai și suporți. Toate astea sunt așa de dragi... așa de... Era imposibil să-i pui vreun fel de încălțăminte... A fost pus în sicriu desculț...

Sub ochii mei... Îmbrăcat în uniformă de ceremonie, l-au băgat într-un sac de plastic și l-au legat. Și sacul l-au pus după aceea într-un sicriu de lemn... Și sicriul a mai fost înfășurat într-un sac. Celofanul e transparent, dar e gros, ca o mușama. Și toate astea le-au pus într-un sicriu zincat, abia l-au înghesuit. Numai cascheta a rămas deasupra.

Au venit toți... Părinții lui, părinții mei... Am cumpărat de la Moscova baticuri negre. Am fost primiți de o comisie extraordinară. Tuturor ni se spunea același lucru, că nu putem să vă dăm trupurile soților voștri, ale fiilor voștri, sunt foarte radioactive și o să fie înmormântate la un cimitir din Moscova, într-un mod deosebit. În sicrie zincate lipite, sub plăci de beton. Și trebuie să semnați documentul acesta. E nevoie de acordul dumneavoastră. Dacă cineva se indigna, voia să ia sicriul la el acasă, era convins că ei, chipurile, sunt eroi și acum nu mai aparțin familiei... Doar sunt oameni de-ai statului... Aparțin statului...

L-au așezat pe catafalc... Rudele și niște militari. Un colonel cu o stație radio... Se transmite prin stație: «Așteptați ordinele noastre! Așteptați!» Două sau trei ore am tot umblat cu mașina prin Moscova, pe șoseaua de centură. Iar ne întorceam la Moscova... Prin radio: «Nu permitem plecarea spre cimitir. Cimitirul va fi luat cu asalt de corespondenții străini. Mai așteptați puțin». Părinții tac... Baticul mamei e negru. Simt că-mi pierd cunoștința. Mă apucă isteria:

– De ce trebuie să-l ascund pe soțul meu? Cine este el? Vreun criminal? Un infractor? Pe cine îngropăm?

– Gata, gata, fata mea, mă liniștea mama.

Mă mângâie pe cap, mă ia de mână. Colonelul transmite: «Permiteți-mi să mergem la cimitir. Soția a făcut o criză de isterie». La cimitir am fost înconjurați de soldați. Am mers escortați. Și sicriul a fost dus sub escortă. Nimeni n-a avut voie să-și ia adio... Numai rudele... L-au acoperit cu pământ imediat... «Repede! Repede!», comanda un ofițer. Nici nu ne-au lăsat să îmbrățișăm sicriul.

Și imediat în autobuze...

Ne-au cumpărat urgent bilete de întors și ni le-au dat. Pentru a doua zi. Tot timpul a fost cu noi un bărbat în civil, cu alură de militar, nu ne lăsa să ieșim din camere și să cumpărăm mâncare pentru drum. Doamne ferește, să nu care cumva să vorbim cu cineva, mai ales eu. De parcă eu atunci puteam să vorbesc, nici să plâng nu mai puteam. Când am plecat, femeia de serviciu a numărat toate prosoapele, toate cearșafurile... Imediat le-a pus într-un sac de plastic. Probabil le-au ars... Pentru hotel am plătit chiar noi. Pentru 14 zile...

Clinica pentru boli produse prin iradiere – 14 zile... În 14 zile, omul moare...

Acasă am adormit. Am intrat în casă și m-am prăbușit pe pat... Am dormit trei zile. Nu au putut să mă trezească... A venit salvarea. «Nu», a spus medicul, «nu a murit. O să se trezească. E un vis groaznic.»

Aveam douăzeci și trei de ani.

Țin minte visul... Vine la mine bunica mea moartă, în hainele în care am îngropat-o. Și face bradul. «Bunică, de ce avem brad? Doar acum e vară!» «Așa trebuie. În curând Vasenka al tău o să vină la mine.» Iar el a crescut în mijlocul pădurii. Țin minte. Un alt vis. Vasia vine în fugă și o strigă pe Natașa. Pe fetița noastră, pe care încă nu o născusem. Deja e mare și eu mă minunez: când o fi crescut așa de mare? El o aruncă spre tavan și râd amândoi... Iar eu mă uit la ei și-mi spun că fericirea e un lucru așa de simplu... Așa de simplu! Iar mai apoi am visat... Merg cu el prin apă. Mergem mult, mult. Mă ruga, probabil, să nu plâng. Îmi dădea un semn de acolo. De sus. (*Tace multă vreme.*)

Peste două luni am venit la Moscova. De la gară la cimitir. La el! Și acolo, la cimitir, m-au apucat contracțiile. Abia am apucat să vorbesc cu el... Au chemat salvarea. Le-am dat adresa. Am născut chiar acolo... La aceeași Anghelina Vasilievna Guskova... Încă de atunci mă prevenise: «Să vii să naști la noi». Păi unde să mă fi dus eu așa, în starea mea? Și am născut cu două săptămâni înainte de termen...

Mi-au arătat-o. O fetiță. «Natașenka!», am strigat-o eu. «Tata ți-a spus Natașenka.» Arăta ca un copil sănătos. Mânuțe, piciorușe... Dar avea ciroză... În ficat, 28 de röntgeni, un defect congenital la inimă... Peste patru ore au spus că fetița a murit. Și din nou:

– Nu v-o dăm!

– Cum așa, nu mi-o dați?! Eu nu v-o dau vouă! Vreți s-o luați pentru știință, iar eu urăsc știința voastră! O urăsc! Ea mi l-a luat mai întâi pe el, iar acum mai așteaptă și asta... N-o s-o dau! O s-o îngrop singură... Alături de el... (*Începe să vorbească în șoaptă.*)

Nu vă spun vorbele care trebuie... Nu pe cele care trebuie... Nu trebuie să strig după infarct. Nici să plâng. Dar vreau... Vreau să știți... N-am mai recunoscut față de nimeni... Când nu le-am dat-o pe fetița mea. Pe fetița noastră... Atunci mi-au adus o cutiuță de lemn: «Ea e acolo». M-am uitat: au înfășat-o. Ea era înfășată. Și atunci am început să plâng: «Puneți-o la picioarele lui. Spuneți-i că e Natașenka noastră».

Acolo, pe mormânt, nu scrie Natașa Ignatenko. Acolo e doar numele lui. Ea era fără nume, fără nimic... Numai sufletul... Sufletul i l-au îngropat acolo...

Mereu mă duc la ei cu două buchete: unul pentru el, altul îl pun pentru ea, într-un colț. Mă târăsc în genunchi lângă mormânt... Mereu în genunchi. (*Incoerent.*) Eu am omorât-o... Eu... Ea m-a salvat. Fetița mea m-a salvat pe mine, ea a primit toată încărcătura radioactivă, a devenit un fel de recipient pentru această lovitură. Așa de mică. De mititică. (*Se îneacă.*) Ea m-a ferit... Dar eu i-am iubit pe amândoi... Oare... Oare poți omorî cu iubirea? O asemenea iubire? De ce sunt alături? Dragostea și moartea. Mereu sunt împreună. Cine poate să-mi explice? Cine poate să-mi spună? Mă târăsc în genunchi lângă mormânt... (*Tace multă vreme.*)

... Mi s-a dat un apartament la Kiev. Într-un bloc mare, unde acum locuiesc toți cei care au plecat de la centrala nucleară. Toată lumea îi știe. Apartamentul e mare, cu două camere, așa cum visam eu și Vasia. Iar eu am înnebunit în el! În fiecare colț, oriunde m-aș uita, peste tot este el. Ochii lui. Am început să renovez, numai să nu stau degeaba, numai să mă iau cu treaba. Și așa doi ani... Am un vis... Merg cu el, iar el e desculț. «De ce ești mereu desculț?» «Păi pentru că nu am nimic.» M-am dus la biserică... Părintele m-a învățat: «Trebuie să cumperi niște papuci de mărime mare și să-i pui în sicriul cuiva. Să scrii un bilet că sunt pentru el». Așa am făcut. M-am dus la Moscova imediat, la o biserică. La Moscova sunt mai aproape de el... El e acolo, în cimitirul Mitinskoe... Îi spun preotului ce și cum, că trebuie să trimit niște papuci. Mă întreabă: «Dar tu știi cum să faci asta?» Mi-a explicat încă o dată... Tocmai aduceau pentru slujbă un bătrân. Mă apropii de sicriu, ridic acoperământul și pun acolo papucii. «Dar biletul l-ai scris?» «Da, l-am scris, dar nu am spus în care cimitir se află.» «Acolo sunt toți în aceeași lume. O să-l găsească.»

Nu aveam nici o dorință să trăiesc. Noaptea stau la fereastră, mă uit la cer: «Vasenka, ce să fac? Nu vreau să trăiesc fără tine». Ziua trec pe lângă o grădiniță, mă opresc și stau așa... Ce i-aș mai fi mângâiat pe copii!

Înnebuneam! Și am început noaptea să-l rog: «Vasenka, o să fac un copil. Deja mi-e frică să stau singură. Nu mai suport. Vasenka!» Iar altă dată îl rog așa: «Vasenka, nu am nevoie de bărbați. Nu am pe nimeni mai bun decât tine. Vreau un copilaș».

Aveam douăzeci și cinci de ani.

Am găsit un bărbat... I-am povestit tot... Tot adevărul: am o singură iubire, pentru toată viața. I-am spus tot... Ne-am întâlnit, dar nu l-am chemat niciodată la mine acasă, nu am putut în casă. Acolo e Vasia.

Am lucrat cofetar. Fac un tort, iar lacrimile îmi curg pe obraji. Nu plâng, dar îmi curg lacrimile. Singurul lucru pe care l-am cerut fetelor: «Să nu vă fie milă de mine. Dacă vă e milă, o să plec». Nu trebuie să le fie milă... Am fost cândva fericită...

Mi-au adus decorația lui Vasia. De culoare roșie... Multă vreme nu am putut să mă uit la ea. Îmi curgeau lacrimile...

Am născut un băiețel, Andrei... Andreika... Prietenele mă opreau: «Nu trebuie să naști». Și medicii mă speriau: «Organismul dumneavoastră n-o să suporte». Apoi... Apoi mi-au spus că n-o să aibă o mână. Nu va avea mâna dreaptă. Așa arăta aparatul. «Ei, și ce-i cu asta?», îmi spuneam. «O să-l învăț să scrie cu stânga.» Dar s-a născut normal... un băiețel frumos... Deja învață la școală, are numai note de zece. Acum am pe cineva prin care să respir și să trăiesc. Lumina vieții mele. Înțelege foarte bine tot. «Mămică, dacă o să mă duc la bunica, pentru două zile, o să poți să respiri?» N-o să pot! Mi-e frică să mă despart de el și pentru o zi. Mergeam pe stradă. Și simt că o să cad... Atunci m-a lovit primul infarct... Acolo, pe stradă... «Mămico, să-ți dau niște apă.» «Nu, stai lângă mine. Să nu pleci nicăieri.» Și l-am apucat de mână. Mai departe nu mai țin minte... Am deschis ochii la spital... Așa de strâns îl apucasem pe Andreika de mână, că medicii abia mi-au descleștat degetele. Mâna lui a fost multă vreme vânătă. Acum, când ieșim din casă: «Mămico, numai să nu mă mai apuci de mână. N-o să plec nicăieri de lângă tine». Și el e bolnav – două săptămâni la școală, două acasă, cu medicul. Uite așa trăim. Ne e frică unul pentru altul. Și în fiecare colț e Vasia... Fotografiile lui... Noaptea tot vorbesc cu el... Uneori mă roagă în vis: «Arată-mi-l pe copilul nostru». Eu și Andreika ne ducem la el... Iar el o aduce pe fetița de mânuță. Mereu e cu fetița. Se joacă numai cu ea...

Așa trăiesc eu... Trăiesc concomitent și într-o lume reală, și într-una ireală. Nu știu unde mă simt mai bine... (*Se ridică. Se duce la fereastră.*) Aici suntem mulți. O stradă întreagă, așa e și numită, a celor de la Cernobîl. Toată viața lor, oamenii aceștia au lucrat la centrală. Mulți și acum se duc acolo, la schimb, acum centrala e deservită prin metoda aceasta a schimbului. Acolo nu mai locuiește nimeni, nici nu va mai locui. Toți au boli grave, invaliditate, dar nu-și lasă locul de muncă, chiar se tem să se gândească la asta. Pentru ei nu există viață în afara reactorului, reactorul e viața lor. Unde și cine mai are nevoie acum de ei, în altă parte? Mor des. Mor într-o clipită. Mor în mers – mergea așa și a căzut, s-a culcat și nu s-a mai trezit. I-a dus niște flori unei surori medicale și i s-a oprit inima. Stătea în stația de autobuz.... Ei mor, dar nimeni nu i-a întrebat și pe ei, cu adevărat, referitor la ce am îndurat noi, la ce au văzut... Oamenii nu vor să audă de moarte. Despre lucruri înfricoșătoare...

Dar eu v-am povestit despre iubire... Cum am iubit eu...

Liudmila Ignatenko,
soția pompierului Vasili Ignatenko,
mort la datorie

INTERVIU AL AUTOAREI CU SINE ÎNSĂŞI DESPRE O ISTORIE UITATĂ ŞI DESPRE FAPTUL CĂ CERNOBÎL PUNE SUB SEMNUL ÎNTREBĂRII IMAGINEA NOASTRĂ DESPRE LUME

– Eu sunt martor al Cernobîlului, al celui mai important eveniment al secolului nostru, în pofida războaielor şi revoluţiilor groaznice prin care va fi ţinut minte secolul acesta. Au trecut peste douăzeci de ani de la catastrofă, dar până acum, pentru mine, rămâne întrebarea: despre ce depun eu mărturie – despre trecut sau despre viitor? Aşa e de uşor să aluneci în banalităţi... În banalitatea unor grozăvii... Dar eu privesc Cernobîlul ca pe începutul unei istorii noi, el nu este numai o cunoaştere, ci şi o arheocunoaştere, pentru că omul a început să pună sub semnul întrebării vechile reprezentări despre sine şi lume. Când vorbim despre trecut sau viitor, ne punem în aceste cuvinte reprezentările noastre despre timp, dar Cernobîl este, înainte de toate, o catastrofă a timpului. Radionuclizii aruncaţi deasupra pământului nostru o să reziste cincizeci, o sută, două sute de mii de ani. Şi mai mult. Din punctul de vedere al vieţii omeneşti, sunt veşnici. Şi atunci ce putem pricepe? Oare stă în puterea noastră să înțelegem sau există un sens în acest lucru groaznic, necunoscut nouă?

Despre ce este cartea aceasta? De ce am scris-o?

– Nu este o carte despre Cernobîl, ci despre lumea Cernobîlului. Despre eveniment s-au scris deja mii de pagini și a fost filmat pe sute de mii de metri de peliculă. Eu însă mă ocup de ceea ce aș numi o istorie uitată, de urmele neînsemnate ale existenței noastre pe pământ și în timp. Scriu și adun sentimente, gânduri, cuvinte cotidiene. Încerc să conturez modul de viață al sufletului. Viața unei zile obișnuite a unor oameni obișnuiți. Aici însă nimic nu e obișnuit: nici evenimentul, nici oamenii, nici când au început să populeze un spațiu nou. Pentru ei, Cernobîl nu este o metaforă, un simbol, este casa lor. De câte ori arta a repetat apocalipsa, ea a propus tot felul de versiuni tehnologice ale Judecății de Apoi, dar acum știm exact că viața are un caracter mult mai fantastic. La un an de la catastrofă, cineva m-a întrebat: „Toți scriu. Dar dumneavoastră locuiți aici și nu scrieți. De ce?" Iar eu nu știam cum să scriu despre asta, cu ce instrument și de unde să încep. Dacă înainte, când mi-am scris cărțile, m-am uitat cu atenție la eforturile altora, acum eu și viața mea am devenit o parte a evenimentelor. Ne-am contopit, nu putem să stăm la distanță. Numele țării mele mici, pierdute în Europa, despre care lumea aproape că nu auzise nimic înainte, răsuna în toate limbile, se transformase în laboratorul diavolesc de la Cernobîl, iar noi, bielorușii, am devenit oamenii de la Cernobîl. Oriunde m-aș fi dus, toți se uitau la mine curioși: „A, de acolo sunteți? Ce e acolo?" Desigur, puteam să scriu repede o carte, așa cum după aceea au început să apară, una după alta, despre ce se întâmplase în acea noapte la centrală, cine era vinovat, cum a fost ascunsă avaria de lume și de propriul popor, câte tone de nisip și beton au fost necesare pentru a face o carcasă deasupra reactorului ce respira moarte, dar ceva m-a oprit. M-a ținut de mână. Ce? Senzația unei taine. Senzația aceasta care a pus rapid stăpânire pe noi plutea pe atunci peste tot, peste discuțiile, acțiunile, temerile noastre, și a apărut imediat după eveniment. Un eveniment monstruos. Toți aveau un sentiment, manifestat sau nu, că am atins ceva necunoscut. Cernobîl este o taină pe care va trebui s-o deslușim. Un semn ilizibil. Poate o enigmă pentru secolul XXI. O provocare pentru el. Era clar: în afara provocărilor comuniste, naționale și religioase în mijlocul cărora trăim și supraviețuim, ne așteaptă altele, mai violente, totale, dar deocamdată sunt ascunse vederii noastre. Dar, după Cernobîl, au început, puțin câte puțin, să se întrevadă.

Noaptea de 26 aprilie 1986... Într-o noapte ne-am mutat într-un alt loc al istoriei. Am făcut un salt într-o realitate nouă; această realitate s-a dovedit a fi mai presus nu numai de cunoștințele noastre, dar și de imaginația noastră. S-a rupt legătura timpului... Trecutul s-a dovedit deodată a fi neputincios, în el nu mai aveai pe ce să te sprijini, în arhiva atotprezentă (așa credeam noi) a umanității nu se găsea nici o cheie pentru a deschide ușa aceasta. Am auzit nu o dată în acele zile: «Nu pot să găsesc cuvinte pentru a reda ce am văzut și prin ce am trecut!», «Nimeni nu mi-a mai povestit până acum ceva asemănător!», «N-am citit în nici o carte despre așa ceva, nu am văzut nici un film!» Între timpul când a avut loc catastrofa și timpul când au început să vorbească despre ea a fost o pauză. Un moment de muțenie... Toți îl țin minte... Undeva, sus, se luau niște decizii, se concepeau niște instrucțiuni secrete, ridicau în cer elicoptere, puneau în mișcare un număr impresionant de mașinării, jos se așteptau, cu teamă, comunicate, oamenii trăiau din zvonuri, dar toți treceau sub tăcere lucrul cel mai important – totuși, ce se întâmplase? <u>Nu se găseau cuvinte pentru noile sentimente și nu se găseau sentimente pentru noile cuvinte,</u> lumea încă nu știa să se exprime, dar treptat s-a cufundat în atmosfera noului proces de gândire, așa putem defini azi starea noastră de atunci. Pur și simplu nu aveam informații, voiam să avem o informație, să pătrundem sensul celor întâmplate. Un efect de cutremur! Și am căutat acest om cutremurat. El spunea texte noi... Vocile uneori răzbăteau ca prin vis sau delir, dintr-o lume paralelă. Alături de Cernobîl, toți începuseră să filosofeze. Deveneau filosofi. Bisericile se umpluseră din nou de oameni... Credincioși și atei până nu demult... Căutau răspunsuri care nu puteau fi date de fizicieni și matematicieni. <u>Lumea tridimensională se dăduse la o parte și nu am întâlnit oameni curajoși care să mai poată jura pe biblia materialismului.</u> Infinitul izbucnise extrem de puternic. Filosofii și scriitorii au tăcut, scoși din matca extrem de cunoscută a culturii și tradiției. Cel mai interesant lucru din acele prime zile a fost să vorbesc nu cu oameni de știință, nu cu funcționari și militari cu grade înalte, ci cu țărani bătrâni. Trăiesc fără Tolstoi și Dostoievski, fără internet, dar conștiința lor, cum, necum, cuprinsese în sine noul tablou al lumii. Nu s-a prăbușit. Probabil, cel mai probabil, am fi făcut față unei situații atomice militare, ca la Hiroshima, la drept vorbind ne pregăteam pentru ea. Dar catastrofa s-a întâmplat nu la un obiectiv atomic militar, iar noi eram oamenii vremurilor noastre și credeam, așa cum ne învățaseră, că centralele atomice sovietice sunt cele mai sigure din lume, că ar putea fi construite și în Piața Roșie. Atomul militar înseamnă Hiroshima și Nagasaki, iar atomul pașnic înseamnă un bec aprins în fiecare casă. Nimănui nu-i trecea atunci prin minte că atomul militar și cel pașnic sunt gemeni. De-un neam. Ne-am mai deșteptat, toată lumea s-a deșteptat, dar după Cernobîl. Astăzi bielorușii, ca niște „cutii negre" vii, înregistrează informații pentru viitor. Pentru toți.

Multă vreme am scris la cartea asta... Aproape douăzeci de ani... M-am întâlnit și am discutat cu foști muncitori la centrală, cu oameni de știință, cu medici, cu soldați, cu strămutați, cu cei rămași pe loc. Cu cei pentru care Cernobîlul este conținutul principal al lumii lor, totul dinăuntru și din afară e otrăvit, nu numai pământul și apa. Ei povesteau, căutau răspunsuri. Ne gândeam împreună. Adesea se grăbeau, se temeau că n-o să mai apuce, eu încă nu știam că prețul mărturiilor lor e viața. „Notați", repetau ei, „n-am priceput tot ce am văzut, dar lasă să rămână așa. O să citească cineva și o să priceapă. Mai târziu. După noi." Nu degeaba se grăbeau ei, mulți nu mai sunt în viață. Dar au apucat să trimită un semnal.

Tot ce știm despre grozăvenii și frică este în cea mai mare parte legat de război. Gulagul stalinist și Auschwitz-ul sunt achiziții noi ale răului. Istoria a fost mereu o istorie a războaielor și a comandanților de oști, iar războiul a apărut, să spunem așa, ca o măsură a ororii. De aceea oamenii amestecă noțiunile de război și catastrofă. La Cernobîl vedem parcă toate semnele unui război: mulți soldați, evacuare, locuințe părăsite. Mersul vieții a fost tulburat. Informațiile despre Cernobîl apărute în ziare abundă în cuvinte de proveniență militară: atom, explozie, eroi. Și asta îngreunează receptarea faptului că ne aflăm într-o nouă istorie. A început istoria catastrofelor. Dar omul nu vrea să se gândească la asta, pentru că niciodată n-o să vrea s-o facă, se ascunde în spatele lucrurilor pe care le cunoaște. În spatele trecutului. Până și monumentele eroilor de la Cernobîl seamănă cu cele ale militarilor.

reminisent of Stalker

— Prima mea călătorie în Zonă...

Livezile erau în floare, iarba verde strălucea veselă în soare. Păsările cântau. O lume așa de cunoscută... Primul gând: totul e la locul lui, totul e neschimbat. Același pământ, aceeași apă, aceiași copaci. Și forma, și culoarea, și mirosul lor sunt veșnice, nimeni nu poate schimba ceva aici. Dar deja din prima zi mi s-a explicat: nu trebuie să rup florile, mai bine să nu stau pe pământ, să nu beau apă din izvor. Spre seară am văzut cum niște păstori voiau să gonească spre râu turma obosită, dar vacile se apropiau de apă și se întorceau imediat. Cumva ghiceau pericolul. Iar pisicile, mi se povestea, nu mai mâncau șoarecii morți, iar ei erau peste tot: pe câmp, în curți. Moartea se ascundea pretutindeni, dar era parcă o altă moarte. Cu niște măști noi. Într-o imagine nouă. Omul era luat pe nepusă masă, nu era pregătit. Ca biospecie, nu e pregătit, el funcționează cu tot instrumentarul natural prin care îi este dat să vadă, să audă, să pipăie. Asta era de-acum imposibil, ochii, urechile, degetele nu erau bune, nu puteau să-l ajute, pentru că radiația nu se vede, nu are miros și nici sunet. E imaterială. Toată viața am luptat sau ne-am pregătit de un război, știm atâtea despre el, și deodată imaginea dușmanului s-a schimbat. A apărut un alt dușman. Dușmanii... Omorau iarba cosită. Peștele prins, vânatul prins. Mărul... Lumea din jurul nostru, mai înainte supusă și prietenoasă, acum inspira groază. Oamenii în vârstă, când erau evacuați și încă nu-și dădeau seama că pentru totdeauna, se uitau la cer: „Soarele strălucește. Nu e nici fum, nici gaz. Nu trage nimeni. Păi ăsta e război? Și noi trebuie să fim refugiați". O lume cunoscută... necunoscută...

Cum să pricepem unde ne aflăm? Ce se întâmplă cu noi? Aici... Acum... Nu ai pe cine să întrebi...

În Zonă și în jurul Zonei... Te frapa numărul extrem de mare de vehicule militare. Mărșăluiau soldați cu automate noi-nouțe. Cu dotare completă de război. Nu știu de ce, am reținut cel mai bine nu elicopterele și transportoarele blindate, ci aceste automate. Armele... Omul cu arma în Zonă... În cine putea el să tragă acolo și de cine să se apere? De fizicieni? De particulele invizibile? Să tragă în pământul contaminat sau într-un copac? Chiar la centrală acționa KGB-ul. Îi căutau pe spioni și diversioniști, circulau zvonuri că avaria ar fi o acțiune planificată a serviciilor de spionaj occidentale, pentru a submina lagărul socialismului. Trebuie să fim vigilenți.

Este un tablou al războiului... Această cultură a războiului se prăbușea sub privirile mele. Am pătruns într-o lume deloc transparentă, unde răul nu dă nici un fel de explicații, nu se descoperă și nu cunoaște legi.

Am văzut cum omul de dinainte de Cernobîl se transformase în omul de la Cernobîl.

— Nu doar o dată... Și aici avem la ce să ne gândim. Am auzit opinia că acel comportament al pompierilor care au stins focul în prima noapte a incendiului de la centrala nucleară, precum și al lichidatorilor, seamănă cu sinuciderea. O sinucidere colectivă. Lichidatorii lucrau adesea fără haine speciale de protecție, plecau fără să cârtească acolo unde „mureau" roboții, li se ascundea adevărul despre dozele înalte primite și ei se împăcau cu situația, iar mai apoi chiar se bucurau de diplomele și medaliile primite de la stat, care li se înmânau înainte de a muri... Și multora nici nu mai apucaseră să le înmâneze... Așa că atunci ce sunt ei: eroi sau sinucigași? Victime ale ideilor și educației sovietice? Nu știu de ce, se uită, cu timpul, că și-au salvat țara. Au salvat Europa. Să ne imaginăm numai pentru o clipă tabloul, dacă ar fi explodat și celelalte trei reactoare...

— Ei sunt eroi. Eroi ai noii istorii. Ei sunt comparați cu eroii Bătăliei de la Stalingrad sau ai Bătăliei de la Waterloo, doar că ei au salvat ceva mai presus de patria lor, au salvat chiar viața însăși. Timpul vieții. Timpul viu. Prin Cernobîl, omul a ridicat mâna împotriva a tot, a întregii lumi a lui Dumnezeu, unde, în afara omului, trăiesc mii de alte ființe, animale și plante. M-am dus la lichidatori și am ascultat poveștile lor despre cum ei (primii și pentru prima oară!) s-au ocupat cu o nouă treabă omenească neomenească — au îngropat pământul în pământ, adică au săpat și au îngropat straturile contaminate în buncăre speciale de beton, împreună cu toată populația lor: gândaci, păianjeni, larve. Tot felul de insecte cărora nici numele nu le știau. Nu le țineau minte. Aveau o cu totul altă înțelegere a morții, ea se răspândea peste tot – de la păsări până la fluturi. Lumea lor devenise deja o altă lume – cu un nou drept la viață, cu o nouă responsabilitate și cu un nou sentiment de vină. În povestirile lor era prezentă mereu tema timpului, ei spuneau „pentru prima dată", „n-a mai fost așa ceva până acum", „pentru totdeauna". Își aduceau aminte cum se duceau prin satele părăsite și întâlneau acolo bătrâni singuratici care nu au vrut să plece împreună cu toți ceilalți sau mai apoi s-au întors din ținuturi străine: stăteau seara la lumina unui foc de vreascuri, coseau iarba, secerau, tăiau lemne din pădure cu toporul, închinau rugăciuni către sălbăticiuni și duhuri. Către Dumnezeu. Totul, ca acum două sute de ani, iar undeva, sus, zburau nave cosmice. Timpul își mușca acum coada, începutul și sfârșitul se uneau. Cernobîl, pentru cei care erau acolo, nu se terminase la Cernobîl. Ei s-au întors nu din război, ci parcă din altă lume. Mi-am dat seama că suferințele provocate de Cernobîl și le-au îndreptat în mod conștient spre o nouă cunoaștere, ni le dăruiau nouă: priviți, va trebui să faceți ceva cu această cunoaștere, trebuie s-o folosiți cumva.

Un monument închinat eroilor de la Cernobîl... Este o carcasă făcută de mâna omului, în care au băgat focul atomic. O piramidă a secolului XX.

Pe pământurile Cernobîlului, îți pare rău de om. Dar și mai mult de animale... Nu am făcut o greșeală. O să explic imediat... Ce a rămas în Zona moartă după ce au plecat oamenii? Vechile capele și biomormintele, așa se numesc cimitirele pentru animale. Omul s-a salvat numai pe sine; restul a fost trădat, după plecarea lui în sate au intrat detașamentele de soldați sau de vânători și au împușcat animalele. Iar câinii fugeau când auzeau voci omenești, la fel și pisicile. Nici caii nu mai pricepeau nimic. Și nu aveau nici cea mai mică vină – nici animalele sălbatice, nici păsările – și mureau fără să spună nimic, lucru care este și mai îngrozitor. Cândva indienii din Mexic și chiar strămoșii noștri din Rusia precreștină le cereau iertare animalelor și păsărilor pe care le omorau pentru hrană. Iar în Egiptul antic animalul avea drept să se plângă împotriva omului. Într-unul din papirusurile păstrate într-o piramidă se spune: „Nu s-a descoperit nici o plângere a taurului împotriva lui N". Înainte de a pleca în împărăția morților, egipteanul spunea o rugăciune în care se regăseau aceste cuvinte: „Nu am obijduit nici o creatură. Nu i-am luat nici unui animal nici grânele, nici iarba".

Ce a dat experimentul Cernobîl? Oare ne-a îndreptat el spre această lume tăcută și misterioasă a „celorlalți"?

– Odată am văzut cum soldații au intrat într-un sat din care plecaseră oamenii și au început să tragă.

Strigătele neajutorate ale animalelor... Strigau pe vocile lor diferite. Despre asta se scrie deja în Noul Testament. Iisus Hristos vine în Templul de la Ierusalim și vede acolo animalele pregătite pentru jertfa rituală: cu gâturile tăiate, cu sângele curgând. Iisus a început să strige: „Casa Mea, casă de rugăciune se va chema, iar voi o faceți peșteră de tâlhari!" Ar fi putut să adauge – un abator. Pentru mine, sutele de biomorminte rămase în Zonă sunt chiar acele altare antice. Numai că închinate cărui zeu? Zeului științei și al cunoașterii sau Zeului focului? În acest sens, Cernobîl a mers mai departe de Auschwitz și Kolîma. Mai departe de Holocaust. El oferă finalul. Nu mai ai pe ce să te sprijini.

Rugăciune pentru Cernobîl

Mă uit cu alţi ochi la lumea din jur... Pe pământ se târăşte o furnică mică şi acum mi-este apropiată. O pasăre zboară pe cer şi mi-e apropiată. Între mine şi ele distanţa se micşorează. Nu mai este prăpastia de dinainte. Totul este viaţă.

Am reţinut şi asta... Mi-a povestit un bătrân apicultor (iar mai apoi am auzit şi de la alţii): „Dimineaţa, când am ieşit în livadă, lipsea ceva, un sunet cunoscut. Nici o albină... Nu se auzea nici o albină! Nici una! Ce e? Ce se întâmplă? Şi nici a doua zi nu au ieşit. Nici în a treia... Apoi ni s-a spus că e o avarie la centrala atomică, iar centrala e la doi paşi. Dar multă vreme nu am ştiut nimic. Albinele ştiau, dar noi nu. Acum, dacă e ceva, o să mă uit la ele. La viaţa lor". Încă un exemplu... Am stat de vorbă cu nişte pescari pe malul râului, ei îşi aminteau: „Am aşteptat să ni se explice la televizor... Să ni se spună cum să ne salvăm. Iar râmele, râmele obişnuite, s-au dus adânc în pământ, poate la o jumătate de metru sau la un metru. Iar noi nu pricepeam. Noi tot săpam, săpam întruna. Nu am găsit nici o râmă pentru pescuit".

Care dintre noi este mai important şi dăinuie mai mult pe pământ, noi sau ele? Ar trebui să învăţăm de la ele cum să supravieţuim. Şi cum să trăim.

— Au fost două catastrofe: una socială – sub ochii noştri s-a prăbuşit Uniunea Sovietică, s-a scufundat giganticul continent sovietic – şi una cosmică – Cernobîl. Două explozii globale. Şi prima e mai aproape, mai de înţeles. Oamenii sunt îngrijoraţi de ziua de mâine, de cum să trăiască: cu ce să cumpărăm, unde să ne ducem? În ce să credem? Sub ce steaguri să ne ridicăm din nou? Sau trebuie să învăţăm să trăim pentru noi, prin viaţa noastră? Ultimul lucru ne e necunoscut, nu știm, pentru că niciodată nu am trăit așa. Cu toții și fiecare în parte suferă din cauza asta. Iar despre Cernobîl am fi vrut să uităm, pentru că, în fața lui, conștiința a capitulat. O catastrofă a conștiinței. Lumea reprezentărilor și a valorilor noastre e aruncată în aer. Dacă am fi învins Cernobîlul sau am fi priceput tot, atunci ne-am fi gândit și am fi scris mai mult. Dar așa trăim într-o lume, iar conștiința trăiește în alta. Realitatea ne scapă, nu pătrunde în om.

– Da... Nu reușim să prindem realitatea...

– Un exemplu... Până acum foloseam vechile noțiuni: „departe–aproape", „ai noștri–străini"... Dar ce înseamnă departe și aproape după Cernobîl, când, patru zile mai târziu, norul de la Cernobîl plutea deja deasupra Africii și Chinei? Pământul din jur se dovedise a fi așa de mic, nu acel pământ din vremea lui Columb. Infinit. Acum ne apăruse altă senzație a spațiului. Trăim într-un spațiu falimentat. Și încă... În ultima sută de ani a sa, omul a început să trăiască mai mult, dar oricum durata lui de viață e neînsemnată și insignifiantă în comparație cu viața radionuclizilor care s-au instalat pe pământul nostru. Mare parte din ei vor rezista mii de ani. Noi n-avem cum să privim într-o asemenea depărtare! Alături de ei trăiești un alt sentiment al timpului. Și toate acestea sunt Cernobîl. Sunt urmele lui. La fel se întâmplă și în privința relațiilor noastre cu trecutul, fantasticul, cunoștințele... Trecutul s-a dovedit neajutorat, din cunoștințe s-a păstrat doar cunoștința faptului că nu știm nimic. Are loc o perestroikă a sentimentelor... În locul consolărilor obișnuite, un medic îi spune soției unui muribund: „Nu se poate să vă apropiați de el! Nu se poate să-l sărutați! Nu se poate să-l mângâiați! Nu mai este omul pe care-l iubiți, ci un obiect ce trebuie decontaminat". Aici, și Shakespeare se dă la o parte. Și marele Dante. Întrebarea este: să te apropii sau nu? Să-l săruți sau nu? Una dintre numeroasele mele eroine (atunci însărcinată) s-a apropiat de soțul ei și l-a sărutat. Și nu l-a părăsit până la moarte. Dar ea a plătit cu propria sănătate și cu viața copilului lor. Ei, dar cum era să alegi între iubire și moarte? Între trecut și un prezent necunoscut? Și cine cutează să le judece pe acele femei și mame care nu au stat alături de soții și fiii lor muribunzi? Alături de obiectele radioactive... În lumea lor, iubirea s-a schimbat. Și moartea.

S-a schimbat tot, cu excepția noastră.

— Pentru ca un eveniment să devină istorie, e nevoie de cel puțin cincizeci de ani. Dar aici trebuie să mergem pe urmele proaspete.

— Zona... O lume separată. Mai întâi au inventat-o scriitorii SF, dar literatura a rămas în urma realității. Acum nu mai putem, ca eroii lui Cehov, să credem că peste o sută de ani omul va fi minunat! Viața va fi minunată! Am pierdut acest viitor. Peste o sută de ani va fi Gulagul lui Stalin, Auschwitz... Cernobîl... Și 11 septembrie, la New York... E de neînțeles cum au încăput toate acestea în viața unei generații. De exemplu, în viața tatălui meu care are acum optzeci și trei de ani. Omul a trecut prin toate acestea!

— Cel mai mult din Cernobîl ținem minte viața „de după tot ce s-a întâmplat": lucruri fără oameni, peisaje pustii. Un drum spre nicăieri, cabluri de tensiune care nu duc nicăieri. Cum, necum, dar te gândești – este trecut sau viitor?

— Uneori mi se părea că înregistrez viitorul...

CAPITOLUL 1
PĂMÂNTUL MORȚILOR

Monolog despre motivul pentru care oamenii își aduc aminte

„Și eu am o întrebare. Nu pot să răspund singur la ea. Dar dumneavoastră v-ați apucat să scrieți despre asta... Despre asta? Dar eu nu aș fi vrut să se știe despre mine. Prin ce am trecut eu acolo. Pe de o parte, există dorința de a mă destăinui, de a spune tot, iar, pe de alta, simt că mă despoi, și tare nu vreau să fac asta.

Mai țineți minte cum e la Tolstoi? Pierre Bezuhov e așa de cutremurat după război, încât i se pare că el și lumea întreagă s-au schimbat pentru totdeauna. Dar trece un timp și el se surprinde că îl ocărăște din nou pe vizitiu, că țipă ca mai înainte. Și atunci de ce-și aduc aminte oamenii? Ca să refacă adevărul? Dreptatea? Să se elibereze și să uite? Își dau seama că sunt participanți la un eveniment măreț? Sau caută apărare în trecut? Și asta în condițiile în care amintirile sunt un lucru fragil, efemer, nu sunt niște cunoștințe precise, ci o bănuială a unui om despre sine. Încă nu sunt cunoștințe, sunt numai sentimente.

Eu mă chinuiam, scormoneam prin memorie și-mi aminteam...

Lucrul cel mai groaznic pe care l-am trăit s-a petrecut în copilărie... A fost războiul...

Țin minte că noi, băieții, ne jucam «de-a mama și de-a tata»: îi dezbrăcam pe copiii mici și-i puneam unul peste altul. Erau primii copii care se născuseră după război. Tot satul știa ce cuvinte spun ei deja, cine începuse să umble, pentru că în timpul războiului uitaseră de copii. Am așteptat apariția vieții. «De-a mama și de-a tata», așa se numea jocul nostru. Voiam să vedem apariția vieții... Iar noi aveam opt–zece ani...

Am văzut o femeie omorându-se. În tufe, lângă râu. A luat o cărămidă și se lovea cu ea în cap. Era însărcinată cu un polițai pe care tot satul îl ura. Am văzut încă de copil cum se nasc pisoii. O ajutam pe mama să scoată vițelul din vacă, duceam la montă, la porc, scroafa noastră... Țin minte... Țin minte cum l-au adus pe tata omorât, avea un pulover, chiar mama îl împletise, tata, se vede, fusese împușcat cu o mitralieră sau cu un pistol automat, ceva sângeros ieșea, în bucăți, din acest pulover. Stătea întins pe singurul nostru pat, nu aveam pe ce altceva să-l punem. Apoi a fost îngropat în fața casei. Și pământul nu e ușor, ci e lut greu. Cu răsaduri pentru sfeclă. Pretutindeni în jur se dădeau lupte. Pe stradă erau cai și oameni morți...

Pentru mine sunt amintiri interzise, nu am vorbit despre ele cu glas tare...

Atunci luam moartea la fel ca și nașterea. Aveam un sentiment cam la fel ca cel pe care-l trăiam când ieșea vițelul din vacă... Când ieșeau pisoii. Și când femeia se omora în tufe... Nu știu de ce, mi se păreau la fel, identice. Nașterea și moartea...

Țin minte din copilărie cum miroase în casă când este înjunghiat un porc mistreț. Abia m-ați atins și eu deja cad, cad într-acolo... În coșmar... În groază... Zbor...

Și mai țin minte că noi, cei mici, eram luați de femei cu ele la baie. Multor femei – și în cazul mamei mele era la fel – le cădeau uterele (noi înțelegeam deja asta), le legau cu niște cârpe. Am văzut asta... Uterele ieșeau din cauza muncii grele. Nu erau bărbați, ei plecaseră pe front, erau omorâți ca partizani, nici cai nu erau, femeile trăgeau singure plugurile. Își arau grădinile, câmpurile colhozului. Când am crescut și s-a întâmplat să fiu aproape de o femeie, mi-am adus aminte de asta... Ce am văzut la baie...

Voiam să uit... Să uit tot... Am uitat... Credeam că lucrul cel mai îngrozitor trecuse deja pentru mine. Războiul. Și sunt la adăpost, acum sunt la adăpost. De știința mea, de ceea ce acolo, atunci, am îndurat. Dar...

M-am dus în zona Cernobîl. Am fost acolo deja de multe ori. Și acolo mi-am dat seama că sunt neputincios. Și sunt distrus de această neputință a mea. De faptul că nu voi mai recunoaște lumea în care totul s-a schimbat. Chiar și răul e altul. Trecutul deja nu mă mai apără. Nu mă mai liniștește... El nu are răspunsuri. Dar înainte erau. (*Cade pe gânduri.*)

De ce își aduc aminte oamenii? Dar am vorbit cu dumneavoastră, am mai scăpat niște cuvinte. Și am înțeles ceva. Acum nu mai sunt așa de singur. Dar ce se întâmplă cu ceilalți?"

Piotr S., psiholog

Monolog despre cum poți vorbi și cu viii, și cu morții

„Noaptea a intrat un lup în curte... M-am uitat pe fereastră – stă locului și ochii îi strălucesc. Ca niște faruri...

M-am obișnuit cu toate. De șapte ani trăiesc singură, de șapte ani, de când au plecat oamenii. Noaptea se întâmplă să stau așa, până se luminează, și mă gândesc, mă gândesc. Și azi toată noaptea am stat ghemuită în pat, iar mai apoi am ieșit să mă uit cum e soarele. Ce să vă spun? Lucrul cel mai drept pe lume este moartea. Nimeni n-a putut să scape de ea. Pământul îi primește pe toți: și pe buni, și pe răi, și pe păcătoși. Iar o mai mare dreptate pe lume nu există. M-am chinuit din greu, cinstit, toată viața. Am trăit cum mi-a dictat conștiința. Dar eu nu am avut parte de dreptate. Dumnezeu a făcut undeva parte, dar când mi-a venit mie rândul, nu-i mai rămăsese nimic ce să-mi dea. Un tânăr poate să moară, dar un bătrân este obligat... Nimeni nu e nemuritor, nici țarul, nici negustorul. Mai întâi i-am așteptat pe oameni, credeam că o să se întoarcă toți. Doar nimeni nu a plecat pe vecie, au plecat pentru un timp. Dar acum aștept moartea. Nu e greu să mori, dar ți-e frică. Nu e biserică, iar părintele nu vine. N-are cine să-mi ierte păcatele...

Prima dată ni s-a spus că la noi sunt radiații, și ne gândeam că e o boală, așa, cine se îmbolnăvește moare imediat. Nu, ni se spune, e ceva care se pune pe pământ și intră și în pământ, dar nu poți să vezi. Poate că un animal vede și aude, însă omul nu. Dar nu e așa! Eu am văzut. Cesiul ăsta era la mine în grădină, până l-a udat ploaia. Are o culoare așa, ca de cerneală... Stă pe jos și bucățelele își schimbă așa culoarea... Am venit fuga de pe câmp, de la colhoz, și m-am dus la mine în grădină. Și văd o bucățică așa, albastră... Iar la două sute de metri, încă una. Mare cât basmaua pe care o am eu pe cap. Am strigat la vecina mea, la alte femei, ne-am dus fuga peste tot. Prin toate grădinile, pe câmpul din jur... Vreo două hectare... Am găsit poate patru bucăți mari. Iar una era de culoare roșie... A doua zi a început să plouă. Chiar de dimineață. Și la prânz nu mai era nici una. A venit miliția, dar nu mai aveam ce să arătăm. Am povestit numai... Bucăți uite așa de mari... (*Arată cu mâinile.*) Ca basmaua mea. Albastre și roșii.

Nu ne temeam prea tare de radiația asta... Până nu am văzut-o, nu știu, poate că ne-am temut, dar când am văzut-o, nu ne-a mai fost așa de frică. Miliția cu soldații au pus niște scândurele. La unul lângă casă, în altă parte pe stradă – au scris: 70 Ci, 60 Ci. Am trăit un veac cu cartofii noștri, cu bob, și acum ni se spune că nu mai avem voie! Nici ceapă nu ne dau voie, nici morcovi. Unii se supără, alții râd... Ne-au sfătuit să lucrăm în grădină cu măști de tifon și cu mănuși de cauciuc. Iar cenușa din sobă s-o îngropăm. S-o băgăm în pământ. Ooo... Iar atunci a mai venit un om de știință important și a vorbit la casa de cultură, că trebuie să spălăm lemnele. Mai mare minunea! Am rămas cu gura căscată! Au ordonat să spălăm bine cearșafurile, lenjeria, perdelele. Păi, sunt în casă! În dulapuri și în cufere. Dar ce radiație să fie în casă? În spatele sticlei? În spatele ușilor? Mai mare minunea! O găsești în pădure, pe câmp... Fântânile au fost încuiate cu lacătul, au fost acoperite cu folie de celofan.

Apa e «murdară»... Cum e murdară, e așa de curată, curată! Au spus o grămadă de prostii. O să muriți toți... Trebuie să plecați... Să evacuați...

Oamenii s-au speriat. I-a cuprins groaza. Unii au dat să-și îngroape noaptea bunurile. Și eu mi-am strâns hainele. Diplomele mele de onoare pentru muncă cinstită și banii pe care îi aveam pentru zile negre. Mai mare tristețea! O asemenea tristețe mi-a ros inima! Îmi venea așa să mor, vă spun pe drept! Și atunci aud că într-un sat soldații i-au evacuat pe oameni, dar au rămas un moș și o babă. Înainte de ziua în care au fost luați oamenii, de-au trimis autobuzele, bătrânii au luat vaca și au plecat în pădure. Au așteptat acolo. Ca în timpul războiului. Când detașamentele de pedeapsă ardeau satele... De unde vine necazul ăsta? (*Plânge.*) Tare fragilă mai e viața noastră. Nu mă bucur să plâng așa, dar îmi curg lacrimile.

O! Ia uitați-vă pe fereastră: a venit o coțofană. Nu le gonesc. Deși uneori coțofenele îmi fură ouăle din magazie. Oricum, nu le gonesc. Acum toți avem același necaz. Nu gonesc pe nimeni! Ieri a venit în fugă un iepure.

Uite, dacă în fiecare zi în casa mea ar fi oameni! Nu prea departe de aici, în alt sat, trăiește, tot așa, o babă singură, i-am spus să se mute la mine. Mă ajută la ceva sau nu, n-are importanță, măcar să am cu cine vorbi. Să mă cheme... Noaptea mă dor toate... Mă dor picioarele, mă furnică rău, nervul umblă prin mine. Și atunci pun mâna pe ceva... Un pumn de grâu... Și poc, poc. Și atunci nervul se liniștește. Că am muncit mult la viața mea, am fost plină de dureri. Am avut de toate și nu vreau nimic. Dacă aș muri, m-aș odihni... Nu știu cum e sufletul acolo, dar trupul se va liniști. Și fete am, și băieți. Toți sunt la oraș. Dar eu nu vreau să plec nicăieri de aici! Mi-a dat Dumnezeu ani, dar nu mi-a dat soartă. Știu că un om bătrân te plictisește, copiii o să îndure, o să îndure și o să te obijduiască mai apoi. Ai bucurie de la copii cât sunt mici. Femeile noastre care s-au dus la oraș toate plâng. Ba nora le obijduiește, ba fiica. Vor să se întoarcă. Omul meu e aici... E în mormânt... Dacă nu ar fi aici, ar fi trăit în altă parte. Și eu alături de el. (*Deodată, veselă.*) Dar de ce să merg? Aici e bine! Totul crește, totul înflorește. De la musculițe până la animale, totu-i viu.

Îmi amintesc de toate... Zboară întruna avioane. În fiecare zi. Jos, jos, deasupra capetelor. Zboară spre reactor. La centrală. Unul după altul. Iar la noi e evacuare. Strămutare. Asediază casele. Oamenii s-au încuiat, s-au ascuns. Vitele urlă, copiii plâng. Război! Iar soarele strălucește... M-am pus și nu am ieșit din casă, e drept că nu m-am încuiat cu cheia. Au ciocănit soldații: «Cum e, gazdă, te-ai pregătit?» Întreb: «O să mă legați cu forța de mâini și de picioare?» Au tăcut ei, au tăcut și s-au dus. Tineri, tineri. Niște copii! Muierile se târau în genunchi în fața caselor. Se rugau. Soldații au luat de braț pe una, pe alta, și în mașină. Iar eu i-am amenințat, care o să pună mâna pe mine, o să-și arate forța, va primi el ce i se cuvine. Am ocărât! Tare am mai ocărât! Nu am plâns. În ziua aia nu am vărsat nici o lacrimă.

Stau în casă. Erau strigăte. Strigăte! Și deodată s-a făcut liniște. S-a liniștit... Eu în ziua aia... În prima zi nu am ieșit afară din casă...

Se povestea că trecea un șir de oameni... Și trecea un șir de vite... Război!

Bărbatului meu îi plăcea să spună că omul trage cu pușca, dar Dumnezeu poartă gloanțele. Fiecare cu soarta lui! Tinerii, unii au plecat, unii au murit. În locul cel nou. Iar eu merg cu băţul. Merg aşa. Mă plictisesc, încep să plâng. Satul e gol... Iar aici sunt tot felul de păsări... Zboară... Și vine și câte un elan... (*Plânge.*)

Îmi amintesc de toate... Oamenii au plecat, dar au lăsat pisicile și câinii. În primele zile am mers și le-am dat tuturor lapte, iar fiecărui câine i-am dat câte o bucată de pâine. Stăteau lângă curțile lor și-și așteptau stăpânii. Multă vreme i-au așteptat pe oameni. Pisicile flămânde mâncau castraveți... Mâncau roșii... Până în toamnă am tot cosit iarba la portiță, în fața casei vecinei. Gardul a căzut, i-am îndreptat gardul. I-am așteptat pe oameni. Vecina avea un cățeluș, Juciok. «Juciok, te rog, dacă-i vezi primul pe oameni, să strigi la mine!»

Noaptea visez că sunt și eu evacuată. Ofițerul strigă: «Femeie, o să dăm foc în curând la tot și o să îngropăm. Ieși!» Și mă duc undeva, într-un loc necunoscut. Nu știu unde e. Nu e nici oraș, nici sat. Și nu e pământ.

S-a întâmplat o poveste. Am avut un pisicuț bun. Îl chema Vaska. Iarna au venit șobolani flămânzi, nu ai scăpare. Se băgau sub plapumă. Grânele sunt în butoi – au făcut o gaură. Și Vaska m-a salvat... Fără Vaska aș fi murit... Vorbeam cu el, mâncam împreună. Și a dispărut Vaska... Poate că or fi tăbărât pe el niște câini flămânzi și l-au mâncat? Toți alergau flămânzi, până au murit, pisicile erau așa de flămânde, că-și mâncau pisoii, vara nu-i mâncau, dar iarna, da. Iartă, Doamne!

Iar pe o femeie au mâncat-o şobolanii... În casa ei... Nişte şobolani roşcaţi... O fi adevărat sau nu, dar aşa se zice. Scotocesc pe aici şi vagabonzi... În primii ani au luat bunuri: bluze, cămăşi, haine de blană. Le luau şi le duceau la talcioc. Uite, se îmbată şi încep să cânte. Mama lor! Unul a căzut de pe bicicletă şi a adormit pe stradă. Dimineaţă i-au găsit două oase şi bicicleta. O fi adevărat sau nu? Nu pot să spun. Aşa se zice.

Aici totul e viu. Tot, tot! Şopârla e vie, broasca e vie. Şi râma se târăşte. Şi sunt şi şoareci! Sunt de toate! Primăvara e cel mai bine. Îmi place când înfloreşte liliacul. Miroase mălinul. Cât m-au ţinut bine picioarele, mă duceam singură după pâine, până în partea aia sunt numai 15 kilometri. Dacă eram tânără, îi făceam într-o fugă. Sunt obişnuită. După război am fost în Ucraina după seminţe. La 30–50 de kilometri. Oamenii aduceau câte un pud[1], iar eu, câte trei. Iar acum nici prin casă nu pot să merg. Pentru o babă, şi vara pe sobă e frig. Miliţienii vin aici, verifică satul, aşa îmi aduc şi mie pâine. Dar atunci, ce verifică ei? Doar eu şi motănaşul trăim aici. Am un al doilea pisic. Miliţia semnalizează, ne bucurăm. Dăm fuga. Lui îi aduc un os. Iar pe mine o să mă întrebe: «Şi dacă o să vină nişte bandiţi?» «Păi de ce să se lege de mine? Ce să-mi ia? Sufletul? Numai sufletul mi-a rămas». Nişte băieţi tare buni. Râd. Mi-au adus baterii pentru aparatul de radio, acuma ascult şi eu. Îmi place Liudmila Zîkina, dar acuma cântă aşa de rar. Se vede că a îmbătrânit, ca şi mine. Omului meu îi plăcea să spună... Şi spunea aşa: «S-a terminat balul, pune vioara în torbă!»

---

[1] Unitate de măsură egală cu 16,38 kilograme

O să povestesc cum am găsit pisicuțul. A dispărut Vaska al meu... Îl aștept o zi, două, o lună... Ei, se vede că am rămas singură de tot. Nu mai am cu cine să schimb o vorbă. Am mers așa prin sat, strigând prin curți străine: «Vaska! Murka! Vaska! Murka!» La început au dat fuga mulți, dar mai apoi au dispărut undeva. Moartea nu alege... Pe toți îi primește pământul... Și merg eu, merg. Două zile am tot chemat. A treia zi – îl văd pe el cum stă lângă magazin. Ne-am uitat unul la altul... El e bucuros și eu sunt bucuroasă. Numai că nu scoate nici un sunet. «Ei, să mergem, te rog, să mergem acasă.» Stă. Miau... Eu, dă-i să-l conving: «Ce-o să faci aici singur? O să te mănânce lupii. O să te sfâșie. Hai să mergem. Am ouă, slănină». Uite, cum să-i explici? Pisicul nu înțelege limba omului, dar atunci cum m-a înțeles? Eu merg înainte, iar el fuge în urma mea... Miau... «O să-ți tai o bucățică de slănină.» Miau... «O să trăim amândoi.» Miau... «O să-ți spun Vaska.» Miau... Și, uite, am trăit deja împreună două ierni...

Noaptea mi se năzare – m-a strigat cineva... Vocea vecinei: «Zina!» Tace. Și din nou: «Zina!»

Mi se face urât, încep să plâng...

Mă duc la morminte. Mama e acolo... Fetița mea cea mare... A murit de tifos, în timpul războiului. Cum am dus-o la morminte, cum am început să săpăm, a ieșit soarele după nori. Și strălucește, strălucește. Numai să te întorci și s-o dezgropi. Omul meu este acolo... Fedia... O să stau puțin lângă ei toți. O să oftez puțin. Iar de vorbit, poți s-o faci și cu viii, și cu morții. Nu e nici o diferență pentru mine. Îi aud și pe unii, și pe alții. Când ești singură... Și când te ia tristețea... O tristețe așa de puternică...)

Chiar lângă morminte trăia profesorul Ivan Prohorovici Gavrilenko, s-a dus la fiu, în Crimeea. Lângă el, Piotr Ivanovici Miusski. Tractorist. Stahanovist, cândva toți dădeau năvală să fie stahanoviști. Mâini de aur. Făcea din lemn dantelărie. Casa lui e cea mai frumoasă din sat. O frumusețe! Vai, m-a cuprins părerea de rău, mi s-a ridicat sângele când au distrus-o! Au îngropat-o. Ofițerul striga: «Maică, nu te întrista. Casa se află pe o zonă de radiații». Iar el e beat. Mă apropii, el plânge: «Maică, pleacă! Pleacă!» M-a alungat. Și acolo, mai departe, e conacul lui Mișa Mihalev, încălzea cazanele la fermă. Mișa a dispărut repede. A plecat și a murit imediat. După el era casa zootehnistului Stepan Bîhov. A ars! Noaptea au pus foc oameni răi! Străini. Nici Stepan n-a avut prea multe zile. E îngropat lângă Moghilău, unde sunt copiii lui. Al Doilea Război... Câți oameni am pierdut! Kovaliov Vasili Makarovici, Anna Koțura, Maksim Nikiforenko... Cândva am trăit veseli. De sărbători erau cântece, dansuri. Armonică. Iar acum, parcă ești la închisoare. Uneori îmi închid ochii și merg prin sat... Ei, le zic eu, ce radiații sunt aici, când zboară fluturii, bâzâie bondarii. Și Vaska al meu prinde șoareci. (*Plânge.*)

Dar tu, drăguța mea, mi-ai înțeles tristețea? O să le-o povestești oamenilor, dar eu poate nici n-o să mai fiu. O să mă găsească în pământ... Sub rădăcini..."

Zinaida Evdokimovna Kovalenka,
rămasă în sat

Monolog despre o viață întreagă, scris pe o ușă

„Vreau să depun mărturie.

Asta a fost atunci, acum zece ani, și fiecare zi o trăiesc acum. Acum... mie mi s-a întâmplat...

Am locuit în orașul Pripiat. Chiar în acest oraș care e cunoscut acum de toată lumea. Nu sunt scriitor. Dar sunt un martor. Uite cum a fost... Chiar de la început...

Trăiești așa... Un om obișnuit. Mic. Așa, ca toți din jur – te duci la muncă și vii de la muncă. Primești un salariu mediu. O dată pe an te duci în concediu. Ai o soție. Copii. Ești un om normal! Și într-o zi te transformi deodată într-un om de la Cernobîl. Într-o curiozitate! În ceva ce-i interesează pe toți și de care nu știe nimeni. Vrei să fii ca toți, dar nu se mai poate. Nu poți, nu te mai poți întoarce în lumea de dinainte. Ești privit cu alți ochi. Ți se pun întrebări: «A fost îngrozitor acolo?», «Cum a ars centrala?», «Ce ai văzut?», «Și, de fapt, poți să ai copii?», «Soția nu te-a părăsit?» La început ne transformaserăm în niște exponate rare. «Om de la Cernobîl» era ca un semnal auditiv. Toți întorc capul spre tine... Chiar de acolo!

Acestea erau sentimentele din primele zile. Am pierdut nu un oraș, ci o întreagă viață.

Am plecat de acasă în a treia zi... Reactorul ardea... Țin minte că una dintre cunoștințe a spus: «Miroase a reactor». Un miros imposibil de descris. Dar despre asta toți citeau în ziare. Cernobîl s-a transformat într-o fabrică de orori și, de fapt, într-un desen animat. Dar el trebuie înțeles, pentru că noi trebuie să trăim cu el. O să povestesc numai cele trăite de mine...

Uite cum a fost. S-a anunțat la radio: «Nu se pot lua pisicile!» Fetița mea e în lacrimi, a început să se bâlbâie de spaimă că o să-și piardă pisica preferată. Am băgat pisica în valiză! Dar ea nu vrea să stea în valiză, se smucește. Ne-a zgâriat pe toți. Nu putem să luăm lucruri! N-o să iau toate lucrurile. O să iau un singur lucru. Unul singur! Trebuie să iau ușa de la casă și s-o duc, nu pot să las ușa. Iar intrarea o s-o acopăr cu scânduri.

Ușa noastră... Talismanul nostru! E o moștenire de familie. Pe ușa asta a stat tatăl meu. Nu știu după ce obicei, nu e peste tot așa, dar la noi, mi-a spus mama, mortul trebuie să fie așezat pe ușa casei lui. Stă așa până i se aduce sicriul. Am stat toată noaptea lângă tata, el era întins pe ușa asta... Casa era deschisă. Toată noaptea. Și pe ușa asta, până sus, sunt numai crestături. Cum am crescut eu... Este marcat: clasa întâi, a doua. A șaptea. Înainte de armată. Iar alături, cum a crescut fiul meu... Fiica mea... Pe ușa asta stă scrisă toată viața noastră, ca pe niște papirusuri vechi. Cum s-o las?

L-am rugat pe vecin, el avea mașină: «Ajută-mă». A arătat spre cap: cică, prietene, nu ești în toate mințile. Dar am luat-o. Ușa. Noaptea. Pe motocicletă. Prin pădure... Am adus-o doi ani mai târziu, când apartamentul nostru deja fusese jefuit. Curățat. Mă urmărise miliția. «O să tragem! O să tragem!», desigur, au crezut că sunt un hoț. Mi-am furat ușa de la propria casă...

Am trimis-o pe fată cu soția la spital. Pe corp le apăruseră niște pete negre. Când apar, când dispar. Mari cât un bănuț. Dar nu le doare nimic. Au fost examinate. Am întrebat: «Spuneți-mi, care e rezultatul?» «Nu e pentru dumneavoastră.» «Dar pentru cine?» Atunci toată lumea din jur spunea că o să murim, o să murim, spre anul 2000, bielorușii o să dispară. Fata împlinise șase ani. Chiar în ziua avariei. O duc eu la culcare, ea îmi șoptește la ureche: «Tată, vreau să trăiesc, sunt încă mică». Credeam că nu înțelege nimic... Iar ea cum vede la grădiniță vreo doică cu halat alb sau, la cantină, bucătarul, o apucă isteria: «Nu vreau la spital! Nu vreau să mor!» Nu putea suporta culoarea albă. În casa cea nouă am schimbat perdelele albe.

Puteți să vă imaginați deodată șapte fetițe chele? În salon erau șapte... Nu, ajunge! Termin! Când povestesc, am un sentiment... Uite, îmi spune inima: «Faci un act de trădare». Pentru că trebuie s-o descriu ca pe o străină. Chinurile ei... Soția a venit de la spital. N-a mai rezistat: «Mai bine ar fi murit decât să se chinuie așa. Sau să fi murit eu, decât s-o văd așa». Nu, ajunge! Am încheiat! Nu sunt în stare. Nu!

Am așezat-o pe ușă... Pe ușa pe care cândva a stat și tatăl meu. Până i-au adus sicriul mic... Mititel, ca o cutie de la o păpușă mare. Cât o cutie...

Vreau să depun mărturie – fiica mea a murit din cauza Cernobîlului. Iar ei vor ca noi să tăcem. Cică știința nu a demonstrat, nu avem o bază de date. Trebuie să așteptăm sute de ani. Dar viața mea de om... E mai mică de-atât. Nu pot să aștept. Notați. Notați măcar atât: pe fetiță o chema Katia... Katiușenka... A murit la șapte ani..."

Nikolai Fomici Kalughin, tată

Monolog al unui sat despre cum sunt chemate sufletele din cer, pentru a plânge și a mânca alături de ele

*Satul Belîi Bereg, raionul Narovlianski, regiunea Gomel.
Vorbesc: Anna Pavlovna Artiușenko, Eva Adamovna
Artiușenko, Vasili Nikolaevici Artiușenko,
Sofia Nikolaevna Moroz, Nadejda Borisovna
Nikolaenko, Aleksandr Fiodorovici Nikolaenko,
Mihail Martînovici Lis.*

– Au venit musafiri la noi... Oameni buni... Nu am simțit deloc întâlnirea, nu am avut nici un semn. Se întâmplă uneori să mă mănânce palma, faci cunoștință cu cineva. Dar azi nu am avut nici un semn. Numai privighetoarea a cântat toată noaptea – că o să fie zi cu soare. Vai! Femeile noastre acum o să dea fuga. Uite, Nadia deja vine iute...

– Ați trecut prin toate, ați îndurat atâtea...

– Vai, nici nu vreau să-mi aduc aminte. E groaznic. Ne-au alungat, soldații ne-au alungat. Au venit cu vehicule militare. Cu șenile. Un bătrân... Deja era la pat. Își dădea sufletul. Unde să se ducă? „Uite, o să mă scol", plângea, „și o să mă duc la morminte. Pe picioarele mele." Ce ne-au plătit pentru case? Ce? Ia uitați, ce frumusețe e aici! Cine o să ne plătească pentru frumusețea asta? E zonă de stațiune!

– Erau avioane, elicoptere, o gălăgie de nedescris. Erau camioane mari cu remorci... Soldați. Ei, îmi zic, a început războiul. Cu chinezii sau cu americanii.

– Omul meu a venit de la adunare, de la colhoz, și zice: „Mâine ne evacuează". Iar eu: „Dar ce facem cu cartofii?

Nu i-am scos". Bate la ușă un vecin și s-a pus să bea cu al meu. Au băut și s-au apucat să-l ocărască pe președinte: „Nu mergem și punct. Am trecut noi prin război, iar aici e vorba de radiații". Chiar dacă intrăm în pământul ăsta. Nu mergem!

— Mai întâi am crezut că o să murim toți în două–trei luni. Așa ne speriau. Făceau propagandă să plecăm. Slavă Domnului, suntem vii!

— Slavă Domnului! Slavă Domnului!

— Nimeni nu știe ce e dincolo. Aici e mai bine... Mai cunoscut. Cum spunea mama mea: te lăfăi, te bucuri și faci ce vrei tu.

— Mergem la biserică, ne rugăm.

— Am plecat... Am luat într-un săculeț pământ de la mormântul mamei. Am stat în genunchi și am zis: „Iartă-mă că te lăsăm aici". Noaptea m-am dus la ea și nu mi-a fost frică. Oamenii își scriau numele pe case. Pe bârne, pe garduri. Pe asfalt.

— Soldații omorau câinii. Îi împușcau. Poc, poc! După asta, nu mai suport să aud vreun strigăt de viață.

— Aici am fost brigadier. Patruzeci și cinci de ani. Mi-a părut rău de oameni. Am dus inul nostru la Moscova, la expoziție, colhozul m-a trimis. Am venit de acolo cu o insignă și o diplomă de onoare. Aici mi se spune cu respect: „Vasili Nikolaevici... Nikolaevici al nostru..." Dar cine sunt eu acolo, într-un loc nou? Un bătrân. Aici o să mor, femeile o să-mi aducă apă, o să facă în casă cald. Mi-a părut rău de oameni... Seara vin muierile de la câmp și cântă, iar eu știu că n-o să primească nimic. Numai bețișoare pentru zilele de muncă. Iar ele cântă.

– În sat la noi, oamenii trăiesc împreună. Laolaltă.
– Am un vis, se face că sunt deja la oraş, la fiu. În vis... îmi aştept moartea, o tot aştept. Şi le poruncesc fiilor: „Să mă duceţi la mormintele noastre, să staţi cu mine măcar cinci minute lângă casa mea dragă". Şi văd de sus că fiii o să mă ducă acolo...
– Chiar dacă sunt otrăvite, cu radiaţii, dar astea sunt locurile mele. În altă parte, nimeni nu are nevoie de noi. Până şi pasărea are drag de cuibul ei.
– Să termin de spus. Trăiam la fiu, la etajul şase, mă duc la fereastră, mă uit în jos şi-mi fac cruce. Mi se pare că aud un cal. Un cocoş... Şi-mi pare aşa de rău... Iar alteori îmi visez gospodăria: leg vaca şi o mulg, o mulg... Mă trezesc... Nu vreau să mă scol... Sunt încă acolo. Sunt când aici, când acolo.
– Ziua trăiam în locul cel nou, iar noaptea, la noi acasă.
În vis.
– Iarna nopţile sunt lungi, stăm uneori şi facem socoteala: cine a murit deja. La oraş, din cauza nervilor şi a tulburărilor au murit mulţi, la patruzeci–cincizeci de ani – oare asta e vârstă de murit? Dar noi trăim. Ne rugăm în fiecare zi la Dumnezeu, un singur lucru cerem, sănătate.
– Cum se spune, unde s-a născut fiecare, acolo e locul lui.
– Omul meu a stat la pat două luni... Tăcea, nu-mi răspundea. De parcă era supărat. Merg prin curte, mă întorc: „Tăicuţă, ce mai faci?" Ridică ochii când îmi aude vocea, dar mie îmi e deja mai uşor. Chiar dacă era la pat, chiar dacă tăcea, dar era şi el în casă. Când moare

omul, nu poți să plângi. Îi întrerupi moartea, o să se chinuie mult. Am luat din dulap o lumânare și i-am pus-o în mână. El a luat-o și respiră... Văd că ochii îi sunt tulburi... Nu am plâns... Un singur lucru l-am rugat: „Transmite salutări acolo fiicei noastre și mamei mele iubite". M-am rugat să plecăm împreună... Unii îl conving pe Dumnezeu să le dea moarte, dar mie nu mi-a dat. Trăiesc.

— Iar mie nu mi-e frică să mor. Nimeni nu trăiește de două ori. Și frunza zboară, și copacul cade.

— Babelor! Nu mai plângeți. Am fost mereu numai în linia întâi. Stahanoviști. Am trecut și de Stalin. Războiul! Dacă nu am fi râs și nu ne-am fi alinat, de mult ne-am fi pus ștreangul de gât. Deci stau de vorbă două femei de la Cernobîl. Una: „Am auzit că acum toți ai noștri au sângele alb". Cealaltă: „Prostii! Ieri m-am tăiat la deget și a curs sânge roșu".

— În ținutul nostru e ca în rai. Dar în străinătate nici soarele nu strălucește așa.

— Iar mama mea m-a învățat cândva: ia icoana și întoarce-o, să stea așa trei zile. Oriunde ai fi, neapărat o să te întorci acasă. Aveam două vaci și două vițele, cinci porci, gâște, găini. Un câine. Îmi iau capul în mâini și merg prin livadă. Iar mere, câte mere! S-a dus totul, pfui, s-a dus!

— Am spălat casa, am văruit soba... Trebuia să las pâine și sare pe masă, o oală și trei lingurițe. Linguri câte suflete sunt în casă. Tot, ca să ne întoarcem...

— Și crestele găinilor erau negre, nu roșii, de la radiații. Nici brânza nu se făcea. O lună am trăit fără brânză dulce și caș. Laptele nu se acrea, se făcea praf, un praf alb. De la radiații...

— Radiațiile astea erau la mine în grădină. Grădina se albise de tot, era albă, albă, parcă era presărată cu ceva. Cu niște firimituri. Credeam că poate a venit ceva din pădure. A adus vântul.

— Noi n-am vrut să plecăm. Vai, tare n-am mai vrut! Bărbații erau băuți... s-au aruncat în calea roților. Șefii mergeau prin case și convingeau pe fiecare. Ordin: „Nu se ia averea!"

— Vitele erau neadăpate de trei zile. Nehrănite. Urmau să fie sacrificate! A venit un corespondent de la un ziar: „Care e starea dumneavoastră de spirit? Ce faceți?" Mulgătoarele bete au fost cât pe ce să-l omoare.

— Președintele cu soldații se învârt în jurul casei mele. Mă amenință: „Ieși sau o să punem foc! Ei, ia dă încoa, o canistră cu benzină". Am dat fuga, iau ba un ștergar, ba o pernă.

— Uite, spuneți-mi, conform științei, cum acționează radiația asta? Spuneți adevărul, oricum o să murim în curând.

— Dar credeți că la Minsk nu e doar pentru că e invizibilă?

— A adus un nepot un câine... I-a pus numele de Radiu, pentru că trăim în radiații. Și unde s-a dus Radiu al meu? Mereu e printre picioarele mele. Mi-e frică să nu fugă afară din sat, o să-l mănânce lupii. O să fiu singură.

— Iar la război noaptea întreagă pârâie, pârâie armele. Poc, poc, poc. Am săpat aici în pădure un bordei. Tot bombardează într-una. Au ars tot, hai, casele, am înțeles, dar și grădinile, și vișinii au ars. Numai război să nu fie... De asta mi-e cel mai frică!

— La radioul armean întreabă: „Se pot mânca merele de la Cernobîl?" Răspuns: „Se pot mânca, numai că trebuie îngropate cotoarele adânc în pământ". A doua întrebare: „Cât face şapte înmulţit cu şapte?" Răspuns: „Păi orice locuitor din Cernobîl poate să socotească asta pe degete". Ha, ha, ha.

— Am primit o căsuţă nouă. De piatră. Aşa, ştiţi, în şapte ani nu am bătut nici un cui. Străinătate! Totul e străin. Omul meu plângea întruna. O săptămână lucrează la colhoz, pe tractor, aşteaptă duminica, iar duminica se întinde lângă perete şi plânge.

— Nimeni nu ne mai păcăleşte acum, nu mai plecăm nicăieri din locul nostru. Nu e magazin, nu e spital. Nu e lumină. Stăm la lumina lămpii cu gaz şi la lumina focului de vreascuri. Dar ne e bine! Suntem acasă.

— La oraş, nora venea după mine prin apartament cu cârpa şi ştergea clanţa, scaunul... Şi totul e cumpărat cu banii mei, toată mobila şi maşina Lada. Banii s-au terminat şi mama nu mai e de nici un folos.

— Banii i-au luat copiii noştri. Iar ce a rămas s-a dus din cauza inflaţiei. Ce ne-au dat pentru gospodărie, pentru casă. Pentru meri.

— La radioul armean întreabă: „Ce înseamnă radiodoică?" „Este o doică de la Cernobîl." Ha, ha, ha...

— Două săptămâni am mers pe jos... Şi mi-am dus şi vaca... Oamenii nu mă lăsau în casă. Am înnoptat în pădure.

— Se tem de noi. Suntem contagioşi. De ce ne-a pedepsit Dumnezeu? S-a supărat? Nu mai trăim ca oamenii, nu mai trăim după legile lui Dumnezeu. Ne pedepsim unul pe altul. Pentru asta.

— Nepoții mei au venit vara... În primii ani nu au venit, se temeau și ei. Dar acum ne vizitează, iau alimente de aici, împachetează tot ce le dai. „Bunico", m-au întrebat, „dar ai citit cartea despre Robinson?" Trăia unul așa, ca noi. Departe de oameni. Am adus cu mine jumate de sac de chibrituri. Un topor și o lopată. Iar acum am slănină, ouă, lapte, totul e al meu. Un singur lucru nu am, zahăr, că nu poți să-l semeni. Aici e pământ cât vrei! Dacă vrei, poți să ari o sută de hectare. Și nu e nici o putere. Aici nimeni nu stă în calea omului. Nu sunt șefi. Suntem liberi.

— Cu noi s-au întors și pisicile. Și câinii. Ne-am întors împreună. Soldații nu ne lăsau. De la OMON[1]. Așa că am venit noaptea... Pe poteci, prin pădure. Ca partizanii.

— Nu ne trebuie nimic de la stat. Tot producem singuri. Numai să ne lăsați în pace! Nu ne trebuie nici magazin, nici autobuz. După pâine și sare mergem pe jos 20 de kilometri. Ne descurcăm singuri.

— Ne-am întors cu șatra. Trei familii... Iar aici totul e jefuit: soba e spartă, ferestrele, ușile sunt scoase. Podelele. Becurile, întrerupătoarele, prizele, totul a fost scos. Nimic n-a mai rămas. Uite, cu mâinile astea am făcut totul de la zero, uite, cu mâinile astea. Cum să nu!

— Gâștele sălbatice, dacă încep să strige, e semn că a venit primăvara. E timpul să semeni. Iar noi stăm în casele pustii... Un singur lucru e bun — acoperișurile sunt întregi...

— Miliția a făcut tam-tam. Vin cu mașinile, iar noi plecăm în pădure. Ca din calea nemților. Odată au venit

---

[1] *Otriad miliții osobogo naznacenia* — detașament al miliției cu destinație specială, scutieri

peste noi cu procurorul, era așa de amenințător, zicea că o să ne facă proces. Eu zic așa: „Las' să-mi dea un an de închisoare, o să-l fac și o să mă întorc aici". Treaba lor e să strige, a noastră, să tăcem. Am decorație, sunt combiner fruntaș, iar el mă amenință: „O să fii judecat după articolul 10"... Ca și cum aș fi un infractor.

— În fiecare zi îmi visam casa. Mă întorceam: ba săpam în grădină, ba făceam patul. Și mereu găseam câte ceva: ba un pantof, ba niște puișori... Totul era semn bun, de bucurie. Pentru întoarcere.

— Noaptea ne rugăm la Dumnezeu, iar ziua, la milițieni. Mă întrebați: „De ce plângi?" „Păi nu știu de ce plâng. Sunt bucuroasă că trăiesc în gospodăria mea."

— Și ați îndurat tot, ați rezistat...

— Să vă spun un banc... Un decret al guvernului despre avantaje pentru cei din Cernobîl... Cei care locuiesc la 20 de kilometri de centrală vor primi înainte de numele de familie particula „von". Cei care locuiesc la zece kilometri sunt deja „Luminăția Voastră". Iar cei care au rămas în viață chiar lângă centrală — „Strălucirea Voastră". Ei, uite, trăim și noi, „Luminăția Voastră". Ha, ha, ha.

— M-am dus eu la doctor: „Drăguțule, nu pot să-mi mișc picioarele. Mă dor articulațiile". „Mamaie, trebuie să dai vaca. Laptele e otrăvit." „Vai, nu", plâng eu, „mă dor picioarele, mă dor genunchii, dar vaca n-o dau. Ea e cea care mă hrănește."

— Eu am șapte copii. Toți locuiesc la oraș. Aici sunt singură. Îmi e dor de ei, mă tot uit la fotografii. Stau de vorbă cu ei. Mereu sunt singură. Singură am vopsit casa, am băgat șase cutii de vopsea. Așa că, uite, trăiesc și eu.

Am crescut patru băieți și trei fete. Iar soțul a murit devreme. Sunt singură.

– M-am întâlnit cu un lup, uite cum a fost: stă el așa, stau și eu așa. Ne-am uitat unul la altul și el a plecat într-o parte. A luat-o la fugă. Mi-a sărit căciula de pe cap de frică.

– Orice animal sălbatic se teme de om. Să lași în pace animalul, o să te ocolească. Mai înainte te duceai în pădure, auzeai glasuri, alergai la oameni, dar acum oamenii se ascund. Să nu dea Domnul să te întâlnești în pădure cu vreun om!

– Tot ce scrie în Biblie, totul se împlinește... Acolo scrie și despre colhozul nostru. Și despre Gorbaciov... Că va fi un șef mare cu un semn pe frunte și un stat mare va cădea. Iar mai apoi o să vină Judecata de Apoi. Care va trăi prin orașe, toți vor muri, iar în sat o să rămână un singur om. Omul tare se va mai bucura de o urmă de om! Nu de om, ci de urma lui.

– Iar lumina la noi e lampa. Cu gaz. Aaa... Femeile v-au spus deja. Când omorâm un porc mistreț, îl ducem în beci sau îl îngropăm în pământ. În pământ carnea stă trei zile. Facem rachiu din grânele noastre. Din dulceață.

– Eu am doi saci de sare. Nu pierim noi fără stat! Lemne sunt o mulțime, în jur e numai pădure. Casa e călduroasă. Lampa arde. E bine! Țin o capră, un ied, trei porci, paisprezece găini. Pământ e cât vrei, iarbă, cât vrei. Apă e la fântână. Libertate! Ne e bine! Aici, la noi, nu e colhoz, ci comună. Comunism! Și o să cumpărăm și un căluț. Și atunci nu mai avem nevoie de nimeni. Numai de un căluț...

– Ne-am întors nu acasă, cum se minuna un corespondent care a fost aici, ci cu o sută de ani în urmă.

Secerăm cu secera, cosim cu coasa. Îmblătim cerealele cu îmblăciul, chiar pe asfalt. Omul meu împletește coșuri. Iar iarna eu brodez. Țes.

— La război, din neamul nostru au murit șaisprezece oameni. Doi frați ai mei au fost uciși. Mama plângea și plângea. Și mergea bătrâna prin sate, cerșea. „Ești îndurerată?", i se spunea mamei. „Nu mai fi îndurerată. Cine și-a dat viața pentru alții e un om sfânt." Și eu pot să fac orice pentru patrie... Numai că nu pot să ucid... Eu sunt profesoară, așa am învățat: să-l iubiți pe om. Mereu învinge binele. Copiii sunt mici, sunt curați la suflet.

— Cernobîl... Cel mai mare război. Omul nu are salvare nicăieri. Nici pe pământ, nici în apă, nici în cer.

— Radioul a fost imediat închis. Nu știm nici o veste, dar trăim liniștiți. Nu disperăm. Vin oameni, ne povestesc — peste tot e război. Și parcă socialismul s-a terminat, trăim în capitalism. Țarul o să se întoarcă. Așa e?!

— Vine din pădure, în livadă, când un porc mistreț, când un elan. Oameni vin rar. Numai milițienii când și când...

— Dar intrați și în casa mea.

— Și în a mea. Demult n-au mai intrat oaspeți în casa mea.

— Și mă închin, și mă rog... Doamne! De două ori miliția mi-a dărâmat soba. M-au scos cu tractorul. Dar eu m-am întors înapoi! Dacă i-ar fi lăsat pe oameni, ei toți s-ar fi întors înapoi în genunchi. Au dus prin lume durerea noastră. Numai morți le e permis să se întoarcă. Îi aduc înapoi. Iar cei vii — noaptea. Prin pădure...

— De Paștele Blajinilor, toți dau năvală aici. Până la ultimul. Fiecare vrea să-i pomenească pe ai lui. Miliția le dă drumul pe liste, iar copiii până la optsprezece ani nu au voie. Vin şi sunt aşa de bucuroşi să stea puţin lângă casele lor. În livada lor, lângă un măr... Mai întâi plâng la morminte, apoi se împrăştie prin curţile lor. Şi acolo plâng şi se roagă. Aprind lumânări. Stau la gardurile lor, ca şi la gărduleţele mormintelor. Uneori pun şi o cunună lângă casă. Atârnă şi un ştergar alb la portiţă... Părintele citeşte o molitvă. „Fraţi şi surori! Fiţi răbdători!"

— La cimitir iau şi ouă, şi pâinici... Multe blinele[1] în loc de pâine. Fiecare ce are... Fiecare se aşază lângă rudele sale. Îi strigă: „Soră, am venit să văd ce mai faci. Vino la noi la masă". Sau: „Mămica noastră... Tăticul nostru... Tăticule". Cheamă sufletele din cer. Cine are morţi în acest an plânge, cine are morţi mai vechi nu. Vorbesc puţin, îşi aduc aminte. Toţi se roagă. Şi cine nu ştie, tot se roagă!

— Iar noaptea nu e voie să plângi după morţi. Cum a apus soarele, gata. Pomeneşte, Doamne, sufletele celor adormiţi. Că a lor este împărăţia cerurilor!

— Cine nu vine, acela plânge. Uite, o moţată vine la piaţă cu nişte mere mari, roşii. Strigă: „Cumpăraţi mere! Mere de la Cernobîl!" Cineva o sfătuieşte: „Mătuşă, nu spune adevărul, că sunt de la Cernobîl. N-o să cumpere nimeni". „Cum să nu spun? O să cumpere! Care pentru o soacră, care pentru şef!"

— Aici s-a întors unul de la închisoare. A fost amnistiat. Stătea în satul vecin. Mama a murit, casa a fost îngropată. A venit la noi. „Tanti, dă-mi o bucată de pâine şi de slănină. O să vă tai lemne multe." Cerşeşte.

— E vraişte în ţară şi aici vin oameni. Fug de oameni. De lege. Şi trăiesc singuri. Oameni străini. Severi, nu au

---

[1] Preparat rusesc, asemănător cu clătitele

bucurie în ochi. Se îmbată și dau foc. Noaptea dormim, iar sub pat avem furci, topoare. La bucătărie, lângă ușă, un ciocan.

— Primăvara a venit aici o vulpe turbată, când e turbată așa, când blândă, blândă. Nu se poate uita la apă. Dacă pui în curte o căldare de apă, n-ai de ce să te temi! O să plece.

— Vin... Fac filme despre noi, dar noi n-o să le vedem niciodată. Nu avem nici televizoare, nici curent. Un singur lucru, ne uităm pe fereastră. Ei, și ne rugăm, desigur. Au fost comuniștii în loc de Dumnezeu, dar acum a rămas numai Dumnezeu.

— Noi suntem oameni emeriți. Eu sunt partizan, am fost un an la partizani. Iar când ai noștri i-au respins pe nemți, am ajuns pe front. Mi-am scris numele pe Reichstag[1]: Artiușenko. Mi-am dat jos mantaua, am construit comunismul. Dar unde e aici comunismul?

— La noi aici e comunism. Trăim ca frați și surori.

— Când a început războiul, în acel an nu erau nici ciuperci, nici poame. Mă credeți? Și pământul a simțit nenorocirea... Anul 1941... Vai, îmi aduc aminte! Nu am uitat războiul. A venit un zvon că i-au adus pe prizonierii noștri, cine și-l recunoaște pe al său poate să-l ia. Ne-am pornit, ne-am dus noi, muierile! Seara l-au adus care pe al său, care pe un străin. Dar s-a găsit un nenorocit. Trăia ca toți, era însurat, doi copii. A spus la comandatură că am luat ucraineni. Vasko, Sașko... A doua zi, nemții au venit pe motociclete... Îi rugăm, cădem în genunchi. Iar ei i-au dus în afara satului și i-au secerat cu automatele. Nouă

---

[1] Clădirea Parlamentului german

oameni. Aşa de tineri, tineri, frumoşi! Vasko, Saşko...
Numai război să nu fie. De asta mi-e cel mai frică!

– Vin şefii, ţipă ei puţin, dar noi suntem muţi şi surzi.
Şi am trecut prin toate, am îndurat tot...

– Iar despre ale mele... La ale mele mă gândesc şi mă
gândesc... La morminte... Unul boceşte tare, altul încet.
Unii spun aşa: „Deschide-te, nisip galben. Deschide-te,
noapte întunecată". Din pădure mai vii, dar din pământ
niciodată. O să spun blând: „Ivan... Ivan, cum să tră-
iesc?" Dar el nu-mi spune nimic, nici de bine, nici de rău.

– Iar eu... Eu nu mă tem de nimic: nici de morţi,
nici de sălbăticiuni, de nimeni. Fiul vine de la oraş şi
mă ocărăşte: „Ce stai aşa, singură? Da' dacă te omoară
careva?" Şi ce să ia de la mine? Am numai perne. Într-o
casă simplă toate podoabele sunt pernele. Dacă o să intre
vreun bandit, când îşi bagă capul pe fereastră, o să-l
gonesc cu toporişca. Cum zicem noi, cu securea... Poate
că nu există Dumnezeu, poate că e altcineva, dar acolo,
sus, e cineva... Şi eu trăiesc.

– Iarna un unchéş a agăţat în curte un viţel tranşat. Şi
tocmai veniseră nişte străini: „Bunicule, ce faci?" „Alung
radiaţia."

– Au fost multe... Oamenii povesteau... Un bărbat
şi-a îngropat soţia şi a rămas un băieţel mic. Bărbatul e
singur. S-a îmbătat de durere... Ia de pe copil tot ce e ud
şi le bagă sub pernă. Iar soţia – c-o fi fost ea, c-o fi fost
sufletul ei – apare noaptea, spală, usucă şi le pune pe toate
la un loc. Odată a văzut-o... A chemat-o – ea a dispă-
rut imediat. S-a făcut aşa, ca un aer. Atunci vecinii l-au
sfătuit: cum apare umbra, să încui uşa cu cheia, poate
n-o mai pleca aşa de repede. Dar ea n-a mai venit deloc.

Ce-o fi fost asta? Cine venea acolo? Nu credeți? Dar atunci răspundeți, de unde au apărut poveștile? Poate că odinioară a fost adevărat? Uite, dumneavoastră sunteți cu carte...

– De ce s-a stricat Cernobîlul ăla? Unii zic că oamenii de știință sunt vinovați. Îl apucă pe Dumnezeu de barbă, iar el râde. Și noi aici trebuie să îndurăm!

Niciodată nu am trăit bine. Liniștit. Chiar înainte de război, oamenii erau luați. Luați pe sus... De la noi, trei bărbați... Veneau cu mașini negre și-i luau de pe câmp și nu s-au mai întors nici până acum. Mereu ne temeam.

– Mie nu-mi place să plâng. Îmi place să aud o anecdotă nouă. În zona Cernobîl a crescut tutun. La fabrică au făcut țigări din tutunul ăsta. Pe fiecare pachet scrie: „Ministerul Sănătății avertizează pentru ultima oară – fumatul este periculos pentru sănătate". Ha, ha, ha... Iar uncheșii noștri fumează...

– Singurul lucru pe care-l am e o văcuță. M-aș duce și aș preda-o, numai război să nu fie. De asta mi-e cel mai frică!

– Și cucul cântă, cotofenele cârâie. Căprioarele aleargă. Dar o să apară ele și mai încolo, nimeni nu poate spune asta. Dimineață m-am uitat în livadă – au scormonit acolo mistreții. Sălbatici. Oamenii pot fi strămutați, dar cerbii și mistreții nu. Nici apa nu ține granițele, merge cum vrea ea pe pământ, pe sub pământ...

Casa nu poate exista fără om. Și animalul sălbatic are nevoie de om. Toți îl caută pe om. A venit o barză. S-a cățărat un gândăcel. Mă bucur de toate.

– Mă doare, băbuțelor... Vai, ce mă mai doare! Trebuie încet... Sicriul se duce încet... Cu grijă. Nu trebuie să-l lovești de ușă sau de pat, nu trebuie să-l atingi de nimic și nici să-l lovești. Că atunci e nenorocire, să te aștepți la un alt mort. Doamne, pomenește sufletele lor. Fie-le țărâna ușoară! Și unde îi îngroapă, acolo îi bocesc. Aici la noi sunt numai morminte. Peste tot sunt morminte... Camioanele uruie. Buldozere. Casele cad... Groparii muncesc întruna... Au îngropat școala, comitetul sătesc, baia... Este aceeași lume, dar oamenii nu mai sunt aceiași. Un singur lucru nu știu, omul are suflet? Cum este? Și unde încap toți pe lumea ailaltă?

Bunicul s-a chinuit să moară două zile, m-am ascuns în spatele sobei și păzeam: cum o să iasă din el? M-am dus să mulg vaca... Am intrat repede în casă. Îl strig. Stă cu ochii deschiși... Sufletul a zburat... Sau nu a fost nimic? Și atunci, când o să ne revedem?

— Spune părintele că suntem nemuritori. Ne rugăm. Doamne, dă-ne putere să îndurăm oboseala vieții noastre!

MONOLOG DESPRE CUM ESTE GĂSITĂ O RÂMĂ
ȘI CUM SE BUCURĂ O GĂINĂ.
CĂ NICI CEEA CE FIERBE ÎN CEAUN NU E VEȘNIC

„Prima spaimă...

Prima spaimă a căzut din cer. A plutit pe apă. Iar unii oameni, și erau mulți, erau liniștiți ca niște pietre. Jur pe cruce! Bărbații mai bătrâni beau și ziceau: «Noi am ajuns până la Berlin și am învins». Spun cum se lipesc de perete. Învingători! Cu medalii.

Prima spaimă a fost... Dimineață în livadă și în grădină am găsit niște cârtițe moarte. Cine le-o fi omorât? De regulă nu ies de sub pământ la lumină. Ceva le gonise. Jur pe cruce!

Mă sună fiul de la Gomel.

—Cărăbușii zboară?

—Nu sunt gândaci, nici o larvă nu se vede nicăieri. S-au ascuns.

—Dar râme sunt?

—Dacă apare vreo râmă, se bucură găina. Nici ele nu sunt.

—Primul semn: unde nu sunt cărăbuși și nici râme, acolo sunt radiații puternice.

—Ce înseamnă radiații?

—Mamă, e un fel de moarte. Convinge-l pe tata să plecați. O să stați la noi.

—Păi nici nu am pus grădina...

Dacă am fi toți deștepți, cine ar fi rămas prost? Dacă arde, ei, să ardă. Focul este un fenomen temporar, nimeni nu se temea pe atunci. Nu știau de atom. Jur pe cruce! Și trăiam lângă centrala atomică, în linie dreaptă – 30 de kilometri, iar dacă mergi pe șosea, 40. Am fost foarte mulțumiți. Am cumpărat bilet și am plecat. La ei, aprovizionarea e ca la Moscova – salam ieftin, în magazine e mereu carne. Pe alese. Ce timpuri bune au mai fost!

Dar acum e numai spaimă. Zic că o să rămână numai broaștele și musculițele, oamenii nu. Viața o să rămână fără oameni. Spun tot felul de povești de adormit copiii. Prost e cel care le îndrăgește! Dar fără foc nu iese fum... E un cântec vechi...

Dau drumul la radio. Ne tot sperie mereu cu radiația. Dar noi, de când cu radiația, am început să trăim mai bine. Jur pe cruce! Uită-te și tu: au adus portocale, trei feluri de salam, mă rog! În sat! Nepoții mei au colindat juma' de lume. Fata cea mică s-a întors din Franța, e acolo de unde a venit odată Napoleon aici... «Bunico, am văzut ananas!» Al doilea nepot... Fratele ei a fost dus la tratament la Berlin... Acolo de unde Hitler a venit asupra noastră... Cu tancurile... Acum e o lume nouă. Totul e altfel acum... Radiația e vinovată sau cine? Dar cum arată ea? Poate au arătat-o undeva în vreun film? Ați văzut-o? E albă sau cum e? Ce culoare are? Unii spun că nu are culoare, nici miros, iar alții, că e neagră. Ca pământul! Iar dacă nu are culoare, atunci e ca Dumnezeu. Dumnezeu e peste tot, dar nimeni nu-l vede. Ne sperie! Și mere sunt în livadă, și frunze în copaci, cartofi pe câmp. Cred că nu a fost nici un Cernobîl, l-au inventat. I-au păcălit pe oameni. Sora mea cu soțul ei au plecat. Nu departe de aici, la 20 de kilometri. Au stat acolo două luni, vine la noi fuga o vecină: «De la vaca voastră, radiația a venit la a mea. Vaca acum cade din picioare». «Dar cum se cațără?» «Zboară prin aer ca praful. E zburătoare.» Povești! Povești de adormit copiii... Dar s-au întâmplat... Bunicul meu avea multe albine, cinci stupi. Trei zile n-a ieșit nici una. Au stat în stupi. Au așteptat. Bunicul tot umblă prin curte: ce năpastă mai e și asta? Ce boală mai e? S-a întâmplat ceva în natură. Iar sistemul lor, cum ne-a explicat mai târziu un vecin profesor, e mai bun decât al nostru, e mai inteligent, așa că au auzit imediat. Radioul, ziarele încă tăceau, dar albinele știau deja. Abia în a patra zi au ieșit. Viespile... Am avut viespi, un cuib de viespi deasupra pridvorului, nimeni nu l-a atins, și atunci, dimineața, n-au mai fost, nici vii, nici moarte. S-au întors peste șase ani. Radiația... Ea sperie și oamenii, și animalele, și păsările... Și chiar copacul se teme de ea, dar el e mut. Nu poate să vorbească. Iar gândacii de Colorado se târăsc ca mai înainte, ne rod cartofii, cu totul, până la frunzuțe, ei sunt obișnuiți cu otrava. Ca și noi, iată.

Dar acum mă gândesc că în fiecare casă a murit câte cineva, pe strada ailaltă, pe malul celălalt al râului. Acolo sunt numai femei, fără bărbații lor, nu mai sunt bărbați, bărbații au murit. Pe strada noastră, bunicul meu trăiește, și mai este unul. Pe bărbați, Dumnezeu îi ia mai devreme. Din ce motiv? Nimeni nu ne poate spune, nimeni nu știe secretul acesta. Dar dacă te gândești: dacă e să rămână numai bărbații, fără femei, nici așa nu e bine. Beau, draga mea, beau. Beau de durere. Cui îi place să moară? Când omul moare, e așa o durere! Nu te poți alina. Nimeni nu poate, n-ai cum s-o alini. Beau și stau de vorbă... Discută... Bei, râzi și, gata!, nu mai ești. Toți visează la o moarte ușoară. Cum s-o meriți? Sufletul este singura ființă vie. Draga mea... Iar femeile noastre sunt toate sterpe, tot ce era femeiesc în ele li s-a tăiat, ia socotește, una din trei. Și la tânără, și la bătrână... Nu toate au apucat să nască... Dacă mă gândesc... A trecut, de parcă nici n-a fost...

Dar ce să mai spun? Trebuie să trăim. Asta e tot.

Și încă... Mai înainte ne făceam singuri unt, smântână, făceam brânză dulce, caș. Fierbeam colărezi. Se mănâncă așa ceva la oraș? Torni făină în apă și amesteci, ies niște bucățele mici de aluat, atunci le dai drumul într-o oală cu apă clocotită. Le fierbi și apoi le pui în lapte. Mama noastră mi-a arătat și m-a învățat: «Și voi, copii, să învățați să faceți asta. Iar eu am învățat de la mama mea». Beam noi suc de mesteacăn și de arțar, *beriozovik* și *klenovik*. Fierbeam păstăi de fasole în ceaun, pe soba mare. Făceam *kisel*[1] din merișoare, iar în timpul războiului adunam urzici, lobodă și alte ierburi. De foame ne umflam, dar nu am murit. Sunt poame în pădure, ciuperci. Iar acum e o asemenea viață, că totul s-a prăbușit. Ne gândeam că nu se va prăbuși nimic, că așa a fost și va fi mereu. Și că ceea ce fierbe în ceaun e veșnic. N-aș fi crezut niciodată că se va schimba. Dar chiar așa... Lapte nu poți, fasole nu poți. Ciuperci, poame sunt interzise. Carnea se spune că trebuie s-o lași în apă trei ore. Și la cartofi să verși de două ori apa când îi fierbi. Dar nu poți să te cerți cu Dumnezeu... Trebuie să trăiești...

Ne sperie că nici apa noastră nu trebuie s-o bem. Păi cum să stăm fără apă? În fiecare om e apă. Nu e nimeni fără apă. Găsești apă și în piatră. Ei, poate apa asta să fie veșnică? Toată viața se trage din ea... Pe cine să întrebi? Nimeni n-o să-ți spună. Iar la Dumnezeu trebuie să te rogi, nu-l întrebi. Trebuie să trăiești...

Uite, și grânele au ieșit. Niște grâne tare bune!"

Anna Petrovna Badaeva, rămasă în sat

MONOLOG DESPRE UN CÂNTEC FĂRĂ CUVINTE

„Mă plec la picioarele dumneavoastră... Vă rog...

Să ne-o găsiți pe Anna Sușko. Ea trăia în satul nostru. În satul Kojușki. O cheamă Anna Sușko... O să vă spun toate semnele, iar dumneavoastră să le scrieți. Are cocoașă, e mută din naștere. Trăia singură. Șaizeci de ani. În timpul strămutării a fost luată cu o mașină a salvării și dusă într-o direcție necunoscută. Nu știe carte, de aceea

---

[1] Un fel de compot de fructe în care se adaugă amidon de porumb

nu am primit de la ea nici o scrisoare. Pe cei singuri și bolnavi i-au dus pe la aziluri. Departe de ochii lumii. Nimeni nu știe adresa. Să dați la ziar...

În tot satul ne-a părut rău de ea. Aveam grijă de ea ca de un copil mic. Unul îi taie lemne, altul îi aduce niște lapte. Cineva stă puțin seara în casa ei... Îi face soba... Sunt doi ani de când noi, după ce am hoinărit prin alte locuri, ne-am întors în casele dragi. Și să-i transmiteți că e întreagă casa ei. Are acoperiș, ferestre. Ce e spart și jefuit o să reparăm cu toții. Să ne dați numai adresa, unde trăiește și suferă, și o să mergem s-o luăm. O s-o aducem înapoi. Ca să nu moară de durere. Mă plec la picioruşele dumneavoastră. Un suflet nevinovat se chinuie prin străini...

Și încă un semn... Am uitat... Când o doare ceva, începe să cânte. Fără cuvinte. Numai cu vocea. Dar de vorbit nu poate... Când o doare, lungește așa vocea: aaa. Se tânguiește...

A... a... a..."

Maria Volciok, rămasă în sat

Trei monologuri despre o frică veche și despre faptul că un bărbat tăcea când vorbeau femeile

Familia K. Mama și fiica. Și un bărbat care nu a spus nici un cuvânt (soțul fiicei).

Fiica:

— La început plângeam zi și noapte. Voiam să plâng și să vorbesc. Noi suntem din Tadjikistan, din Dușanbe. Acolo e război...

Rugăciune pentru Cernobîl

N-ar trebui să vorbesc... Aștept un copilaș, sunt însărcinată... Dar o să vă povestesc... Vin ziua cu autobuzul, să verifice pașapoartele. Oameni obișnuiți, cu automate. Se uită la documente și-i scot din autobuz pe bărbați. Și chiar acolo, lângă uși, îi împușcă... Nici măcar nu-i trag într-o parte. N-aș fi crezut niciodată. Dar am văzut cu ochii mei. Am văzut cum au fost scoși doi bărbați, unul extrem de tânăr, frumos, el le tot striga ceva. În tadjică, în rusă... Striga că soția lui născuse recent, că are acasă trei copilași. Și ei numai râdeau, și ei erau tineri, tineri de tot. Oameni obișnuiți, dar cu automate. El a căzut... le-a sărutat adidașii... Toți tăceau, tot autobuzul. Cum au plecat: ta, ta, ta... Se temeau să se uite în jur... (*Plânge*.)

N-ar trebui să vorbesc... Aștept un copilaș. Dar o să vă povestesc... Un singur lucru vă rog: să nu dați numele meu, numai prenumele, Svetlana. Ne-au rămas rude acolo. O să-i omoare. Mai înainte mă gândeam că la noi n-o să fie niciodată război. E o țară mare, iubită. Cea mai puternică! Mai înainte ni se spunea că, în țara sovietică, noi trăim în sărăcie, modest, pentru că a fost un război mare, oamenii au suferit, dar acum avem o armată puternică, nimeni n-o să ne mai atingă. N-o să ne învingă! Iar noi am început să tragem unul în altul... Acum nu e un război ca înainte. De războiul acela ne-a spus bunicul nostru, el a ajuns până în Germania. Până la Berlin. Acum vecinul trage în vecin, băieții au învățat împreună la școală și se omoară unul pe altul, le violează pe fetele cu care au stat în bancă la școală. Toți au înnebunit...

Soții noștri tac. Bărbații tac, ei n-o să vă spună nimic. Li s-a strigat în urmă că fug ca niște femei. Sunt lași! Își trădează țara. Dar unde e vina lor? Oare este o vină că nu poți să tragi? Nu vrei. Soțul meu e tadjic, el trebuia să se ducă la război și să omoare. Dar el: „Să plecăm, să plecăm. Nu vreau la război. Nu-mi trebuie mie automate". Îi place să dulghereasă, să aibă grijă de cai. El nu vrea să tragă cu pușca. Așa e sufletul lui... Nici vânătoarea nu-i place. Acolo e pământul lui, vorbesc în limba lui, iar el a plecat. Pentru că nu vrea să omoare un alt tadjic ca și el... Un om pe care nu-l cunoaște, care nu i-a făcut nimic; acolo nici la televizor nu se uita. Își acoperea urechile... Dar aici e singur, acolo frații lui se luptă, pe unul l-au omorât deja. Acolo trăiesc mama lui, surorile. Am venit aici cu trenul de Dușanbe, nu sunt geamuri, frig mare, nu se încălzește, de tras n-au tras în noi, dar pe drum aruncau cu pietre în ferestre, au spart geamurile: „Rușilor, plecați de aici! Ocupanților! Ajunge cât ne-ați jefuit!" Dar el e tadjic și a auzit astea. Și copiii noștri au auzit... Fetița noastră învăța în clasa întâi, era îndrăgostită de un băiat. Tadjic. Vine de la școală: „Mamă, ce sunt eu, tadjică sau rusoaică?" N-am cum să-i explic...

N-ar trebui să vorbesc... Dar o să vă povestesc. La ei, tadjicii din Pamir luptă cu cei din Kuliab. Toți sunt tadjici, au același Coran, aceeași credință, dar cei din Kuliab îi omoară pe cei din Pamir, iar cei din Pamir pe cei din Kuliab. Mai întâi s-au adunat într-o piață, au strigat, s-au rugat. Voiam să pricep, m-am dus și eu acolo. I-am întrebat pe bătrâni: „Împotriva cui manifestați?" Ei au răspuns: „Împotriva Parlamentului. Ni s-a spus că este un om rău, Parlamentul". Apoi piața s-a golit și au început să tragă. Parcă dintr-odată s-a făcut o altă țară, necunoscută. Orient! Iar înainte de asta, ni se părea că trăim pe pământul nostru. După legile sovietice. Acolo au rămas atâtea morminte rusești și nu are cine să plângă deasupra lor... Vitele pasc prin cimitirele rusești... Caprele... Bătrânii ruși merg pe la gropile de gunoi, cerșesc...

Am lucrat la o maternitate, soră medicală. În schimbul de noapte. O femeie naște, naște greu, urlă... Dă fuga o sanitară... Cu mănuși nesterile, cu un halat nesteril... Ce s-a întâmplat? Cum să intri așa în sala de naștere?! „Fetelor, bandiții!" Și au măști negre, arme. Și se răstesc imediat la noi: „Dați-ne morfină! Dați-ne spirt!" „Nu avem narcotice, nu avem spirt!" Îl pun pe doctor la perete: „Dă-ne!" Și atunci femeia care năștea începu să strige ușurată. Bucuroasă. Și copilul a început să plângă, abia ieșise... M-am aplecat asupra lui, nici nu am reținut ce era, băiat sau fată? Încă nu avea nici nume, nimic. Și bandiții ăștia, la noi: ce e ăsta, din Kuliab sau Pamir? Nu dacă e băiat sau fată, ci dacă e din Kuliab sau Pamir! Noi tăcem. Iar ăștia urlă: „Ce e!?" Noi tăcem. Atunci ei iau copilașul, să fi avut cinci–zece minute de viață, și l-au aruncat pe fereastră. Eu sunt soră medicală, am văzut nu o dată cum mor copiii. Dar aici... Era să-mi iasă inima din piept. Nu pot nici să-mi amintesc... (*Începe din nou să plângă.*) După întâmplarea asta, mi-a apărut o eczemă pe mâini. Venele mi s-au umflat. Și am căpătat așa o indiferență pentru tot, nu mai voiam să mă dau jos din pat. Mă duc la spital și mă întorc înapoi. Și așteptam chiar eu un copilaș. Cum să trăiesc? Cum să nasc acolo? Am venit aici, în Bielorusia, în Narovlia – un orășel liniștit, mic... Nu mă mai întrebați... Lăsați-mă în pace... (*Tace.*) Stați puțin... Vreau să știți... Nu mă tem de Dumnezeu. De om mă tem. La început am întrebat aici: „Unde e aici radiație?" „Unde stați, acolo e radiație." Păi, este pe tot pământul?! (*Își șterge lacrimile.*) Oamenii au plecat. Le e frică.

Dar mie aici nu mi-e așa de frică precum acolo. Am rămas fără neamuri, suntem ai nimănui. Nemții au plecat toți în Germania, tătarii, când li s-a permis, în Crimeea, iar de ruși nu are nimeni nevoie. Pe cine să te bazezi? Ce să aștepți? Rusia nu și-a salvat niciodată oamenii, pentru că e mare, infinită. La drept vorbind, nici nu simt că e patria mea, Rusia, noi am fost educați altfel: patria noastră e Uniunea Sovietică. Uite, acum nici nu știi cum să-ți salvezi sufletul. Nimeni aici nu trage zăvorul – asta e deja bine. Aici ne-au dat o casă, soțul a primit de lucru. Am scris o scrisoare unor cunoscuți, ieri au venit și ei. De tot. Au venit seara și se temeau să iasă din clădirea gării, nu-i lăsau pe copii, au stat pe geamantanele lor. Au așteptat să vină dimineața. Iar mai apoi văd: oamenii merg pe străzi, râd, fumează... Li s-a arătat unde e strada noastră, i-au condus până la casa noastră. Nu puteau să-și revină, pentru că acolo s-au dezobișnuit de viața normală, de pace. De faptul că seara poți să mergi pe stradă. Poți să râzi... Iar dimineață s-au dus la alimentară, au văzut unt, smântână și acolo, la magazin – chiar ei ne-au povestit asta – au cumpărat cinci sticle de lapte bătut și le-au băut pe loc. Se uitau la ei ca la niște nebuni. Dar ei nici lapte bătut, nici unt nu mai văzuseră de doi ani... Acolo nu cumperi pâine. Acolo e război... Nu poți să explici asta unui om care nu știe ce e războiul... Care l-a văzut numai în filme.

Acolo sufletul meu era mort... Pe cine aș fi născut acolo, cu sufletul mort? Aici sunt puțini oameni. Casele sunt pustii... Trăim lângă pădure... Mi-e frică atunci când sunt mulți oameni. Ca la gară... În timpul războiului. (*Izbucnește în hohote de plâns, apoi rămâne tăcută.*)

Mama:
— Numai despre război... Numai despre război pot să vorbesc... De ce am venit aici? Pe pământul Cernobîlului? Pentru că de aici nu ne mai gonește nimeni. De pe pământul ăsta. Deja nu mai e al nimănui, Dumnezeu l-a luat. Oamenii l-au părăsit.

La Dușanbe am lucrat ca adjunct al șefului de gară și mai era un adjunct, un tadjic. Copiii noștri au crescut împreună, au învățat împreună, am stat de sărbători la aceeași masă: Anul Nou, 1 Mai, Ziua Victoriei. Am băut împreună vin, am mâncat pilaf. El îmi spunea: „Soră. Surioară. Sora mea rusoaică". Și uite, vine el, iar noi stăteam în același birou, se oprește în fața mea și strigă:

— Când ai de gând, până la urmă, s-o iei din loc în Rusia ta? Ăsta este pământul nostru!

În clipa aceea am crezut că mintea mea n-o să reziste. Am sărit la el:

— De unde ai geaca?
— De la Leningrad, a zis el pe neașteptate.
— Dă jos geaca rusească, mizerabilule! zic și i-o trag de pe el. De unde ai căciula? Te lăudai că ți-au trimis-o din Siberia! Dă jos căciula, mizerabilule! Dă jos cămașa! Pantalonii! Au fost cusuți la o fabrică din Moscova! Și astea sunt rusești!

L-aș fi dezbrăcat până la chiloți. Un bărbat zdravăn, eu îi vin până la umăr, iar atunci – nu știu de unde aveam puterea asta – aș fi smuls tot de pe el. În jur s-au adunat oameni. El urlă:

— Pleacă de lângă mine, turbato!
— Nu, dă-mi tot ce e al meu, rusesc! Îmi iau ce e al meu! Mai că-mi pierdusem mințile. Dă jos șosetele! Pantofii!!!

Am muncit zi și noapte... Vin trenurile arhipline – fug oamenii... Mulți ruși s-au pus atunci în mișcare. Mii! Zeci de mii! Sute! Încă o Rusie. Am dat semnal la ora două noaptea trenului de Moscova, au rămas în sală copii din orașul Kurgan-Tiube, n-au mai prins trenul de Moscova. I-am ascuns. Vin la mine doi. Cu automate.

— Vai, copii, ce faceți aici?

Dar inima îmi tremura.

— Tu ești vinovată, ții ușile larg deschise.

— Tocmai am dat semnal trenului. Nu am apucat să închid.

— Ce-i cu copiii ăia?

— Sunt de-ai noștri, din Dușanbe.

— Poate că sunt din Kurgan? Din Kuliab?

— Nu, nu. De-ai noștri.

Au plecat. Dar dacă ar fi deschis sala? I-ar fi omorât pe toți... Și pe mine împreună cu ei – mi-ar fi tras un glonț în frunte! Acolo e o singură putere – omul cu pușca. I-am urcat pe copii dimineața, spre Astrahan, am spus să-i transporte ca pe niște pepeni, să nu deschidă ușile. (*La început tace. Apoi plânge multă vreme.*) Oare este ceva mai groaznic decât omul? (*Tace din nou.*)

Aici, când mergeam pe stradă, din clipă în clipă mă uitam în urmă, mi se părea că cineva, în spate, e gata să... Așteaptă... Acolo nu trecea o zi să nu mă gândesc la moarte... Mereu ieșeam din casă cu haine curate – cu o bluză proaspăt spălată, cu fustă, cu lenjerie curată. Dacă mă omoară așa, din senin! Acum merg singură prin pădure și nu mă tem de nimeni. În pădure nu sunt oameni, nu e nici țipenie. Merg, îmi aduc aminte: mi s-a întâmplat asta sau nu? Altă dată dau de un vânător: cu pușcă, cu câine și cu dozimetru. Și ei sunt oameni cu pușcă, dar nu așa, ei nu vânează oameni. Aud cum trag cu pușca – știu că trag după ciori sau vânează vreun iepure. (*Tace*.) Așa că aici nu mi-e frică... Nu pot să mă tem de pământ, de apă... Mă tem de om... Acolo, pentru o sută de dolari, cumperi de la piață un automat...

Îmi aduc aminte de un băiat. Tadjic... Alerga după un alt băiat... Alerga după un om! Cum alerga, cum respira, mi-am dat seama imediat că vrea să-l omoare... Dar acela s-a ascuns... A fugit... Și, uite, ăsta se întoarce, trece pe lângă mine și spune:

— Mamă, unde pot să beau la voi aici niște apă?

Mă întreabă așa, obișnuit, ca și cum nu s-ar fi întâmplat nimic.

La noi la gară e un rezervor cu apă, i-am arătat. Și, uite, îl privesc în ochi și-i spun:

— De ce vă alergați așa? De ce vă omorâți?

Și parcă i s-a făcut rușine.

— Ei, mamă, hai, mai încet.

Dar când sunt împreună, sunt altfel. Dacă ar fi fost doi sau trei, m-ar fi lipit de perete. Cu un om mai poți să mai discuți...

De la Dușanbe am venit la Tașkent, iar mai departe trebuia la Minsk. Nu-s bilete, și cu asta, basta! La noi totul e făcut cu viclenie, dacă nu dai mită, nu te urci în avion, ți se pun bețe în roate – ba pentru greutate, ba pentru volum: asta nu se poate, renunță la asta. De două ori ne-au dat înapoi din cauza greutății, abia atunci am înțeles. Am dat bani.

— Uite, de mult trebuia să fi făcut asta, ce să ne mai certăm așa?

Ce simplu e totul! Iar înainte de asta, avem un container — două tone, ne-au pus să-l descărcăm.

— Veniți dintr-un punct fierbinte, poate transportați arme?

M-am dus la șef și în anticamera lui am făcut cunoștință cu o femeie frumoasă, prima care mi-a deschis ochii:

— Aici n-o să obțineți nimic dacă o să cereți dreptate, containerul vostru o să fie aruncat pe câmp și jefuit de tot ce ați adus.

Ei, ce să facem? Nu am dormit o noapte, am descărcat tot ce aveam acolo: țoale, saltele, mobilă veche și un frigider vechi, doi saci de cărți.

— Probabil duceți cărți de valoare?

S-au uitat: *Ce-i de făcut?* de Cernîșevski, *Pământ deștelenit* de Șolohov... Au început să râdă.

— Dar câte frigidere aveți?

— Unul, și ăsta ni l-au făcut praf.

— De ce nu ați luat declarații?

— Ei, de unde era să știm noi? E prima dată când plecăm din calea războiului.

Am pierdut dintr-odată două patrii — Tadjikistanul nostru și Uniunea Sovietică...

Merg prin pădure, mă gândesc. Ai noștri stau toți în fața televizorului: cum e acolo? Ce e acolo? Dar eu nu vreau.

A fost o viață... O altă viață... Acolo credeam că sunt un om mare, am grad militar – sublocotenent de căi ferate. Aici am stat șomeră până m-am angajat ca femeie de serviciu la comitetul orășenesc. Spăl pe jos... A trecut viața... Iar pentru a doua nu mai am putere. Aici unora le e milă de noi, alții sunt nemulțumiți: „Refugiații fură cartofi. Îi sapă noaptea". În acel război, își amintea mama, oamenii se compătimeau mult mai mult. Nu de mult am găsit lângă pădure un cal sălbăticit. Mort. În alt loc, un iepure. Erau nu omorâți, ci morți. Toți s-au neliniștit din cauza asta. Și când au găsit un vagabond mort, a trecut cumva neobservat.

Lumea s-a obișnuit cu oamenii morți...

Lena M. din Kirghizia. În pragul casei, ca pentru o fotografie, alături de cei cinci copii ai ei și de motanul Metelița, pe care l-au adus cu ei.

„Am venit ca de la război...

Am luat lucrurile, și motanul, după noi, a venit până la gară, pe urmele noastre, l-am luat și pe motan. Am mers cu trenul douăsprezece zile, în ultimele două zile ne rămăsese numai varză acră în borcane și apă fierbinte. Care cu ranga, care cu toporul, care cu ciocanul, am făcut de pază la ușă. Să vă spun așa... Într-o noapte ne-au atacat banditii. Au fost cât pe ce să ne omoare. Pentru televizor, pentru frigider acum pot să te omoare. Mergeam ca de la război, deși în Kirghizia, unde am trăit, deocamdată nu trage nimeni. A fost un măcel în orașul Oș... kirghizii cu uzbecii... S-au potolit destul de repede.

S-au dat la fund. Dar plutește ceva în aer. Pe stradă. Vă spun... Bine, noi suntem ruși, dar și kirghizii se tem... La ei e coadă la pâine, uite, și strigă: «Rușilor, plecați acasă! Kirghizia e pentru kirghizi!» și ne scot de la coadă. Și mai zic ceva în kirghiză, ei, de genul ăsta, chipurile nici nouă nu ne ajunge pâinea, mai trebuie să vă hrănim și pe voi. Le înțeleg prost limba, am învățat câteva cuvinte, ca să mă târguiesc la piață...

Am avut o patrie, dar acum nu mai există. Cine sunt eu? Mama e ucraineancă, tata e rus. M-am născut și am crescut în Kirghizia, m-am căsătorit cu un tătar. Cine sunt copiii mei? Care e naționalitatea lor? Ne-am amestecat toți, sângele nostru s-a amestecat. În buletinul meu și la copii scrie că suntem ruși, dar noi nu suntem ruși. Noi suntem sovietici! Dar țara în care m-am născut eu nu mai există. Nu mai există locul pe care-l numeam noi patrie, nici timpul care a fost patria noastră. Acum suntem ca niște lilieci. Eu am cinci copii: băiatul cel mare e în clasa a opta, fata cea mică – la grădiniță. Eu i-am adus aici. Țara noastră nu mai este, dar noi, da.

Eu acolo m-am născut, am crescut. Am construit o fabrică, am muncit la o fabrică. «Du-te acolo unde e pământul tău, aici totul e al nostru.» Nu m-au lăsat să iau nimic, în afară de copii: «Aici totul e al nostru». Dar unde e al meu? Oamenii fug. Merg. Toți rușii. Sovieticii. Nimeni nu are nicăieri nevoie de ei, nimeni nu-i așteaptă.

Dar eu am fost cândva fericită. Toți copiii mei sunt făcuți din iubire. Așa i-am născut: băiat, băiat, băiat, apoi fată, fată. N-o să mai vorbesc... O să încep să plâng... (*Dar mai adaugă câteva cuvinte.*) O să trăim aici. Acum aici e casa noastră. Cernobîl este casa noastră. Patria noastră. (*Deodată zâmbește.*) Iar aici păsările sunt ca la noi. E și o statuie a lui Lenin. (*Și la portiță, deja luându-și rămas-bun.*) Dimineața devreme, în casa vecină, oamenii bat cu ciocanele, iau scândurile de la fereastră. O întâlnesc pe femeie: «De unde sunteți?» «Din Cecenia.» Nu spune nimic. Are o basma neagră pe cap.

Oamenii mă văd. Se minunează. Nu pricep. Cică ce faci tu cu copiii tăi, o să-i omori. Tu ești o sinucigașă. Eu nu-i omor, îi salvez. Uite, la patruzeci de ani sunt căruntă de tot. La patruzeci de ani! Odată a venit la noi un ziarist german, și mă întreabă: «Dumneavoastră ați duce copiii acolo unde e ciumă sau holeră?» Păi ciumă și holeră... Dar frica asta, care e aici, eu n-o știu. N-o văd. Nu e în memoria mea...

Mie de oameni mi-e frică... De omul cu pușcă..."

Monolog despre faptul că omul este rafinat numai în rău, dar este simplu și accesibil în cuvintele deloc sofisticate ale iubirii

„Am fugit... Am fugit de lume... La început mă duceam în gări, gările îmi plăceau, pentru că sunt oameni mulți, iar tu ești singur. Apoi am citit în ziare și am venit aici. Aici sunt liber. Aș spune că sunt în rai. Nu sunt oameni, sunt numai animale sălbatice. Trăiesc printre animale sălbatice și păsări. Oare sunt singur?

Am uitat de viața mea... Nu mă mai întrebați. Ce am citit în cărți țin minte și ce mi-au povestit alți oameni țin minte, dar viața mea mi-am uitat-o. A fost o treabă din tinerețe... Am un păcat asupra mea... Dar nu un asemenea păcat pe care Dumnezeu să nu-l poată ierta prin sinceritatea căinței arătate. Așa că... Oamenii sunt nedrepți, dar Domnul e răbdător și milostiv...

De ce? Nu am răspuns... Omul nu poate fi fericit. Nu trebuie. L-a văzut Dumnezeu pe Adam singur și i-a dat-o pe Eva. Pentru a fi fericit, nu pentru păcat. Iar omul nu reușește să fie fericit. Uite, mie nu-mi place amurgul. Uite, trecerea asta, ca acum... De la lumină la noapte... Mă gândesc și nu pot să pricep unde am fost înainte. Unde e viața mea? Așa... Mi-e indiferent: pot să trăiesc și pot să nu trăiesc. <u>Viața omului e ca iarba, crește, se usucă și se amestecă în foc</u>. Îmi plăcea să gândesc... Aici poți să mori în egală măsură și din cauza unui animal sălbatic, și de frig. Și de gânduri. Pe zeci de kilometri nu e nici un om. Demonul este izgonit prin post și rugăciune. Postul este pentru trup, rugăciunea – pentru suflet. Dar eu nu sunt niciodată singur, un om credincios nu poate să fie singur. Așa... Merg prin sate. Mai înainte am găsit macaroane, făină. Unt de post și conserve. Acum mă duc la morminte... Morților li se lasă de mâncare, de băut. Iar lor nu le trebuie... Și ei nu se supără pe mine... Pe câmp sunt cereale sălbatice. În pădure sunt ciuperci, poame. Aici ești liber. Citesc mult.

Deschidem paginile sfinte. Revelația lui Ioan Teologul: «... și a căzut din cer o stea uriașă, arzând ca o făclie, și a căzut peste peste izvoarele apelor. Și numele stelei se cheamă Absintos. Și a treia parte din ape s-a făcut ca pelinul și mulți dintre oameni au murit din pricina apelor, pentru că se făcuseră amare».

Înțeleg această prorocire. Totul este deja prezis, e scris în cărțile sfinte, dar noi nu știm să le citim. Nu prea

Rugăciune pentru Cernobîl

suntem înțelegători. Pelin în ucraineană este *cernobîl*. În cuvinte ni se dă un semn. Dar omul e agitat. E vanitos. Și mic.

Am găsit la părintele Serghei Bulgakov: «Pentru că Dumnezeu a făcut lumea cu precizie, nu se poate ca lumea să nu fie reușită» și «trebuie să îndurăm cu tărie și curaj și până la capăt istoria». Așa. Și la altcineva... Nu mai țin minte numele. Țin minte ideea: «Răul propriu-zis nu este substanță, ci absența binelui, la fel cum întunericul nu este altceva decât absența luminii». Aici e ușor să găsești cărți, le găsești imediat. Nu găsești un urcior de lut, linguri sau furculițe, dar cărți se găsesc. Nu de mult am găsit un volumaș din Pușkin... «Și gândul morții e drag sufletului meu.» Asta am reținut. Așa e... «Și gândul morții...» Aici sunt singur. Mă gândesc la moarte. Mi-a plăcut să mă gândesc. Liniștea contribuie la pregătire. Omul trăiește în mijlocul morții, dar nu înțelege ce e moartea. Iar eu sunt singur aici... Ieri am alungat din școală o lupoaică cu puii ei, trăiau acolo.

Întrebare: oare e adevărată lumea întipărită în cuvânt? Cuvântul se află între om și suflet. Așa e...

Și mai spun: păsări, copaci, furnici – mi-au devenit apropiate. Mai înainte nu cunoșteam asemenea sentimente. Nici nu le bănuiam. Am citit tot așa, la cineva: «Universul de deasupra noastră și universul de sub noi». La toate mă gândesc. Omul e înfricoșător... Și neobișnuit... Dar aici nu am chef să omor pe nimeni. Prind pește, am undiță. Așa... Dar nu trag în animale... Și nici nu pun capcane. Eroul meu preferat, prințul Mîșkin, spunea: «Oare poți vedea un copac și să nu fii fericit?» Aşa e... Îmi place să gândesc. Dar omul cel mai adesea se plânge, nu gândeşte...

Ce să tot examinezi răul? Desigur, te nelinişteşte... Nici păcatul nu e ceva fizic... Trebuie să recunoşti ceea ce nu există. Se spune în Biblie: «Pentru iniţiat e altfel, pentru ceilalţi e o parabolă». Să luăm o pasăre... Sau altă vietate... Noi nu putem să le înţelegem, pentru că ele trăiesc pentru sine, nu pentru alţii. Aşa. În jur totul curge, într-un cuvânt...

<u>Tot ce e viu – pe patru picioare – se uită în pământ şi trage spre pământ. Numai omul stă pe pământ cu picioarele, iar cu mâinile şi capul se ridică spre cer.</u> Spre rugăciune... Spre Dumnezeu... Bătrâna se roagă la biserică: «Dă-ne nouă după păcatele noastre». Dar nici omul de ştiinţă, nici inginerul şi nici militarul nu recunosc asta. Ei se gândesc: «Nu avem de ce să ne căim. De ce trebuie să mă căiesc eu?» Uite aşa...

Mă rog simplu... Citesc în gând... Doamne, te-am chemat! Să mă auzi! Numai în rău omul e rafinat. Dar ce simplu şi accesibil este în cuvintele deloc sofisticate ale iubirii. La filosofi cuvântul chiar e aproximativ în legătură cu acea idee pe care ei au simţit-o. Cuvântul corespunde în mod absolut celor ce se află în suflet, numai în rugăciune, în gândul rugăciunii. Fizic simt asta. Doamne, te-am chemat! Să mă auzi!

Şi omul, la fel...

Mă tem de om. Şi mereu vreau să-l întâlnesc. Pe un om bun. Aici trăiesc fie bandiţi, se ascund, fie oameni ca mine. Mucenici.

Cum mă cheamă? Nu am buletin. M-a luat miliţia. M-a bătut: «Ce hoinăreşti aşa?» «Eu nu hoinăresc, eu mă căiesc.» M-au bătut și mai tare. M-au bătut în cap... Așa să scrieți: robul lui Dumnezeu Nikolai.

Deja un om liber."

Corul soldaților

Artiom Bahtiarov, soldat; Oleg Leontievici Vorobei, lichidator; Vasili Iosifovici Gusinovici, șofer cercetaș; Ghennadi Viktorovici Demenev, milițian; Vitali Borisovici Karbalevici, lichidator; Valentin Komkov, șofer, soldat; Eduard Borisovici Korotkov, pilot de elicopter; Igor Litvin, lichidator; Ivan Aleksandrovici Lukașuk, soldat; Aleksandr Ivanovici Mihalevici, dozimetrist; Oleg Leonidovici Pavlov, maior, pilot de elicopter; Anatoli Borisovici Rîbak, comandant de pluton de pază; Viktor Sanko, soldat; Grigori Nikolaevici Hvorost, lichidator; Aleksandr Vasilievici Șinkevici, milițian; Vladimir Petrovici Șved, căpitan; Aleksandr Mihailovici Iasinski, milițian.

„Detașamentul nostru a fost convocat când a sunat alarma... Am mers mult. Nimeni nu spunea nimic concret. Abia la Moscova, în gara Belorusski, ni s-a spus unde ne duc. Un băiat, mi se pare că din Leningrad, a început să protesteze: «Eu vreau să trăiesc». A fost amenințat cu tribunalul. Comandantul chiar așa a spus în fața formației: «O să mergi la închisoare sau la execuție». Eu aveam alte sentimente. Total pe dos. Voiam să fac ceva eroic. Să-mi pun la încercare caracterul. Poate că era o pornire copilărească? La noi erau băieți din toată Uniunea Sovietică.

Ruși, ucraineni, cazaci, armeni... Eram neliniștiți și, nu știu de ce, veseli.

Ei, ne-au adus. Ne-au adus chiar la centrală. Ne-au dat un halat alb și o căciuliță albă. O mască de tifon. Am curățat perimetrul. O zi scormoneam, căutam pe jos, a doua zi eram sus, pe acoperișul reactorului. Peste tot, cu lopata. Cei care erau urcați sus erau numiți «berze». Roboții nu rezistau, echipamentul o lua razna. Iar noi munceam. Se întâmpla să ne curgă sânge din urechi, din nas. Ne mânca în gât. Ochii ne lăcrimau. Mereu auzeam un sunet monoton în urechi. Voiam să bem, dar nu aveam poftă de mâncare. Sportul era interzis, să nu inspirăm degeaba radiații. Dar la muncă mergeam în camioane descoperite.

Dar am muncit bine. Și ne-am mândrit foarte tare cu asta..."

„Am ajuns... Era un indicator de «zonă interzisă». Eu nu am fost la război, dar senzația îmi era cunoscută... De undeva din memorie. De unde? Ceva legat de moarte...

Pe drum dădeam de câini, de pisici sălbăticite. Uneori se comportau ciudat, nu-i recunoșteau pe oameni, fugeau de noi. Nu pricepeam ce e cu animalele, până ni s-a poruncit să le împușcăm... Casele sunt sigilate, mașinile de la colhoz sunt părăsite. E interesant să vezi. Nu e nimeni, numai noi, cei de la miliție, patrulăm. Intri în casă – sunt fotografii, dar oameni nu sunt. Peste tot sunt documente: carnete de Comsomol[1], legitimații, diplome de onoare... Într-o casă am luat cu împrumut un televizor, pentru o vreme, dar nu am remarcat să ia cineva

---
[1] Organizație revoluționară a tineretului sovietic

ceva acasă. În primul rând, aveai senzația că oamenii, uite, acum, acum o să se întoarcă... În al doilea rând, era așa, ceva... legat de moarte...

Am mers la bloc, chiar la reactor. Să ne fotografiem... Voiam să ne lăudăm acasă... Ne era frică și, în același timp, eram curioși: oare ce mai era și asta? Eu, de exemplu, am refuzat, am soție tânără, nu am riscat, dar băieții au băut câte două sute de grame și s-au dus... Așa... (*A tăcut puțin.*) S-au întors vii, deci totul e normal.

Am făcut noaptea de serviciu. Patrulăm... E lună, senin. E un felinar așa, atârnă.

Un drum de țară... Nici țipenie... La început în case ardea încă lumina, apoi au oprit curentul. Mergem – pe ușa școlii năvălește și ne taie calea un mistreț. Sau o vulpe. Animalele sălbatice trăiau în case, școli, cămine culturale. Iar acolo erau afișe: «Ideile lui Lenin vor trăi veșnic». La birourile de la colhoz erau steaguri roșii, stegulețe noi-nouțe, teancuri de diplome ștanțate cu profiluri ale conducătorilor. Pe pereți, portrete ale conducătorilor, pe birouri, conducători de ghips. Peste tot, monumente militare... Alte monumente nu am întâlnit. Case încropite în fugă, grajduri cenușii, din beton, turnuri ruginite pentru paie. Și din nou mari și mici Gorgane ale Slavei. «Și asta e viața noastră?», mă întrebam, privind toate astea cu alți ochi. «Așa trăim noi?» Ca și cum neamul ăsta milităros se urnise din locul în care se oprise temporar... Se dusese undeva...

Cernobîlul mi-a făcut praf creierii. Am început să mă gândesc..."

„O casă părăsită... Închisă. Un pisicuț la fereastră. Credeam că e de lut. Mă apropii: e viu. A mâncat toate florile din ghivece. Mușcate. Cum a nimerit acolo? Sau l-au uitat?

În ușă e un bilet: «Dragă trecătorule, nu căuta lucruri scumpe. Nu avem așa ceva. Folosește-te de tot, dar nu fura. O să ne întoarcem». La alte case am văzut inscripții cu vopsea de culori diferite: «Iartă-ne, casă dragă». Își luaseră rămas-bun de la casă ca de la un om. Scriau: «Plecăm dimineața!» sau «Plecăm seara!», puneau data și chiar ora și minutul. Notițe cu scris de copil pe foi din caiete de școală: «Să nu bați pisica. Șoarecii o să mănânce tot». Sau: «Să n-o omori pe Julka noastră. Ea e bună». (*Își acoperă ochii.*) Am uitat tot... Țin minte numai că m-am dus acolo, dar nu mai țin minte nimic. Am uitat tot... La trei ani după lăsarea la vatră, mi s-a întâmplat ceva cu memoria... Nici medicii nu pricep despre ce e vorba... Nu pot să număr bani, mă încurc. Umblu prin spitale...

Am povestit deja sau nu? Vii și crezi că e pustie casa. Deschizi ușa – e numai un pisic... Ei, și biletele astea scrise de copii..."

„Ne-au chemat la slujbă.

Și slujba e așa: să nu lăsăm locuitorii din partea locului în satele evacuate. Stăteam feriți în apropierea drumurilor, făceam bordeie, turnuri de observație. Ne chemau, nu se știe de ce, «partizani». Viață pașnică. Iar noi stăteam așa, îmbrăcați militar... Țăranii nu pricepeau de ce, de exemplu, nu trebuie să-și ia din curte căldarea, urciorul, fierăstrăul sau toporul. Să adune recolta. Cum să le explici? De fapt: pe o parte a drumului stau soldații, nu te lasă să treci, iar pe cealaltă pasc vacile, duduie combinele și treieră cerealele. Se adună femeile și plâng:

«Băieți, dați-ne drumul! Doar e pământul nostru, casele noastre...» Aduc ouă, slănină, rachiu. «Dați-ne drumul.» Plângeau după pământul otrăvit. Mobilă, lucruri...

Iar serviciul nostru ăsta era: să nu-i lăsăm. O femeie aduce un coș cu ouă – trebuie confiscate și îngropate. A muls o vacă, aduce o căldare cu lapte. Soldatul e cu ea. Să îngroape laptele. Au dezgropat ei pe ascuns cartofii lor, să-i ia. Și sfecla, și ceapa, și dovlecii. Trebuie îngropați. Conform instrucțiunilor. Și totul rodise tare bine, mai mare minunea. Și ce frumusețe e în jur. Toamnă aurie. Toți aveau fețe ca de nebuni. Și ei, și noi.

Iar în ziare se vorbea despre eroismul nostru... Ce băieți eroi suntem... Comsomoliști voluntari!

Dar, de fapt, cum eram noi? Ce am făcut? Aș fi vrut să aflu asta. Să citesc. Deși am fost și eu acolo..."

„Eu sunt militar, mi se dă un ordin, trebuie... Am depus jurământ...

Dar asta nu e tot. O pornire eroică, a fost și asta. Doar a fost educată... Ni s-a insuflat încă din școală. De către părinți. Și acolo luau cuvântul instructori de partid. Radio, televiziune. Tot felul de oameni reacționau în felul lor: unii voiau să li se ia interviuri, să se publice în ziare, alții se uitau la tot ca la un serviciu, alții... I-am întâlnit, trăiau cu sentimentul că fac niște fapte eroice. Că iau parte la istorie. Ni se plătea bine, dar problema banilor nu prea se punea. Salariul meu e de patru sute de ruble, dar acolo am primit o mie, în alea, în ruble sovietice. La vremea aceea, bani mulți. Mai apoi ni s-a reproșat: «Ați învârtit banii cu lopata, dar cum v-ați întors, gata – dă-le mașini, seturi de mobilă, toate peste rând». Desigur, e jignitor. Deoarece chiar au fost porniri eroice...

Înainte de a pleca acolo, a apărut frica. Pentru scurtă vreme. Dar acolo, frica a dispărut. Dacă aș fi putut s-o văd, frica asta... Ordin. Muncă. Sarcină. Mă interesa să mă uit la reactor de sus, din elicopter: ce s-a întâmplat acolo, cum arată? Dar era interzis să faci așa ceva. În fișa mea au scris 21 de röntgeni, dar nu sunt sigur că așa e de fapt. Principiul era extrem de simplu: te duci cu avionul la centrul raional Cernobîl (apropo, este un mic orășel raional, nu ceva grandios, cum îmi închipuiam), acolo e un dozimetrist, la 10–15 kilometri de centrală, el face măsurătorile radiației de fond. Măsurătorile acestea erau mai apoi înmulțite cu numărul de ore pe care le zburam zilnic. Dar eu am urcat în elicopter și am zburat spre reactor: dus-întors, am mers deasupra reactorului de două ori, azi – 80 de röntgeni, mâine – 120. Noaptea mă învârt în jurul reactorului – două ore. Am făcut niște fotografii în infraroșu, bucățile de grafit aruncate pe peliculă parcă luminau... Ziua nu puteam să le vedem...

Am discutat cu oamenii de știință. Unul zice: «Uite, pot să ling cu limba elicopterul ăsta al dumneavoastră, n-o să mi se întâmple nimic». Iar altul: «Băieți, de ce zburați așa fără protecție? Vă scurtați viața! Îmbrăcați-vă! Blindați-vă!» Salvarea celor care se îneacă stă chiar în mâinile celor care se îneacă. Am învelit scaunele în foi de plumb, am făcut niște veste... Din foi de plumb subțiri... Dar s-a dovedit că te protejau de anumite raze, dar de altele nu. Fețele tuturor s-au făcut roșii, ca arse, nu ne puteam bărbieri. Zburam de dimineața până seara. Nu era nimic fantastic. Muncă. Muncă grea. Noaptea stăteam la televizor, chiar atunci era campionatul mondial de fotbal. Discuții, desigur, și despre fotbal.

Am început să cădem pe gânduri... Să nu mint... Probabil, cam peste trei–patru ani... Când unul s-a îmbolnăvit, altul... Unul a murit... A înnebunit... S-a sinucis... Atunci am început să ne gândim și noi. Dar o să pricepem ceva, cred eu, peste douăzeci–treizeci de ani. Am la activ Afganistan (am fost acolo doi ani) și Cernobîl (am fost acolo trei luni) – cele mai puternice momente din viață...

Părinților nu le-am spus că am fost la Cernobîl. Fratele a cumpărat din întâmplare ziarul *Izvestia* și a văzut acolo portretul meu, îl aduce mamei: «Na, uite, e erou!» Mama a început să plângă..."

„Mergeam spre centrală. Iar în fața noastră veneau coloane cu oameni evacuați. Echipamente. Vite. Zi și noapte. În toiul vieții pașnice.

Am mers... Și știți ce am văzut? Pe marginile drumului. În razele soarelui... O strălucire fină... Strălucea ceva ca un cristal... Niște particule micuțe... Mergeam spre Kalinkovici, prin Mozîr. Se reflecta ceva... Am vorbit între noi. Ne minunam. În satele în care am lucrat, am remarcat imediat pe frunze niște găuri ca de arsură, mai ales pe vișini. Rupeam castraveți și roșii – și acolo, pe frunze, erau niște găuri negre. E toamnă. Tufele de coacăze sunt pline de fructe, crengile merilor se apleacă până la pământ, desigur, nu te poți abține. Mănânci. Ni s-a explicat că nu avem voie. Dar noi îi ocăram și mâncam.

M-am dus... Deși puteam să nu mă duc. M-am înscris voluntar. În primele zile acolo, nu am întâlnit oameni indiferenți, după aceea au început să arunce cu praf în ochi, când s-au obișnuit. Vrei să pui mâna pe o decorație? Avantaje? Prostii! Mie, personal, nu-mi trebuia nimic. Apartament, mașină... Și mai ce? A, casă de vacanță... Aveam de toate. Am acționat din pasiune... Bărbații adevărați se duc la o treabă adevărată. Iar ceilalți? Las' să stea sub fustele muierilor... Unul a adus o adeverință – îi naște soția, altul are un copil mic... Da, e riscant. Da, e periculos – radiație, dar cineva trebuia să facă asta. Dar tații noștri cum au fost în război?

Ne-am întors acasă. Am dat jos tot de pe mine, hainele în care fusesem îmbrăcat, și le-am aruncat la gunoi. Iar boneta am dat-o băiatului meu cel mic. M-a rugat cu cerul și cu pământul. A purtat-o, n-a dat-o deloc jos. Peste doi ani i s-a pus diagnosticul: tumoare cerebrală.

Mai departe scrieți dumneavoastră... Nu vreau să mai vorbesc..."

„Tocmai mă întorsesem din Afganistan... Voiam să trăiesc. Să mă însor. Voiam să mă însor cât mai repede...

Și atunci, o informare cu o dungă roșie: «Convocare specială», în cel mult o oră să mă prezint la adresa indicată. Mama a început imediat să plângă. Ea credea că mă iau din nou la război.

Unde mă duc? De ce? Informație e puțină. Ei, a sărit în aer un reactor... Și ce-i cu asta? La Sluțk ne-au dat haine, ne-au echipat și atunci s-a aflat că mergem în centrul raional Hoiniki. Am ajuns la Hoiniki, acolo oamenii nu știau încă nimic. Ei, ca și noi, vedeau pentru prima oară un dozimetru. Ne-au dus mai departe, în sat... Iar acolo era o nuntă: mirii se sărută, muzică, beau rachiu. O nuntă ca toate nunţile. Și noi primim ordin: să tăiem pământul cu baioneta... Să tăiem copacii...

Mai întâi ni s-au dat arme. Automate. În caz că atacau americanii... La lecţiile de învăţământ politic ni se ţineau cursuri despre diversiunile serviciilor de spionaj străine, despre munca lor subversivă. Seara am lăsat armele într-un cort separat. În mijlocul taberei. Peste o lună l-au luat. Nu era nici un diversionist. Röntgen, Curie...

Pe 9 Mai, de Ziua Victoriei, a venit generalul. Ne-au pus în formaţie, ne-au felicitat cu ocazia sărbătorii. Unul, din formaţie, a prins curaj și a întrebat: «De ce nu ni se spune ce înseamnă fond radioactiv? Ce doze primim?» S-a găsit unul așa. Și atunci, când generalul a plecat, comandantul l-a chemat și l-a muștruluit: «Te ocupi cu provocări? Panicardule!» Peste vreo două zile ni s-au dat niște aparate de respirat, dar nimeni nu le folosea. Dozimetrele ni le-au arătat de vreo două ori, dar nu ni le-au dat în mână. De vreo trei ori pe lună ne dădeau drumul acasă pentru două zile. O singură însărcinare: să cumpăr votcă. Am adus în spate două rucsacuri cu votcă. În mâini nu puteam să car.

Înainte de a pleca acasă ne-a chemat kaghebistul pe toţi și ne-a sfătuit convingător: să nu povestim nimănui nicăieri despre tot ce am văzut. M-am întors din Afganistan, știam, o să trăiesc! Iar după Cernobîl, dimpotrivă: o să mă omoare atunci când mă aflu deja acasă.

M-am întors... Dar totul abia acum începe..."

***

„Ce am reținut... Ce mi s-a întipărit în memorie?

Toată ziua umblu prin sate... Cu dozimetriștii... Și nici o femeie nu-mi oferă un măr... Bărbații se tem mai puțin, îmi aduc rachiu, slănină: «Hai să mâncăm». Și e neplăcut să refuz, dar nici nu e așa de vesel să mănânci cesiu curat. Bei. Fără nici o gustare.

Ciuperci albe pârâiau sub roțile mașinilor. Oare asta e normal? În râu pluteau somni groși și leneși, de cinci–șase ori mai mari decât de obicei. Oare este normal? Oare...

Într-un sat totuși am fost invitat la masă... carne prăjită de oaie... Gazda a luat la bord și a recunoscut: «E un berbecuț tânăr. L-am tăiat pentru că nu puteam să mă uit la el. Ei, ce mai monstruozitate! Nici nu am chef să mănânc». Eu, dă-i pe gât un pahar de rachiu. După cuvintele astea... Gazda râde: «Noi ne-am adaptat aici, ca și gândacii de Colorado».

Au adus dozimetrul lângă casă – indicele începe să crească."

„Zece ani au trecut... Parcă nici nu s-a întâmplat, dacă nu m-aș fi îmbolnăvit, aș fi uitat...

Trebuia să servesc patria! Să servești patria e ceva sfânt. Am primit lenjerie de corp, obiele, cizme, epoleți, bonetă, pantaloni, veston, centură, sac pentru lucruri. La drum! Ne-au dat un camion. Căra beton. Stau în cabină și cred că fierul și sticla mă apără. Ei, asta e! O să rezistăm! Suntem băieți tineri. Necăsătoriți. Nu am luat cu noi aparate de respirat... Nu, țin minte pe unul... Un șofer în vârstă. Uite, el mereu purta mască... Dar noi nu.

Milițienii de la circulație sunt și ei fără mască. Noi suntem în cabină, iar ei, în praful radioactiv, stăteau câte opt ore. Toți am fost plătiți bine: trei salarii plus bani de delegație. S-a băut... Votca, știam noi, ajută. Cel mai bun remediu pentru refacerea capacității de protecție a organismului după iradiere. Și înlătură stresul. Nu întâmplător la război ne dădeau celebra suteacă a comisarului poporului. Tabloul obișnuit: un milițian beat îl amendează pe un șofer beat...

Să nu scrieți despre minunile eroismului sovietic. Au fost minuni! Dar mai întâi a fost lucru de mântuială, vai de el, și abia mai apoi au fost minuni. Să închidem ambrazura, cu pieptul pe mitralieră... Iar că, în principiu, nu trebuia să se dea un asemenea ordin, despre asta nimeni nu scrie. Ne aruncau acolo ca nisipul pe reactor... Ca pe niște saci de nisip. În fiecare zi se afișa o nouă «foaie de luptă»: «Muncesc cu abnegație și curaj!», «O să rezistăm și o să învingem!» Eram numiți frumos — «soldați ai focului».

Mi-au dat, pentru eroism, o diplomă și o mie de ruble."

„Mai întâi a fost nedumerire. Senzația că instrucția militară e un joc.

Dar a fost un război adevărat. Un război atomic... Necunoscut pentru noi: ce e groaznic și ce nu, de ce să te temi și de ce să nu te temi. Nimeni nu știa. Și nu aveai pe cine să întrebi. Evacuare adevărată... În gări... Ce se întâmpla în gări! Ajutam să-i împingem pe copii pe ferestrele vagoanelor... Făceam ordine la cozi... Cozile la casele de bilete, la iod, în farmacie. La cozi se înjurau și se ocărau... Spărgeau ușile la magazinele de băuturi și la alimentare. Spărgeau, rupeau grilajele metalice de la ferestre. Mii de evacuați... Trăiau în case de cultură, școli, grădinițe. Umblau pe jumătate dezbrăcați. Banii li s-au terminat tuturor repede. Cumpăraseră tot din magazine...

N-o să le uit pe femeile care ne spălau lenjeria. Nu erau mașini de spălat, nu se gândiseră la ele, nu aduseseră. Se spăla de mână. Toate femeile erau în vârstă. Mâinile lor erau pline de bube, de eczeme. Lenjeria nu e pur și simplu murdară, acolo sunt zeci de röntgeni. «Băieți, mâncați puțin», «Băieți, dormiți puțin», «Băieți, aveți grijă de voi, doar sunteți tineri». Le părea rău de noi și plângeau.

Oare mai trăiesc acum?

Pe 26 aprilie în fiecare an ne adunăm, cei care am fost acolo. Cei care am mai rămas. Ne aducem aminte de vremea aia. Tu ai fost soldat în război, tu ai fost necesar. Ce e rău am uitat, dar asta a rămas. A rămas faptul că nu se puteau descurca fără tine. Că era nevoie de tine. Sistemul nostru militar, de fapt, funcționează minunat în situații de urgență. În cele din urmă acolo ești liber și e nevoie de tine. Libertate! Și rusul, în asemenea momente, arată ce mare e! Unic! N-o să fim niciodată olandezi sau germani. Și n-o să avem noi asfaltul ăla veșnic și gazon îngrijit. Dar mereu se vor găsi eroi!"

„Povestea mea...

Au lansat chemarea și m-am dus. Trebuie! Eram membru de partid. Comuniști, înainte! Asta e situația. Lucram la miliție. Sergent-major. Mi s-a promis o stea nouă pe epoleți. Era iunie 1987... Trebuia să trec neapărat de comisia medicală, dar am fost trimis fără verificare. Cineva acolo, cum se spune, a uns pe cineva, a adus o adeverință că are ulcer și m-au luat pe mine în locul lui. Urgent. Asta e situația... (*Râde.*) Încă de pe atunci apăruseră bancurile. Imediat... Vine soțul de la serviciu și i se plânge soției: «Mi s-a spus: mâine fie te duci la Cernobîl, fie pui pe masă carnetul de partid». «Păi tu nu ești membru de partid!» «Ei, mă gândesc și eu: de unde să fac rost până mâine-dimineață de un carnet de partid.»

Am mers ca militari, dar am devenit o brigadă de zidari. Am făcut o farmacie. Eu imediat am început să am slăbiciuni, o stare de somnolență. Noaptea tușeam. Mă duc la doctor: «Totul e normal. E de la căldură». La cantină se aduceau de la colhoz carne, lapte, smântână, am mâncat. Medicul nu punea gura pe nimic. Preparau mâncarea, iar el nota în jurnal că totul e în limite normale, deși nu lua nici o probă. Noi am băgat de seamă. Asta era situația. Eram disperați. Începuse nebunia. Stupi plini cu miere...

Deja începuseră să apară hoții. Luau tot. Noi acoperam ferestrele, ușile. Sigilam seifurile din birourile de la colhoz, bibliotecile sătești. Apoi închideam comunicațiile, opream curentul în clădire, în caz de incendiu.

Magazinele erau jefuite, gratiile de la ferestre erau smulse. Făină, zahăr pe jos, bomboane călcate în picioare... Borcane sparte... Dintr-un sat au fost evacuați toți, iar la cinci–zece kilometri locuiau alți oameni. Lucrurile din satul părăsit au migrat la ei. Asta e situația... Noi păzim. Vine fostul președinte al colhozului cu oamenii din partea locului, fuseseră deja instalați undeva, li s-au dat case, dar ei se întorc aici să ia grânele, să semene.

Au scos fânul în baloți. În baloți am găsit ascunse mașini de cusut, motociclete, televizoare. Și era o radiație așa de mare, că televizoarele nu mai funcționau... Barter: ei îți dau o sticlă de rachiu, tu le dai voie să ia un cărucior pentru copii. Vindeau, schimbau tractoare, semănătoare. O sticlă, zece sticle... Pe nimeni nu interesau banii... (*Râde.*) Ca în comunism... Pentru orice era o taxă: o canistră de benzină, o jumătate de litru de rachiu, o haină de astrahan, doi litri, o motocicletă, cum negociezi... Am plecat după o jumătate de an, conform programului, termenul era de jumătate de an. Apoi ni s-a trimis schimbul. Am întârziat puțin, pentru că din Pribaltica refuzaseră să vină. Asta e situația... Dar eu știu că au furat, au dus tot ce se putea lua și duce. Eprubetele din laboratoarele de chimie de la școală au fost luate. Zona a fost mutată aici. Căutați la piață, în anticariate, la casele de vacanță...

În spatele gardului de sârmă ghimpată a rămas numai pământul... Și mormintele... Trecutul nostru este țara noastră mare..."

„Am ajuns la fața locului... Ne-am echipat...

Întrebare: unde am ajuns? «Avaria», ne liniștește căpitanul, «a avut loc demult. Acum trei luni. Deja nu mai e așa de groaznic.» Un sergent: «Totul e bine, numai să vă spălați pe mâini înainte să mâncați».

Am lucrat ca dozimetrist. Cum se întunecă, la vagonașul nostru de la poartă vin băieții cu mașinile. Bani, țigări, votcă... Hai să caut în boarfele confiscate. Împachetaseră niște genți. Unde le duceau? Probabil la Kiev, la Minsk, la târguri... Ce rămânea îngropam.

Rochii, cizme, scaune, armonice, mașini de cusut... Le băgam în gropi pe care le numeam «gropi comune».

Am venit acasă. Mă duc la dans. Mi-a plăcut de o fetișcană:

— Hai să fim prieteni.

— De ce? Acum ești de la Cernobîl. Cine o să te ia de soț?

Am făcut cunoștință cu alta. Ne sărutăm. Ne îmbrățișăm.

Am ajuns până la starea civilă.

— Hai să ne căsătorim, i-am propus.

Și a urmat întrebarea:

— Dar oare tu poți? Ești în stare să...

Aș fi plecat. Și, probabil, o să plec. Dar uite, îmi pare rău de părinți."

„Eu am memoria mea...

În mod oficial, funcția mea este de comandant al detașamentului de pază. Un fel de director al Zonei apocalipsei. (*Râde.*) Așa să scrieți.

Oprim o mașină din Pripiat. Orașul e deja evacuat, oameni nu mai sunt. «Prezentați documentele.» Nu are documente. Bena e acoperită cu pânză de cort. Ridicăm pânza: douăzeci de servicii de ceai, țin minte ca acum, o vitrină, o canapea, un televizor, covoare, biciclete...

Fac procesul-verbal.

Transportă carne pentru a fi îngropată în gropile comune. La carcasele de vită lipsesc pulpele. Sunt tăiate.

Fac proces-verbal.

A venit un denunț: într-un sat părăsit se demontează o casă. Numerotează și pun bârnele într-un tractor cu remorcă. Plecăm imediat la adresa indicată. «Atacatorii» sunt reținuți. Au vrut să ia construcția și s-o vândă ca o casă de vacanță. Deja primiseră avansul de la viitorii proprietari.

Fac procesul-verbal.

Prin satele pustii alergau porci sălbăticiți. Iar câinii și pisicile îi așteptau pe oameni lângă porțile lor. Păzeau casele pustii.

Stau puțin lângă o groapă comună. O piatră crăpată, cu numele: căpitanul Borodin, locotenent-major... Coloane lungi, ca niște versuri – nume de soldați... Scaieți, urzici, brusturi...

Am început numaidecât să inspectez grădina. La plug se află proprietarul, ne-a văzut:

— Băieți, nu strigați. Deja am dat semnătură: la primăvară plecăm.

— Și atunci de ce arați grădina?

— Păi acum sunt muncile de toamnă.

— Înțeleg, dar trebuie să fac proces-verbal."

„Ei, ia mai duceți-vă voi...

La mine, soția a luat copilul și a plecat. Scârba! Dar eu n-o să mă spânzur, ca Vanka Kotov... Și n-o să mă arunc de la etajul șase. Scârba! Când am adus de acolo un geamantan cu bani... am cumpărat mașină, și ei, o haină de nurcă... Atunci, scârba, a trăit cu mine. Nu i-a fost frică. (*Cântă.*)

Nici o mie de röntgeni
Nu doboară membrul rusesc...

Bună strigătură. De acolo. Vreți să vă zic un banc? (*Începe imediat să spună.*) Soțul se întoarce acasă... De la reactor... Soția îl întreabă pe medic: «Ce să fac cu soțul?» «Să-l speli, să-l îmbrățișezi, să-l dezactivezi.» Scârba! I-e frică de mine... A luat copilul... (*Pe neașteptate serios.*) Soldații au muncit... Lângă reactor... Eu îi conduceam la schimb și de la schimb: «Băieți, număr până la o sută. Gata! Înainte!» Eu, ca și ceilalți, aveam la gât un contor care înregistra. După schimb le adunam și le dădeam la secția unu... Secret... Acolo citeau indicatorii, notau parcă ceva în fișele noastre, dar câți röntgeni avea fiecare era secret militar... Scârbele! P... Trece o vreme, spui: «Stop! Nu se mai poate!» Toată informația medicală... Nici la plecare nu ni s-a spus cât este... Scârbele! P... Acum toți se bat pentru putere... Pentru portofolii... Au alegeri... Mai vreți un banc? După Cernobîl poți să mănânci orice, dar căcatul tău să-l îngropi în plumb. Ha, ha, ha... Viața e minunată, drace, dar e așa de scurtă...

Cum să ne trateze? Nu am adus nici un document. Am căutat... Am cerut pe la instanțe. Am primit și păstrez trei răspunsuri. Primul răspuns: documentele au fost distruse din cauza faptului că termenul de păstrare este de trei ani; al doilea, documentele au fost distruse în timpul restructurărilor din armată din perioada perestroikăi și a dizolvării unităților; al treilea, documentele au fost distruse pentru că erau radioactive. Dar poate că au fost distruse ca nimeni să nu afle adevărul? Noi suntem martori. Dar noi o să murim în curând... Cum să-i ajutăm pe medicii noștri? Acum aș fi avut nevoie de o adeverință: cât? Ce am adunat eu acolo? I-aș arăta eu scârbei mele...

Și o să-i arăt eu că o să supraviețuim în orice condiții și o să ne însurăm și o să facem copii.

Dar iată... Rugăciunea lichidatorului: «Doamne, dacă tu ai făcut ca eu să nu pot, atunci fă așa ca eu să nu mai vreau». Ia mai duceți-vă toți în...!"

„A început... Totul a început ca un roman polițist.

În timpul mesei de prânz, se dă un telefon la fabrică: soldatul în rezervă cutare să se prezinte la comisariatul militar din oraș ca să clarifice ceva în acte. Și urgent. Iar la comisariatul militar... așa, ca mine, erau mulți, am fost întâmpinați de un căpitan și ne-a repetat la fiecare: «Mâine o să mergeți în cătunul Krasnoe, unde o să aibă loc convocarea». În dimineața zilei următoare, toți ne-am adunat lângă clădirea comisariatului militar. Ne-au luat toate documentele civile, livretele militare, și ne-au urcat în autobuze. Și ne-au dus într-o direcție necunoscută. Nimeni nu mai scotea o vorbă de convocare. Ofițerii care ne însoțeau răspundeau la toate întrebările cu tăcere. «Fraților! Dacă mergem la Cernobîl?», îi trecu unuia prin cap. Un ordin: «Gura!» Pentru stârnirea panicii – tribunalul militar, după legile marțiale. După o vreme, vine o explicație: «Ne aflăm în stare de luptă. Nici o discuție de prisos! Cine va lăsa patria la necaz este un trădător».

În prima zi am văzut centrala nucleară de la distanță. A doua zi deja adunam gunoiul din jurul ei... Îl căram cu căldările... Îl strângeam cu niște lopeți obișnuite, curățam cu măturile cu care fac curățenie femeile de serviciu în curte. Dintre cele cu nuiele rare. Și e clar – lopata e bună pentru nisip și pietriș. Dar nu pentru gunoi în care găseai de toate: bucăți de folie, fier, lemn și beton. Cum se spune, te duci la atom cu lopata. Secolul XX... Tractoarele și buldozerele care se foloseau acolo nu aveau șofer, erau teleghidate, iar noi mergeam în urma lor și adunam resturile. Respiram praful ăsta. Schimbam pe tură câte treizeci de «petale ale lui Istriakov», în popor li se spuneau «botnițe». Un lucru incomod și simplist. Adesea le rupeam... Nu puteai să respiri, mai ales când era foarte cald. La soare.

După aceea... Încă trei luni a durat convocarea asta... Am tras la țintă. Învățam să tragem cu un nou automat. În caz de război nuclear... (*Cu ironie.*) Așa înțeleg eu... Nici nu ne schimbaseră hainele. Mergeam cu aceleași vestoane, cu cizmele cu care fuseserăm lângă reactor.

Ei, și ne-au dat să semnăm o hârtie... Că nu vom divulga secrete... Am tăcut, dar dacă am fi vorbit, cui să-i fi povestit? Imediat după armată, am devenit invalid de gradul doi. La douăzeci și doi de ani. Lucram la fabrică. Șeful de secție:

— Mai rărește-o cu boala, că altfel te dăm afară.

M-au dat. M-am dus la director:

— Nu aveți dreptul. Am fost la Cernobîl. V-am salvat. V-am apărat!

— Nu noi te-am trimis acolo.

Noaptea mă trezesc pentru că aud vocea mamei: «Fiule, de ce taci? Doar nu dormi, stai așa culcat, cu ochii deschiși. Și arde lumina la tine». Eu tac. Cine e gata să mă asculte? Să vorbească cu mine astfel încât să-i răspund... Pe limba mea...

Sunt singur..."

***

„Deja nu mă mai tem de moarte. De moarte în sine...
Dar nu mi-e clar cum o să mor... Prietenul meu a
murit... S-a mărit, s-a umflat... Cât un butoi... Iar veci-
nul... A fost și el acolo, macaragiu. El s-a făcut negru
precum cărbunele, s-a uscat până a ajuns cât un copil.
Nu știu cum o să mor. Dacă mi-aș cere moartea, atunci
aș vrea una obișnuită. Nu ca la Cernobîl. Un singur lucru
știu: cu diagnosticul meu, n-o duci mult. Dacă aș simți
momentul, mi-aș trage un glonț în frunte. Am fost și
în Afganistan... Acolo e mai ușor cu ăsta, cu glonțul...

În Afganistan m-am dus voluntar. Și la Cernobîl la
fel. Chiar eu am cerut. Lucram în orașul Pripiat. Orașul
era înconjurat cu două rânduri de sârmă ghimpată, ca la
granița de stat. Niște blocuri curățele, cu multe etaje, și
străzi acoperite de un strat gros de nisip, copaci tăiați...
Cadre dintr-un film fantastic... Noi îndeplineam un
ordin – «să spălăm» orașul și să înlocuim cei 20 de cen-
timetri de sol de deasupra cu un strat de aceeași grosime
de nisip. Nu aveam zile libere. Ca la război. Păstrez un
decupaj din ziar... Despre operatorul Leonid Toptunov,
el făcea în noaptea aia de serviciu la centrală și a apăsat pe
butonul roșu de protecție antiavarie cu câteva minute îna-
inte de explozie. Butonul nu a funcționat... A fost tratat
la Moscova. «Pentru a-l salva, e nevoie de trup», ziceau
medicii și desfăceau palmele. Iar lui îi rămăsese un singur
petic curat, neiradiat, pe spate. L-au îngropat la cimitirul
Mitinskoe. Sicriul a fost înfășurat în folie de aluminiu.
Deasupra lui, un metru și jumătate de plăci de beton, cu

căptușeală de plumb. Vine tatăl lui... Și plânge... Trec pe lângă el oameni: «Scârba de fiu-tău a aruncat totul în aer». A fost un simplu operator. Dar a fost îngropat ca și cum ar fi venit din cosmos.

Mai bine aș fi murit în Afganistan! Spun drept, îmi vin asemenea gânduri. Acolo moartea era un lucru obișnuit... De înțeles..."

„Din elicopter...
Veneam jos deasupra pământului, observam căprioare, mistreți... Slabi, adormiți... Se mișcau ca într-o filmare cu încetinitorul... Se hrăneau cu iarba care creștea acolo și băuseră apă. Nu-și dădeau seama că și ei trebuie să plece. Să plece odată cu oamenii...

Să mă duc, să nu mă duc? Să zbor, să nu zbor? Sunt comunist, cum pot să nu zbor? Doi piloți au refuzat, cică au soțiile tinere, încă nu au copii, au fost făcuți de rușine. Cariera li s-a încheiat! Și mai era și judecata celorlalți bărbați. Judecata onoarei! Aici, înțelegeți, e vorba de orgoliu – el nu a putut, dar eu mă duc. Acum gândesc altfel... Nouă operații și două infarcte... Acum nu judec pe nimeni, îi înțeleg... Băieți tineri. Dar eu oricum aș fi zburat... Asta e sigur. El nu a putut, dar eu o să mă duc. O chestie de bărbăție!

De sus, de la înălțime, mă uimea numărul mare de mașinării: elicoptere grele, elicoptere medii... MI-24 este un elicopter de luptă... Ce puteai să faci la Cernobîl cu un elicopter de luptă? Sau cu un distrugător militar MI-2? Piloții. Băieți tineri... Stau în pădure lângă reactor, prind röntgeni. E ordin! Ordin militar! Dar de ce trebuia să trimiți acolo un număr așa de mare de oameni, să-i iradiezi? De ce?! (*Începe să țipe.*) Era nevoie de specialiști, nu de material uman. De sus se vede... Clădirea distrusă, mormane de moloz peste tot... Și un număr uriaș de siluete omenești minuscule. Era o macara din RFG, dar moartă, a mers un pic pe acoperiș și a murit. Roboții mureau. Roboții noștri, creați de academicianul Lukaciov pentru cercetări pe Marte... Un robot japonez, care pe dinafară semăna cu un om, dar... Se vede că arsese tot miezul din cauza radiațiilor puternice. Soldăței în costume de cauciuc, cu mănuși de cauciuc, alergau de colo colo... Așa de mici, dacă îi priveai din cer...

Am reținut tot... Credeam că o să-i povestesc fiului. Dar când am venit:

— Tată, ce e acolo?
— Război.

Nu am găsit alte cuvinte."

CAPITOLUL 2
APOGEUL CREAȚIEI

Monolog despre vechile prorociri

„Fetița mea... Ea nu e așa, ca toți... Uite, o să crească și o să mă întrebe: «De ce nu sunt așa?»

Când s-a născut... Nu era un copil, ci un săculeț viu cusut pe toate părțile, nu era nici o crăpătură, numai ochișorii erau deschiși. În fișa medicală era scris: «Fetiță născută cu multiple patologii complexe: aplazie a anusului, aplazie a vaginului, aplazie a rinichiului stâng»... Așa sună în limbaj științific, iar în cel obișnuit: nici păsărică, nici funduleț, un singur rinichi... A doua zi am dus-o la operație, în a doua ei zi de viață... Ea a deschis ochișorii, parcă a și zâmbit, dar mai întâi am zis că vrea să plângă... O, Doamne, a zâmbit! Unii ca ea nu trăiesc, mor imediat. Ea nu a murit pentru că o iubesc. În patru ani a făcut patru operații. Este singurul copil din Bielorusia care a supraviețuit cu o patologie așa de complicată. O iubesc foarte mult. (*Se oprește.*) Nu mai pot să nasc. Nu mai îndrăznesc. M-am întors de la maternitate: soțul mă sărută noaptea, iar eu tremur toată – nu mai putem... E păcat...

Mi-e groază... Am auzit că medicii vorbeau între ei: «Fetiţa nu s-a născut în cămaşă, ci în armură. Ar trebui s-o arătăm la televizor, nici o mamă n-ar mai naşte». Vorbeau despre fetiţa noastră. Cum să mai facem dragoste după aceea?!

Am fost la biserică. I-am povestit părintelui. El spune că trebuie să ne rugăm pentru păcatele noastre. Dar în neamul nostru, nimeni n-a omorât pe nimeni... De ce sunt eu vinovată? Mai întâi au vrut să evacueze satul nostru, dar mai apoi l-au scos de pe listă: nu ajungeau banii de la stat. Iar eu în acest timp m-am îndrăgostit. M-am căsătorit. Nu ştiam că aici nu avem voie să ne iubim. Acum mulţi ani bunica mea citea din Biblie, că o să vină o vreme pe pământ când totul va fi din belşug, totul va înflori şi va da rod, în râuri o să fie mult peşte, iar în păduri, animale, dar omul nu va putea să se folosească de ele. El nu va putea nici să dea naştere unor făpturi asemenea sieşi, să perpetueze nemurirea. Am auzit vechile prorociri ca pe o poveste înfricoşătoare. Nu credeam. Povestiţi-le tuturor despre fetiţa mea. Scrieţi. La patru ani, ea cântă, dansează, recită poezii. Dezvoltarea ei intelectuală e normală, nu se deosebeşte deloc de alţi copii, numai că are alte jocuri. Ea nu se joacă de-a magazinul, de-a şcoala, ea se joacă cu păpuşile de-a spitalul. Le face injecţii, le pune termometru, perfuzie, păpuşa moare, o acoperă cu un cearşaf alb. De patru ani trăiesc alături de ea în spital, nu pot s-o las singură acolo şi ea nu ştie că trebuie să trăiască acasă. Când o iau acasă pentru o lună, două întreabă: «Dar o să ne întoarcem în curând la spital?» Acolo sunt prietenii ei, acolo locuiesc ei, acolo cresc. I-au construit anus. Îi construiesc şi un vagin... După ultima operație, nu mai urinează deloc, nu au reușit să-i pună un cateter, mai este nevoie de câteva operații. Dar mai departe mă sfătuiesc ei s-o operez în străinătate. Păi de unde să luăm zeci de mii de dolari, dacă soțul meu primește o sută douăzeci de dolari pe lună? Un profesor ne-a sfătuit în secret: «Cu o patologie ca aceasta, copilul dumneavoastră prezintă un mare interes pentru știință. Scrieți la clinicile din străinătate. Trebuie să fie interesați de asta». Și eu scriu. (*Încearcă să-și rețină lacrimile.*) Scriu că la fiecare jumătate de oră trebuie să apăs cu mâna ca să urineze, urina iese prin niște deschizături ca niște puncte în regiunea vaginului. Dacă nu fac asta, singurul ei rinichi o să cedeze. Unde mai există în lume vreun copil căruia, la fiecare jumătate de oră, să-i scoți urina prin apăsare cu mâna? Și cât poți să reziști să faci asta? (*Plânge.*) Eu nu-mi permit să plâng... Eu nu trebuie să plâng... Bat pe la toate ușile. Scriu. Luați fetița mea, chiar și pentru experimente, pentru cercetări științifice... Sunt de acord să devină o broscuță de laborator, un cobai, numai să rămână în viață. (*Plânge.*) Am scris zeci de scrisori... O, Doamne!

Deocamdată ea nu înțelege, dar cândva o să ne întrebe de ce nu e așa, ca toți? De ce nu poate să iubească un bărbat? De ce nu poate naște un copil? De ce cu ea nu se va întâmpla niciodată ce li se întâmplă fluturilor... păsărilor... tuturor, numai ei nu. Voiam... Trebuia să arăt, ca să... Voiam să primesc documentele... Ca ea să crească și să afle că nu eu și soțul suntem vinovați... Nu e iubirea noastră de vină. (*Din nou încearcă să-și rețină lacrimile.*) Patru ani am luptat... Cu medicii, cu funcționarii... Am obținut audiență în cabinete de sus... Abia după patru ani mi s-a dat certificatul medical ce confirmă legătura dintre radiația ionizantă (doze mici) și patologia ei îngrozitoare. Acum patru ani am fost refuzată, mi se repeta: «Fetița dumneavoastră este invalidă din copilărie». Cum să fie invalidă din copilărie? Este o invalidă a Cernobîlului. Mi-am studiat arborele genealogic: în neamul nostru nu s-a întâmplat așa ceva, toți au trăit până la optzeci–nouăzeci de ani, bunicul meu, până la nouăzeci și patru. Medicii se justificau: «Avem instrucțiuni. Deocamdată trebuie să trecem asemenea cazuri ca afecțiuni generale. Uite, peste douăzeci–treizeci de ani, când o să se adune baza de date, o să începem să legăm bolile de radiația ionizantă. Cu doze mici... Cu faptul că noi o mâncăm și o bem pe pământul nostru... Dar deocamdată medicina și știința știu prea puțin despre asta». Dar eu nu pot să aștept douăzeci–treizeci de ani. O jumătate de viață! Voiam să-i dau în judecată. Să dau Statul în judecată... Au spus că sunt nebună, râdeau, cică asemenea copii se nășteau și în Grecia antică. Și în China antică. Un funcționar a strigat: «Vrei avantaje pentru cei de la Cernobîl! Vrei bani pentru Cernobîl!» Nu știu cum de nu mi-am pierdut cunoștința în biroul lui, cum de nu am murit acolo de inimă... Dar nu pot...

Un singur lucru nu au putut să-l priceapă, nu au vrut... Eu trebuia să știu că nu eu și soțul suntem de vină... Nu iubirea noastră... (*S-a întors spre fereastră și plânge încet.*)

Fetița aceasta crește... Oricum e fetiță... Nu vreau să-i spuneți numele... Nici vecinii de pe scara noastră nu știu... tot. Cum îi pun o rochiță, îi împletesc codița: «Katenka voastră e așa de frumoasă», îmi spun ei. Iar eu mă uit așa de ciudat la femeile însărcinate... Parcă de la distanță... de după colț... Nu mă uit direct, ci așa, cu coada ochiului... În mine este un amestesc de sentimente diferite: mirare și groază, invidie și bucurie, chiar un fel de răzbunare. Cumva mi-am dat seama că nutresc asemenea sentimente și când mă uit la cățeaua gestantă a vecinilor, la barza din cuib...

Fetița mea..."

Larisa Z., mamă

Monolog despre peisajul lunar

„Deodată am început să pun la îndoială ce o fi mai bine: să țin minte sau să uit?

I-am întrebat pe cunoscuți... Unii au uitat, alții nu vor să-și aducă aminte, pentru că nu putem schimba nimic, nici să plecăm de aici. Nici măcar asta...

Ce am ținut minte... Chiar în primele zile după accident, din biblioteci au dispărut cărțile despre radiații, despre Hiroshima și Nagasaki, chiar și despre röntgen. Circula un zvon că este un ordin al conducerii, ca să nu se stârnească panică. Doar era pentru liniștea noastră. Apăruse chiar și o glumă, că dacă Cernobîl ar fi explodat la papușai, toată lumea s-ar fi speriat, mai puțin papușaii. Nici o recomandare medicală... Nici o informație... Cine putea, făcea rost de tablete de iodură de potasiu (în farmaciile din orașul nostru nu erau, se aduceau de undeva, pe sub mână). Se întâmpla să ia oamenii câte o mână de asemenea tablete și să dea pe gât un pahar de spirt. Salvarea le făcea spălături.

Au venit primii ziariști străini... Prima echipă de filmare... Erau în combinezoane de plastic, cu căști, papuci de cauciuc, mănuși, până și camera era într-un etui special. Și erau însoțiți de o fată de la noi, traducătoare. În rochie de vară și cu sandale...

Oamenii credeau în orice cuvânt tipărit, deși nimeni nu publica adevărul. Nu-l spunea. Pe de o parte, îl ascundeau, pe de alta, nu înțelegeau nici ei tot. De la secretarul general până la portar. Apoi au apărut semnele, toți le urmăreau: dacă în oraș sau în sat sunt vrăbii sau porumbei, omul poate trăi acolo. Dacă albinele sunt active, e curat. Mergeam cu taxiul, șoferul era nedumerit de ce păsările parcă erau oarbe, cădeau pe parbriz, se loveau. Parcă nu erau normale... Erau adormite... Era un fel de sinucidere... După ieșirea din tură, pentru a uita de asta, a rămas și a băut cu prietenii.

Mi-am adus aminte cum m-am întors din delegație... De o parte și de alta a drumului era cu adevărat un peisaj lunar... Până la orizont se întindeau câmpii presărate cu dolomit alb. Stratul superior de pământ contaminat a fost îngropat, în locul lui au presărat nisip dolomit. Parcă nu e pământ... Nu e pe pământ... Multă vreme m-am chinuit cu imaginea asta și am încercat să scriu o povestire. Îmi imaginam ce va fi aici peste o sută de ani: ceva ca un om sau altfel o să sară în patru labe, aruncând în urmă labele din spate, lungi, cu genunchii întorși în urmă, noaptea o să vadă tot cu al treilea ochi, iar singura ureche, pe creștet, va auzi până și mersul furnicilor. Rămăseseră numai furnicile, restul de pe pământ și din cer murise...

Am trimis povestirea la o revistă. Mi s-a trimis răspuns că nu e o operă literară, ci o repovestire a unei povești de groază. Desigur, nu aveam talent. Dar aici bănuiesc că mai e și un alt motiv. Am început să mă gândesc: de ce se scrie așa de puțin despre Cernobîl? Scriitorii noștri continuă să scrie despre război, despre lagărele staliniste, dar în privința asta tac. Cărți sunt foarte puține. Credeți că e o întâmplare? Până acum, evenimentul este în afara culturii. E o traumă a culturii. Și singurul nostru răspuns este tăcerea. Închidem ochii, ca niște copii mici, și ne gândim: «Ne-am ascuns». Din viitor ne privește ceva care ne depășește sentimentele, capacitatea noastră de a îndura. Vorbești cu un om și el începe să povestească și ți-e recunoscător că l-ai ascultat. Nu că ai înțeles, dar măcar ai ascultat. Pentru că nici el nu a înțeles și nici tu... De atunci nu mi-a mai plăcut să citesc science-fiction...

Și deci, ce o fi mai bine: să ții minte sau să uiți?"

*Evgheni Aleksandrovici Brovkin,
profesor la Universitatea de Stat din Gomel*

MONOLOG AL UNUI MARTOR PE CARE ÎL DUREA O MĂSEA CÂND A VĂZUT CUM A CĂZUT HRISTOS ȘI A ÎNCEPUT SĂ PLÂNGĂ

„Atunci mă gândeam la altceva... O să vi se pară ciudat... Pe atunci tocmai divorțasem de soție...

Vin deodată, îmi înmânează un ordin și spun că jos mă așteaptă mașina. Așa, un «corb»[1] special. Ca în 1937... Îi luau pe oameni noaptea. Din pat, calzi. Apoi schema aceasta nu a mai funcționat: soțiile nu mai deschideau ușile sau minteau că soții sunt în delegații, la stațiune, în sat la părinți. Încercau să le dea ordinele, dar nu le luau. Începeau să-i ia pe oameni de la serviciu, de pe stradă, în timpul pauzei de masă, la cantinele fabricilor.

---

[1] Mașină de culoare neagră, simbol al represiunii sovietice, folosită de ofițerii NKVD și, mai târziu, KGB pentru a transporta „inamici ai poporului"

Ca în 1937... Iar eu atunci eram aproape nebun. Mă înșelase soția, restul mi se părea o prostie. M-am urcat în mașina neagră. M-au condus doi în civil, dar cu alură militară, mergeau în dreapta și în stânga mea, se vede, se temeau că o să fug. Când am urcat în mașină, mi-am adus aminte, nu știu de ce, de cosmonauții americani care zburau pe Lună și unul dintre ei în cele din urmă a devenit preot, iar celălalt parcă a înnebunit. Citeam ce văzuseră ei... Parcă acolo văzuseră rămășițe ale unor orașe, niște urme omenești. Mi-au trecut prin minte fragmente din ziare: centralele noastre atomice sunt absolut sigure, pot fi construite și în Piața Roșie. Lângă Kremlin. Sunt mai sigure ca un samovar. Că seamănă cu stelele și noi o să le presărăm pe tot pământul. Dar pe mine mă părăsise soția... Numai la asta puteam să mă gândesc. De câteva ori am încercat să mă sinucid, am luat pastile și am visat că nu mă mai trezesc. Fusesem la aceeași grădiniță, am învățat la aceeași școală, la aceeași facultate... (*Își aprinde o țigară și tace.*)

V-am prevenit. Nu e nimic eroic pentru pana unui scriitor... Mă gândeam că, dacă nu ar fi fost vreme de război, de ce ar trebui să risc eu, când altcineva dormea cu soția mea. De ce tot eu, și nu el? La drept vorbind, nu am văzut acolo nici un erou. Am văzut nebuni cărora puțin le păsa de viața lor, era și teribilism, dar nu de așa ceva era nevoie. Și eu am diplome și mulțumiri... Dar asta pentru că nu mă temeam că o să mor. Puțin îmi păsa! Chiar era o ieșire. M-ar fi îngropat cu onoruri... Și pe banii statului...

Acolo am nimerit deodată într-o lume fantastică, unde se unea sfârșitul lumii cu epoca de piatră. Iar în mine totul este încă sensibil, descoperit... Am trăit în pădure. În corturi. La 20 de kilometri de reactor. Am făcut-o pe partizanii. Partizanii sunt cei care sunt convocați în armată. Vârsta, de la douăzeci și cinci până la patruzeci de ani, mulți cu studii superioare, studii medii tehnice, eu, fiindcă veni vorba, sunt profesor de istorie. În loc de automate, ni s-au dat lopeți. Am săpat în gropile de gunoi, în grădini. Femeile din sate se uitau la noi și-și făceau cruce. Noi, cu mănuși, aparate de respirat, combinezoane de camuflaj... Soarele ardea... Apăream în grădinile lor ca niște diavoli. Ca niște extratereștri. Ele nu-și dădeau seama de ce săpăm în curțile lor, le smulgem usturoiul, varza, când usturoiul e ca tot usturoiul, varza, ca orice varză. Femeile își făceau cruce și boceau: «Soldaților dragi, ce-i asta, e sfârșitul lumii?»

În casă se dă drumul la sobă, se prăjește slănină. Pui dozimetrul: nu e o sobă, ci un mic reactor. «Băieți, stați jos la masă», ne cheamă. Ne invită. Refuzăm. Ne roagă: «Să bem o dușcă. Luați loc. Povestiți». Dar ce să povestim? Chiar la reactor, pompierii au călcat în picioare combustibilul moale, el lumina, ei nu știau ce-i asta. De unde să știe?

Mergem în formație. Toți avem un singur dozimetru. Iar în locuri diferite sunt niveluri diferite: unul dintre noi lucrează unde sunt doi röntgeni, iar altul, unde sunt zece. Pe de o parte, o totală lipsă de drepturi, ca la deținuți, pe de altă parte, e frică. Și o enigmă. Dar eu nu mă temeam. Priveam totul ca de la distanță...

Cu elicopterul a venit un grup de oameni de știință. În haine speciale din cauciuc, cu cizme înalte, ochelari de protecție... Cosmonauți... O femeie se apropie de unul și-l întreabă:

– Tu cine ești?
– Sunt om de știință.

— A, ești om de știință! Ia uitați-vă la el cum s-a gătit. S-a mascat. Dar noi?

Și se duce după el cu bățul. Chiar îmi trecuse prin minte că, la un moment dat, oamenii de știință o să fie prinși ca medicii în Evul Mediu și o să fie înecați. Arși pe rug.

Am văzut un om căruia i-au îngropat casa chiar sub ochii lui. (*Se ridică și se duce spre fereastră.*) Rămăsese un mormânt proaspăt săpat... Un dreptunghi mare... Au îngropat fântâna, livada... (*Tace.*). Noi îngropam pământul... L-am tăiat, l-am rulat în fâșii mari... V-am prevenit... Nu e nimic eroic...

Ne întoarcem seara târziu, pentru că lucram câte douăsprezece ore. Non-stop. Numai noaptea ne odihneam. Deci mergem cu un transportor blindat. Un om străbate satul pustiu. Mai aproape: un tânăr cu un covor pe umeri... În apropiere – o mașină Jiguli... Frânăm. Portbagajul e plin de televizoare și telefoane tăiate. Transportorul blindat întoarce și, dintr-odată, mașina e făcută armonică, o cutie de conserve. Nimeni nu a scos un cuvânt...

Am îngropat pădurea... Am tăiat copacii în bucăți de câte un metru și jumătate, i-am împachetat în celofan și i-am aruncat în groapă. Noaptea nu am putut să adorm. Închid ochii: se mișcă ceva negru, se învârte... Parcă e viu... Straturile de pământ, vii, cu gândaci, păianjeni, râme... Nu recunoșteam nimic, nu știam cum le zice... Pur și simplu gândaci, păianjeni... Furnici... Iar ele sunt mici și mari, galbene și negre. Așa, de toate culorile. Un poet spunea odată că animalele sunt un popor deosebit. Le omoram cu zecile, sutele, miile fără să știu chiar cum le cheamă. Le dărâmam casele. Secretele. Le îngropam... Le îngropam...

Leonid Andreev, pe care îl iubesc foarte mult, are o parabolă despre Lazăr, care a văzut moartea. Și acum el este ca un străin, niciodată nu are să mai fie ca toți ceilalți oameni, deși Hristos l-a înviat...

Poate că ajunge? Vă înțeleg, sunteți curioși, toți cei care nu au fost acolo sunt curioși. Altfel se vede Cernobîlul de la Minsk și altfel e acolo, în Zonă. Din Europa se vede altfel. Chiar și în Zonă te frapa indiferența cu care se vorbea despre catastrofă. Într-un sat părăsit, am dat de un bătrân. Trăiește singur. Îl întrebăm:

– Dar nu vă e frică?

Iar el ne răspunde:

– De ce să-mi fie frică?

Nu poți să trăiești tot timpul în frică, omul nu poate, trece o vreme și începe viața obișnuită, omenească. Obișnuită... Normală... Bărbații beau votcă. Jucau cărți. Făceau curte femeilor. Mulți vorbeau despre bani. Dar acolo nu pentru bani lucrau, puțini erau cei care o făceau numai pentru bani. Lucrau pentru că trebuia să lucrezi. Ni s-a spus că trebuie să lucrăm. Și nu am pus întrebări. Visau să fim promovați. Făceau șmecherii, furau. Se bazau pe avantajele promise: să primească un apartament înaintea celorlalți și să iasă din baracă, să-și bage copilul la grădiniță, să cumpere o mașină. La noi, unuia îi era frică, se temea să iasă din cort, dormea într-un costum improvizat din cauciuc. Un laș! A fost dat afară din partid. El striga: «Vreau să trăiesc!» Erau toți, de-a valma... Am întâlnit acolo femei care veniseră voluntare. Dăduseră buzna. Fuseseră refuzate, li se explicase că e nevoie de șoferi, de lăcătuși, de pompieri, dar ele veniseră. De-a valma... Mii de voluntari... Detașamente de studenți voluntari și o dubiță specială neagră, care-i păzea noaptea pe rezerviști... Adunatul lucrurilor... Mandate poștale cu bani trimiși în contul sinistraților, sute de oameni care-și ofereau dezinteresați sângele și măduva... Și în același moment puteai să cumperi orice cu o sticlă de votcă. O diplomă de onoare, o permisie acasă... Un președinte de colhoz aduce în detașamentul dozimetriștilor o ladă de votcă pentru ca satul lui să nu fie trecut pe listă pentru evacuare, altul va da tot o ladă pentru a-și evacua colhozul. I se promisese deja un apartament cu trei camere la Minsk. Nimeni nu verifica măsurătorile de radiații. Un haos rusesc perfect normal. Așa trăim noi... Scoatem ceva din evidențe, vindem. Pe de o parte, ți-e silă, pe de alta, ia mai duceți-vă toți la mama dracului!

Au trimis studenți. Smulgeau loboda de pe câmp. Adunau fânul. Câteva perechi, tinere de tot. Soț și soție. Încă se mai țineau de mână. Era imposibil să te uiți la așa ceva. Iar locurile erau așa de frumoase! Era așa o minunăție! Groaza era și mai mare, pentru că era frumos. Și omul trebuie să plece undeva de aici. Să fugă ca un răufăcător. Ca un infractor.

În fiecare zi, ne aduceau ziare. Citeam numai titlurile: «Cernobîl – locul eroilor», «Reactorul e învins», «Viața merge mai departe». Aveam instructori politici, aveam învățământ politic. Ni se spunea că trebuie să învingem. Pe cine? Atomul? Pe fizician? Cosmosul? La noi, victoria nu e un eveniment, ci un proces. Viața e o luptă. De aici și o iubire așa de mare pentru inundații, incendii, cutremure... E nevoie de loc de acțiune, ca să «manifești curaj și eroism». Și să înfigi steagul. Propagandistul ne citea însemnări din ziare despre «înaltul grad de conștiință și organizarea precisă», despre faptul că, la câteva zile de la catastrofă, pe reactorul patru deja flutura în vânt steagul roșu. Fâlfâia. Peste câteva luni, el fusese ars de radiațiile puternice. S-a pus din nou un steag. Apoi altul... Iar cel vechi a fost rupt, ca amintire, bucățelele erau băgate sub pelerină, lângă inimă. Apoi erau aduse acasă... Erau arătate cu mândrie copiilor... Erau păstrate... Un eroism nebunesc! Dar și eu sunt la fel... Nu sunt deloc mai bun. Am încercat să-mi reprezint mental cum urcă soldații pe acoperiș... Condamnați la moarte. Dar ei sunt plini de sentimente... Primul – sentimentul datoriei, al doilea – sentimentul patriei. O să spuneți că e vorba de un păgânism sovietic? Dar problema e că, dacă mi-ar fi pus și mie în mână un drapel, și eu aș fi urcat acolo. De ce? Nu pot să răspund. Atunci nu mi-era frică de moarte... Soția nu-mi trimisese nici o scrisoare. În jumătate de an, nici o scrisoare... (*Se oprește.*)

Vreți să vă zic un banc? A evadat din închisoare un deținut. S-a ascuns în Zona de 30 de kilometri. A fost prins. A fost dus la dozimetriști. Luminează așa de tare, că nu poate fi dus nici la închisoare, nici la spital, nici printre oameni. (*Râde.*) Acolo tare ne mai plăceau bancurile. Umor negru.

Am ajuns acolo când păsările se aflau în cuiburi, am plecat când merele erau căzute în zăpadă. Nu am apucat să îngropăm tot... Am îngropat pământul în pământ... Cu gândaci, păianjeni, larve... Cu poporul ăsta deosebit. Cele mai clare amintiri... Despre asta le am... Nimic nu v-am povestit... Frânturi. Același Leonid Andreev are o povestire: un locuitor al Ierusalimului, pe lângă casa căruia fusese dus Hristos, văzuse și auzise tot, dar, la vremea aceea, îl durea o măsea. Sub privirile lui, Hristos căzu când ducea crucea, căzu şi începu să plângă, omul văzu toate astea, dar pe el îl durea măseaua şi nu ieşise în stradă. Peste două zile, când măseaua nu l-a mai durut, i s-a povestit că Hristos a înviat, şi atunci s-a gândit: «Puteam şi eu să fiu martor la asta, dar m-a durut măseaua».

Oare aşa e tot timpul? Niciodată omul nu e pe măsura unui eveniment mare. Mereu se dovedeşte a fi prea mic pentru el. Tatăl meu a apărat Moscova în 1942. Abia peste zece ani a înţeles că a făcut istorie. Din cărţi, din filme. Îşi aducea aminte: «Am stat în tranşee. Am tras. Am fost îngropat de o explozie. Sanitarii m-au scos la lumină pe jumătate mort». Şi asta e tot.

Iar pe mine atunci m-a părăsit soţia…"

Arkadi Filin, lichidator

Trei monologuri despre „ṬĂRÂNA UMBLĂTOARE" şi „PĂMÂNTUL VORBITOR"

Preşedintele societăţii de vânători şi pescari voluntari din Hoiniki, Viktor Iosifovici Verjikovski, şi doi vânători, Andrei şi Vladimir, care nu au dorit să-şi dea numele.

— Prima dată când am omorât o vulpe a fost în copilărie… A doua oară am ucis un elan şi mi-am jurat să nu mai omor vreodată altul. Au nişte ochi aşa de expresivi…

— Noi, oamenii, înţelegem ceea ce trăim, animalele însă pur şi simplu trăiesc. La fel şi păsările.

– Toamna, căprioara e foarte sensibilă. Dacă mai bate și vântul dinspre om, gata, nu mai poți să te apropii de ea. Iar vulpea e șmecheră.

– Aici bântuie unul... Cum bea, cum le ține lecții tuturor. A învățat la Facultatea de Filosofie, apoi a fost la închisoare. În Zonă, dacă întâlnești un om, niciodată n-o să-ți spună adevărul despre el. Rar. Dar ăsta e un bărbat inteligent. „Cernobîlul", ar spune el, „a avut loc ca să facă să apară filosofi." Pe animale le numea „țărână umblătoare", iar pe om, „pământ vorbitor". Iar „pământul e vorbitor" pentru că suntem făcuți din pământ...

– Zona te atrage... Ca un magnet, vă spun eu... Ei, doamnă, domniță! Pe cine a fost acolo sufletul îl va trage tot acolo...

– Am citit o carte... Erau sfinți care vorbeau cu păsările și cu animalele sălbatice. Iar noi credem că ele nu-l înțeleg pe om.

– Ei, băieți, s-o luăm în ordine...

– Hai, hai, președinte. Iar noi o să tragem dintr-o țigară.

– Deci, asta e treaba... Mă cheamă pe mine la comitetul executiv raional: „Ascultă, vânător-șef: în Zonă au rămas multe animale domestice – pisici, câini; pentru a preveni epidemiile, trebuie să fie împușcați. Acționează!" A doua zi i-am chemat pe toți, pe toți vânătorii. Îi anunț ce și cum... Nimeni nu vrea să se ducă, pentru că nu li s-au dat mijloace de protecție. M-am adresat protecției civile, ei nu au nimic. Nici un aparat de respirat. A trebuit să mă duc la fabrica de ciment și să iau măști de acolo. O folie așa de subțire... Care te apără de praf de ciment... Dar nu am primit aparate de respirat.

— Acolo am dat de soldați. Cu măști, cu mănuși, cu transportoare blindate, iar noi eram în cămăși, cu legăturica aia la nas. Cu cămășile și cizmele astea ne întorceam acasă, la familie.

— Am făcut două brigăzi... S-au găsit și voluntari... Două brigăzi de douăzeci de oameni. La fiecare am pus câte un medic veterinar și un om de la sanepid. Mai era și un tractor cu o cupă și un camion. Îmi era necaz că nu-mi dăduseră mijloace de protecție, nu se gândiseră la oameni...

— Dar ne-au dat prime – câte treizeci de ruble. Și o sticlă de votcă costa pe atunci trei ruble. Ne-am „dezactivat" intens.... Au apărut de undeva și rețete: o lingură de găinaț de gâscă la o sticlă de votcă. Se lasă două zile la macerat și se bea. Ca asta..., ei, treaba asta bărbătească a noastră să nu aibă de suferit... Erau și strigături, mai țineți minte? O mulțime. „Dacă vrei să mai ai fii, ouăle în plumb le ții." Ha, ha, ha...

— Am umblat prin Zonă două luni, în raionul nostru jumătate din sate au fost evacuate. Zeci de sate: Babcin, Tulgovici... Ne-am dus prima dată – câinii aleargă pe lângă casele lor. Păzesc. Îi așteaptă pe oameni. S-au bucurat de noi, vin când aud voce de om... Ne întâmpină... Am tras în case, în magazii, în grădini. I-am luat de pe stradă și i-am încărcat în camioane. Desigur, nu e deloc plăcut. Ei nu puteau pricepe: de ce-i omorâm? Era ușor să-i omorâm. Sunt animale domestice... Nu au frică de armă, de om... Dau fuga când aud voce de om...

— Se târa o țestoasă. Doamne... Pe lângă o casă pustie. În apartamente erau acvarii, cu peștișori...

Rugăciune pentru Cernobîl

– Țestoasele nu le-am omorât. Treci cu roata din față peste o țestoasă, carapacea îi rezistă. Nu pocnește. La beție, evident, dădeam peste ea cu roata din față... În curți, cuștile erau deschise... Alergau iepurii... Nutriile erau închise, le dădeam drumul dacă alături era o apă – un lac, un râușor –, iar ele se băgau în apă. Totul fusese părăsit în fugă. Temporar. În fond, cum a fost? Ordin de evacuare: „Pentru trei zile". Femeile bocesc, copiii plâng, vitele urlă. Copiii mici erau păcăliți: „Mergem la circ". Oamenii credeau că o să se întoarcă... Nu existase vorba asta „pentru totdeauna". Ei, doamnă, domniță! Vă spun eu, stare de război... Pisicile se uitau în ochii tăi, câinii urlau, se năpusteau în autobuze. Câini de curte, ciobănești... Soldații îi dădeau jos. Le trăgeau șuturi. Multă vreme au alergat după mașini... Evacuare... Să nu dea Domnul așa ceva!

– Deci, asta e treaba... Uite, japonezii au avut Hiroshima, așa că acum ei sunt înaintea tuturor. Pe primul loc în lume. Deci...

– Ai posibilitatea să tragi în tot ce aleargă și e viu. Patimă de vânător. Am băut și am plecat. La muncă mi se considera zi de lucru. Mi se considera salariu. Desigur, puteau să-mi fi dat mai mult pentru o asemenea treabă. Primă – treizeci de ruble, dar deja nu mai erau banii ăia ca în timpul comuniștilor. Deja totul se schimbase.

– Așa era treaba... Mai întâi casele erau sigilate. Noi nu rupeam sigiliile. La fereastră e o pisică, cum să ajungi la ea? N-o atingeam. Apoi hoții s-au băgat, au spart ușile, au spart ferestrele, au jefuit tot. În primul rând au dispărut casetofoanele, televizoarele... Articolele din blană... Iar mai apoi au curățat tot. Rămâneau pe jos doar niște linguri de aluminiu... Și câinii care au rămas în viață s-au mutat în casă... Cum intri, sar pe tine... Deja nu mai au încredere în oameni... Am intrat – văd o cățea întinsă în mijlocul camerei, cu puii în jur. Îmi pare rău? Desigur, nu e deloc plăcut. Mă gândeam... De fapt, noi ne comportam ca niște detașamente de epurare. Ca la război. După aceeași schemă... O operațiune militară... Venim, încercuim satul și câinii, când aud prima împușcătură, o iau la fugă. Fug în pădure. Pisicile sunt mai viclene și le e mai ușor să se ascundă. Un pisic s-a urcat într-un vas de lut... L-am scuturat de acolo... I-am scos din spatele sobei. E un sentiment neplăcut... Tu ești în casă, iar pisica țâșnește glonț pe lângă cizmele tale, alergi după ea cu pușca. Sunt slabe, murdare. Blana e numai smocuri. La început erau multe ouă, de la găinile care rămăseseră. Câinii și pisicile mâncau ouăle, iar când s-au terminat, au mâncat și găinile. Și vulpile mâncau găini, ele locuiau deja în sate, alături de câini. Deci nu mai erau găini, apoi câinii au mâncat pisicile. Erau cazuri în care am găsit în magazii și porci. Le-am dat drumul. În beciuri, găseam tot felul de murături: castraveți, roșii... Le deschidem și le aruncăm în albie. Porcii nu i-am omorât...

– Am întâlnit o bătrână... Se încuiase în casă: avea cinci pisici și trei câini. „Nu omorî câinele, și el a fost om", nu mă lăsa ea... Ne-a blestemat. I-am luat cu forța, dar un câine și un pisic i-am lăsat. Striga după noi: „Banditților! Pușcăriașilor!"

– Ha, ha, ha. „Lângă deal ară un tractor, pe deal arde un reactor. Dacă nu ne-ar fi spus suedezii, am fi murit ca maidanezii." Ha, ha, ha...

– Sate pustii... Numai sobele au rămas. Katîn! Era un moș și o babă. Ca în poveste. Nu le e frică. Altul ar fi înnebunit! Noaptea ard buturugi vechi. Lupii se tem de foc.

– Deci, așa era... Mirosuri... Tot nu pot să pricep, de unde e mirosul ăsta în sat? La șase kilometri de reactor... Satul Masalî... Ești ca într-un cabinet de radiologie. Miroase a iod... A nu știu ce acid... Și se spune că radiația nu miroase. Nu știu... Dar trebuia să tragem de aproape... Deci, stă în mijlocul camerei o cățea cu puii ei în jur... A sărit imediat pe mine, am tras... Puii îmi ling mâinile, se gudură... Se prostesc. A trebuit să trag de aproape... Ei, doamnă, domniță! Un cățeluș... Un pudel mic, negruț... Și acum îmi pare rău de el. Am umplut un camion plin, cu vârf. Îi ducem la groapă... La drept vorbind, e o groapă mare, obișnuită, deși se dăduseră dispoziții să se sape astfel încât să nu se ajungă la pânza freatică și să se acopere fundul cu celofan. Să se găsească un loc înalt... Dar treaba asta, vă dați seama și dumneavoastră, se încălca peste tot: nu era celofan, locul nu se căuta prea multă vreme. Bietele animale, dacă nu au murit deja și sunt doar rănite, scâncesc, plâng... Le vărsam din camion în groapă, iar pudelul acela mic se cațără. Iese la suprafață. Nimeni nu mai avea nici un glonț... Nu mai aveam cu ce să-l omorâm... Nici un glonț... L-am împins înapoi în groapă și l-am acoperit așa, cu pământ. Și acum îmi pare rău. Dar pisicile erau mult mai puține decât câinii. Poate că plecaseră după oameni? Sau se ascunseseră? Pudelul acela de casă... Alintat...

– E mai bine să omori de la distanță, ca să nu le vezi ochii.

— Învață să tragi cum trebuie, să nu mai fie nevoie să termini cu el, de aproape.

— Noi, oamenii, mai înțelegem ceva, dar ei trăiesc simplu. „Țărână umblătoare"...

— Caii erau duși la tăiere... Plângeau...

— Și mai adaug... Fiecare creatură vie are suflet. În copilărie, tata m-a învățat să vânez. O căprioară rănită stă la pământ... Vrea să avem milă de ea, iar tu o omori. În ultimul moment are o privire pe deplin conștientă, ca de om. Te urăște. Sau parcă îți adresează o rugăminte: „Și eu vreau să trăiesc! Vreau să trăiesc!"

— Învață! Vă spun eu, e mult mai neplăcut să omori unul rănit, decât să-l omori din prima. Vânătoarea e un sport, o formă de sport. Nu știu de ce, nimeni nu-i ocărăște pe pescari, dar pe vânători toți îi ocărăsc. Nu e drept!

— Vânătoarea și războiul sunt principalele ocupații ale bărbaților. De când lumea și pământul.

— Eu nu pot să recunosc în fața fiului, un copil, unde am fost, ce am făcut. Și acum crede că tata a apărat acolo pe cineva. Că a stat pe poziții, a luptat! Arătau la televizor: mașini militare, soldați. Mulți soldați. Fiul întreabă: „Tată, ai fost ca un soldat?"

— A fost cu noi un operator de la televiziune... Mai țineți minte? Cu o cameră. Plângea. Era bărbat, dar plângea... Tot voia să vadă un mistreț cu trei capete...

— Ha, ha, ha. Vede vulpea pe Gogoașă cum se rostogolește prin pădure. „Unde te rostogolești așa, Gogoașă?" „Nu sunt Gogoașă, sunt un arici de la Cernobîl." Ha, ha, ha. Cum se spune, un atom de radiație pașnic în fiecare locație!

— Omul, vă spun, moare ca un animal. Am văzut de multe ori în Afganistan... Am fost rănit în burtă, stau culcat, în soare. E o căldură insuportabilă. Vreau să beau! Ei, îmi spun, o să crăp ca un animal. Vă spun, și sângele curge la fel. Ca la ele. Și doare.

— Și milițianul care a fost cu noi s-a scrântit... A fost internat în spital... Îi părea rău de toate pisicile siameze, ce scumpe, spunea el, sunt la târg. Frumoase. Băiatul ăla...

— Vine o vacă cu un vițel. Nu am tras. Nici în cai nu am tras. Se temeau de lupi, de om nu se temeau. Dar calul poate cel mai bine să se apere. Primele care au murit din cauza lupilor au fost vacile. Legea junglei.

— Din Bielorusia, vitele au fost duse și vândute în Rusia. Iar vițelele au leucemie. Dar au fost date mai ieftin.

— Cel mai rău îmi pare de bătrâni. Vin la mașinile noastre: „Băiete, să te uiți acolo, la casa mea". Îmi dau cheia în mână: „Ia costumul. Căciula". Îmi dau niște bănuți... „Ce mai face acolo câinele meu?" Câinele l-am împușcat, casa i-a fost jefuită. Iar ei n-o să se întoarcă acolo niciodată. Cum să spui asta? Nu am luat cheile. Nu am vrut să-l păcălesc. Alții luau: „Unde ai băgat rachiul? În ce loc?" Unchesul îi spune... Au găsit bidoane întregi, bidoane mari, de lapte.

— Ne-au rugat să omorâm pentru o nuntă un mistreț! Comandă! Ficatul se dezintegrează... Oricum fac comandă... Pentru nuntă, pentru botez.

— Împușcăm și pentru știință. O dată pe trimestru: doi iepuri, două vulpi, două căprioare. Toți contaminați. Dar oricum îi împușcăm, îi și mâncăm. La început ne era frică, dar acum ne-am obişnuit. Trebuie să mănânci ceva, nu putem să ne mutăm cu toţii pe Lună. Pe o altă planetă.

– Unul şi-a cumpărat de la târg o căciulă de vulpe, a chelit. Un armean a cumpărat ieftin un automat luat dintr-o groapă comună şi a murit. Se speriau unii pe alţii.

– Dar eu nu am nimic pe suflet, nici cu capul nu am avut nimic... Pisici, căţei... Ei, doamnă, domnişoară! Am împuşcat. Ăsta e serviciul.

– Am stat de vorbă cu şoferul care ne-a adus acasă de acolo. În Zonă se jefuieşte. Se vinde tot. Deşi nu mai sunt şcoli, case şi nici grădiniţe, ci obiective numerotate de dezactivare. Se scoate tot! Ne-am întâlnit cu el ori la baia publică, ori lângă baraca de băuturi. Nu mai ţin minte exact. Uite ce povestea el: vin cu KAMAZ-ul, în trei ore demontează casa, iar lângă oraş cumpărătorii de case de vacanţă o iau în primire. O fac bucăţi. Au cumpărat tot din Zonă pentru case de vacanţă.

– Printre fraţii noştri sunt şi jefuitori... Vânători-jefuitori... Dar unora le place pur şi simplu să meargă prin pădure. Vânează animale mici. Păsări.

– Vă spun eu... Au suferit atâţia oameni, dar nimeni nu a răspuns pentru asta. Au băgat în puşcărie conducerea de la centrala nucleară şi gata. În sistemul ăla... E foarte greu să spui cine e vinovat. Dacă s-a poruncit de sus, ce trebuia să facă? Un singur lucru, să îndeplinească. Ei făceau acolo experimente. Am citit în ziare că militarii făceau acolo plutoniu pentru bombe atomice... De aceea a şi explodat... Dacă e să fim drepţi, întrebarea se pune aşa: de ce Cernobîl? De ce la noi şi nu la francezi sau germani?

— Mi-a rămas în minte o treabă ca asta... Păcat că nu mai aveam atunci nici un glonț, nici unul din noi, nu mai aveam cu ce să tragem. Pudelul ăla mic... Douăzeci de oameni... Nici un glonț, la sfârșitul zilei...

Monolog despre faptul că nu știm să trăim fără Cehov și Tolstoi

„Pentru ce mă rog? Întrebați-mă pentru ce mă rog. Nu la biserică mă rog. Acasă... Dimineața sau seara. Când toți dorm.

Vreau să iubesc. Iubesc! Mă rog pentru iubirea mea. Iar eu... (*Se oprește în mijlocul propoziției. Văd că nu vrea să vorbească.*) Să-mi aduc aminte? Poate trebuie să las totul la o parte... Să mă detașez... Nu am citit asemenea cărți... Nu am văzut în filme... În filme am văzut războiul. Bunicul și bunica mea își amintesc că nu au avut copilărie, era război. Copilăria lor e războiul, iar a mea, Cernobîlul. De acolo sunt... Uite, scrieți, dar pe mine nici o carte nu m-a ajutat, nu mi-a explicat. Nici teatrul, nici filmul. Mă descurc cu asta și fără ele. Singură. Trecem singuri prin toate, nu știm ce să facem. Nu pot să pricep cu mintea mea. Mai ales mama a fost foarte tulburată, ea predă la școală limba și literatura rusă, mereu m-a învățat să trăiesc ca în cărți. Și deodată nu mai există asemenea cărți... Mama s-a pierdut... Fără cărți, ea nu știe să trăiască. Fără Cehov și Tolstoi...

Să-mi aduc aminte? Vreau și nu vreau să-mi aduc aminte... (*Parcă ascultă la ceva din sinea ei sau se ceartă singură.*) Dacă oamenii de știință nu știu nimic, dacă scriitorii nu știu nimic, atunci noi îi ajutăm cu viața și cu moartea noastră. Așa crede mama... Iar eu vreau să nu mă gândesc la asta, eu vreau să fiu fericită. De ce nu pot să fiu fericită?

Am trăit la Pripiat, lângă centrala nucleară, acolo m-am născut și am crescut. Într-o casă mare din prefabricate, la etajul patru. Ferestrele dau spre centrală. 26 aprilie... Mulți au povestit după aceea că în mod sigur au auzit explozia... Nu știu, în familia noastră, nimeni n-a remarcat nimic. Dimineață m-am trezit ca de obicei, să mă duc la școală. Am auzit un vuiet. Am văzut pe fereastră că, deasupra acoperișului blocului nostru, e suspendat un elicopter. Ca să vezi! O să am ce povesti în clasă! De unde să fi știut că mai rămăseseră numai două zile din viața noastră de până acum! Mai erau două zile, ultimele două zile ale orașului nostru... El nu mai există. Ce a rămas nu mai este orașul nostru. Țin minte că vecinul nostru stătea în balcon, cu un binoclu, se uita la incendiu. În linie dreaptă sunt probabil vreo trei kilometri. Iar noi... Fetițe și băieței, ziua alergam cu bicicletele spre centrală, cine nu avea bicicletă ne invidia. Nimeni nu ne certa. Nimeni! Nici părinții, nici profesorii. Spre prânz, pe malul râului nu mai erau pescari, se întorseseră negri, nici într-o lună la Soci nu te bronzezi așa de tare! Bronz nuclear! Deasupra centralei fumul nu era negru, nici galben, ci albastru. Cu un miez deschis la culoare. Dar nimeni nu ne certa... Probabil că așa e educația... Ne-am obișnuit că pericolul poate fi numai militar: o explozie din stânga, una din dreapta... Dar aici e un incendiu obișnuit, este stins de niște pompieri obișnuiți... Băieții au început să facă glume proaste: «Așezați-vă în șiruri lungi spre cimitir. Cine e mai înalt o să moară primul». Eu sunt mică. Nu țin minte să-mi fi fost frică, dar țin minte multe lucruri ciudate... Ei, neobișnuite... O prietenă mi-a povestit că ea și mama ei au îngropat noaptea în curte banii și obiectele din aur, se temeau să nu uite locul. Bunica mea, când a ieșit la pensie, a primit un samovar de Tula și, nu se știe de ce, cel mai tare se neliniștea în legătură cu acest samovar și cu medaliile bunicului. Și cu vechea mașină de cusut Singer. Unde să le ascundem? În curând am fost evacuați... Cuvântul acesta, «evacuare», a fost adus de tata de la serviciu: «O să fim evacuați». Ca în cărțile de război... Deja ne urcaserăm în autobuz, și tata își aduce aminte că uitase ceva. Dă fuga acasă. Se întoarce cu două cămăși noi de-ale sale, pe umeraș... Asta a fost ciudat, nu părea ceva ce ar fi făcut tata... În autobuz, toți stăteau tăcuți, se uitau pe fereastră. Soldații aveau o înfățișare nepământească, mergeau pe străzi cu halate de camuflaj și măști albe. «Ce-o să se întâmple cu noi?», veneau oameni la ei. «De ce ne întrebați pe noi», se enervau ei, «uite, acolo, unde sunt mașinile alea Volga albe, acolo sunt șefii.»

Plecăm... Iar cerul e albastru, albastru. Unde mergem? În genți și plase avem cozonaci de Paște, ouă vopsite. Dacă este război, atunci în cărți era prezentat altfel. O explozie în stânga, una în dreapta... Bombardament... Ne mișcam încet, ne încurcau vitele. Pe drumuri, oamenii mânau vaci, cai. Mirosea a praf și a lapte. Șoferii înjurau, strigau la păstori. «Ce le mânați așa pe drum, mama voastră?! Ridicați praful radioactiv! Să fi mers pe câmp, pe pajiște.» Aceia răspundeau și ei înjurând că e păcat să calce în picioare grânele verzi, iarba. Nimeni nu credea că n-o să ne mai întoarcem înapoi. Așa ceva nu se mai întâmplase niciodată, ca oamenii să nu se întoarcă acasă. Ne lua ușor amețeala și ne deranja în gât. Femeile bătrâne nu plângeau, plângeau cele tinere. Plângea mama mea.

Am ajuns la Minsk. Locul în tren l-am cumpărat de la o însoțitoare pentru un preț de trei ori mai mare. Ea ne-a adus tuturor ceai și ne-a spus: «Scoateți cănile sau paharele voastre». Nu pricepeam. Ce, nu le ajung paharele? Nu! Se temeau de noi. «De unde sunteți?» «Din Cernobîl.» Și omul se îndepărta încetișor de compartimentul nostru, copiii nu erau lăsați să alerge pe lângă noi. Am ajuns la Minsk, la o prietenă a mamei. Până acum, mamei îi e rușine că am năvălit așa în haine și încălțăminte «murdare», noaptea, într-un apartament străin. Dar am fost primiți, ni s-a dat de mâncare. Le-a fost milă de noi. Dar au venit vecinii: «Aveți musafiri? De unde sunt?» «De la Cernobîl.» Și ei au început să ne ocolească.

Peste o lună, părinților li s-a permis să meargă și să-și vadă apartamentul. Au luat o plapumă, pardesiul meu și operele complete ale lui Cehov, preferatele mamei. Șapte volume, dacă nu mă înșel. Bunica nu putea pricepe de ce nu am luat două borcane cu dulceață de căpșune, care-mi plăcea mie, doar e în borcane, acoperită cu capac. Cu capac de fier... Pe plapumă am găsit o pată... Mama a spălat-o, a curățat-o cu aspiratorul, nimic nu a ajutat. Am dat-o la curățătorie... Dar ea oricum se vedea... Până a decupat-o cu foarfeca. Tot ce era cunoscut, familiar: plapuma, pardesiul... Iar eu nu mai puteam să dorm sub plapuma asta, să port pardesiul ăsta... Nu aveam bani să mi se cumpere unul nou, dar eu nu puteam... Uram lucrurile astea! Pardesiul ăsta! Nu mi-era frică, vă rog să mă înțelegeți, îl uram! Toate astea pot să mă omoare! Și s-o omoare și pe mama! Sentimentul de ostilitate... Nu puteam pricepe toate astea... Se vorbea peste tot de accident: acasă, la școală, în autobuz, pe stradă. O comparau cu Hiroshima. Dar nimeni nu credea. Cum să crezi, dacă nu înțelegi? Oricât te-ai strădui, oricâte eforturi ai încerca să faci, oricum nu poți pricepe. Țin minte: noi plecăm din orașul nostru și cerul e albastru, albastru...

Bunica... Nu s-a putut acomoda în locul nou. Ducea dorul casei. Înainte de moarte a cerut: «Vreau niște ștevie!» De câțiva ani nu se mai permitea să se mănânce ștevie, ea adună cel mai mult radiația. Am dus-o s-o îngropăm în satul ei natal, Dubrovniki... Acolo era deja o zonă înconjurată cu sârmă ghimpată. Erau soldați cu automate. În spatele sârmei ghimpate i-au lăsat să treacă numai pe adulți... Pe tata, pe mama, rudele... Iar mie nu mi-au dat drumul: «Copiii nu au voie». Mi-am dat seama că n-o să pot s-o vizitez niciodată pe bunica... Mi-am dat seama... Unde puteai să citești despre asta? Unde s-a mai întâmplat așa ceva? Mama recunoștea: «Știi, urăsc florile și copacii». A spus asta și s-a speriat și ea, pentru că ea crescuse la țară și știa și iubea toate astea mai înainte... Când mă plimbam cu ea în afara orașului, putea să spună numele oricărei flori și al oricărei buruieni. Brusturel, iarbă-de-vanilie... La cimitir, pe iarbă, au pus o față de masă, au pus gustări, votcă... Iar soldații măsurau cu dozimetrul și aruncau tot... Au îngropat. Iarba, florile, totul bipăia. Unde am dus-o noi pe bunica?

Cer iubire... Dar mi-e frică... Mi-e frică să iubesc... Am un logodnic, am dus cererea la oficiul stării civile. Ați auzit ceva despre oamenii *hibakusha* de la Hiroshima? Cei care au supraviețuit după Hiroshima. Ei se pot căsători numai cu unii ca ei. La noi nu se scrie, nu se vorbește așa ceva... Dar noi suntem *hibakusha* de la Cernobîl. M-a dus acasă la el, mi-a făcut cunoștință cu mama lui. Mama lui cea bună. Lucrează la fabrică, e economistă. Activistă. Se duce la toate mitingurile anticomuniste, îl citește pe Soljenițîn. Uite, mama asta bună a lui, când a aflat că sunt dintr-o familie de la Cernobîl, că sunt strămutată, s-a minunat: «Draga mea, oare o să puteți avea copii?» Avem cererea la starea civilă... El mă imploră: «O să plec de acasă. O să închiriem un apartament». Iar eu aud în urechi: «Draga mea, pentru unii este păcat să facă copii». Este păcat să iubești...

Iar înainte de el am avut un alt băiat. Pictor. Și cu el voiam să mă căsătoresc. Totul a fost bine până la un anumit moment. M-am dus în atelierul lui și am auzit cum striga la telefon: «Ce noroc ai avut! Nici nu-ți imaginezi ce noroc ai avut!» De regulă e un om liniștit, chiar flegmatic, în cuvinte nu pune nici un semn de exclamare. Și deodată! Ce se întâmplase? Prietenul lui trăiește în căminul studențesc. A intrat în camera de alături, iar acolo e o fată spânzurată. S-a agățat de o ferestruică... Și cu un ciorap... Prietenul lui a dat-o jos... A chemat salvarea. Iar ăsta se îneacă, tremură: «Nici nu-ți poți imagina ce a văzut! Prin ce a trecut! A dus-o în brațe... Avea spumă la gură». Nu vorbea despre fata moartă, nu-i era milă de ea. Ar fi vrut numai să vadă și să țină minte. Iar mai apoi să picteze. Atunci mi-am adus aminte cum m-a tot descusut ce culoare avea incendiul de la centrală, dacă am văzut pisici și câini împușcați, cum stăteau ei pe stradă? Cum plângeau oamenii? Dacă am văzut cum mor?

După întâmplarea asta nu am mai putut să fiu cu el, să răspund la întrebările lui... (*După o pauză.*) Nu știu dacă aș mai vrea să mă întâlnesc cu dumneavoastră. Mi se pare că și dumneavoastră mă priviți ca el. Pur și simplu mă studiați. Suntem obiectul unui experiment. Vi se pare interesant. Nu pot să scap de sentimentul ăsta... Dar dumneavoastră nu știți de ce ni s-a dat păcatul ăsta? Păcatul nașterii... Doar eu nu sunt vinovată de nimic...

Oare sunt eu vinovată că vreau să fiu fericită?"

Katia P.

Monolog despre cum Sfântul Francisc a predicat păsărilor

„Acesta este secretul meu. Nimeni nu mai știe. Am vorbit despre asta numai cu prietenul meu.

Sunt operator de film. M-am dus acolo, ținând minte ce ne-au învățat: un scriitor adevărat devine cineva în război, și tot felul de lucruri de felul acesta. Scriitorul meu preferat e Hemingway, cartea preferată, *Adio, arme!* Am ajuns. Oamenii sapă în grădini, pe câmpuri – tractoare, semănătoare. Habar nu am ce să filmez. Nu explodează nicăieri nimic...

Prima filmare. Într-o casă de cultură. Pe scenă e pus un televizor, i-au adunat pe oameni. Îl ascultau pe Gorbaciov: totul e bine, totul e sub control. În satul ăsta, unde filmam noi, se făcea dezactivarea. Se spălau acoperișurile, se aducea pământ curat. Dar cum să-l speli, dacă la baba cutare acoperișul curge? Pământul trebuie să fie tăiat cu muchia lopeții, să tai tot stratul fertil. Mai adânc la noi e nisip galben. Uite, o femeie, îndeplinind indicațiile comitetului sătesc, aruncă pământul cu lopata și strânge cu grebla bălegarul de pe el. Păcat că nu am filmat asta... Unde te duci: «A, de la filmare. Vă găsim acuș o mulțime de eroi». Eroii sunt un bătrân cu nepotul lui, două zile au tot mânat vacile colhozului de pe lângă Cernobîl. După filmare, zootehnistul m-a dus într-o tranșee gigantică, unde vacile astea erau îngropate cu un buldozer. Dar nu mi-a trecut prin minte să filmez asta. M-am așezat cu spatele la tranșee și am filmat un episod în cele mai bune tradiții ale documentaristicii naționale: buldozeriștii citesc ziarul *Pravda*, titlul, cu litere de două degete: «Țara nu te lasă la necaz». Și am mai și avut noroc: mă uit – o barză se așază pe câmpie. Un simbol! Orice necaz ar veni, noi o să învingem! Viața continuă.

Drumurile sunt de țară. E praf. Mi-am dat deja seama că ăsta nu e praf pur și simplu, ci un praf radioactiv. Mi-am ascuns camera de filmat, să nu se prăfuiască, totuși sunt dispozitive optice. Era un mai uscat, uscat. Cât praf oi fi înghițit, nu mai țin minte. Peste o săptămână mi s-au umflat ganglionii limfatici. Se făcea economie de peliculă de parcă erau gloanțe, pentru că trebuia să vină aici primul secretar al CC, Sliunkov. Nimeni nu ne spusese din vreme în ce loc o să-și facă apariția, dar am ghicit și singuri. Ieri, de exemplu, când am mers pe drum, praful era până sus, dar azi se pune asfalt și așa de gros, în două–trei straturi! Ei, e clar: uite unde sunt așteptați șefii cei mari! Apoi i-am filmat pe șefii aceștia, mergeau drept, drept, pe asfaltul proaspăt.

Nici un centimetru într-o parte sau alta! Am filmat şi asta, dar am tăiat...

Nimeni nu pricepea încă nimic, asta era cel mai rău. Dozimetriștii dădeau niște cifre, dar în ziare citeam altele. Aha, aici începe să ajungă încet câte ceva. Aaa... Lăsasem acasă un copil mic, o soție iubitoare... Ce prost trebuia să fiu eu, să mă aflu aici! Ei, o să-mi dea o medalie... Dar soția o să mă părăsească... Ne salvam prin umor. Vânam bancuri. Într-un sat părăsit s-a instalat un vagabond, şi patru femei rămăseseră acolo. Sunt întrebate: «Cum e bărbatul vostru?» «Ticălosul ăsta se duce şi în satul vecin.» Dacă încerc să fiu sincer până la capăt, eşti deja aici... Şi deja pricepi: Cernobîl... Dar drumul se aşterne în faţa ta... Curge un pârâiaş, pur şi simplu curge, aşa. Dar s-a întâmplat asta. Zboară fluturii, o femeie frumoasă stă lângă râu... Dar s-a întâmplat asta. Am simţit ceva asemănător la moartea unui om apropiat mie. E soare... La cineva, în apartamentul vecin, se aude muzică... Rândunicile zboară pe la streşini... Iar el a murit. A început să plouă... Iar el a murit. Înţelegeţi? Vreau să surprind în cuvintele mele sentimentele, să le redau aşa cum au fost ele atunci. Să ajung într-o altă dimensiune...

Am văzut şi am început să filmez un măr înflorit... zumzăie bondarii, e o lumină albă, ca de nuntă... Din nou – oamenii lucrează, livezile sunt înflorite... Ţin camera în mână, dar nu pot să pricep... Ceva nu se leagă! Expunerea e normală, tabloul e frumos, dar ceva nu e în regulă. Şi deodată mă străfulgeră: nu simt miros. Livada e în floare, dar nu e miros! Abia după aceea am aflat că există o asemenea reacţie a organismului în cazul unei radiaţii înalte, sunt blocate anumite organe. Mama mea are șaptezeci și patru de ani, iar ea, îmi aduc aminte, se plânge că nu simte mirosurile. Ei, îmi spun, acum mi s-a întâmplat și mie asta. Îi întreb pe ceilalți din grupa mea, erau trei: «Miroase mărul?» «Ei, nu miroase deloc.» Se întâmplase ceva cu noi. Liliacul nu mirosea... Liliacul! Și aveam sentimentul că nimic din jur nu era real. Mă aflu în mijlocul unor decoruri. Și conștiința mea nu e în stare să recepteze asta, nu are pe ce să se sprijine. Nu e nici o schemă!

Din copilărie... Vecina, o fostă partizană, povestea că, în timpul războiului, detașamentul lor ieșea din încercuire. Avea în brațe un copil mic, de o lună, mergeau prin mlaștină, înconjurați de inamic. Copilul plângea... El ar fi putut să-i dea de gol, i-ar fi descoperit pe toți, tot detașamentul. Și ea l-a sugrumat. Vorbea cu detașare despre asta, de parcă nu ea, ci altcineva, o altă femeie, făcuse asta, și copilul parcă era străin. De ce și-o fi adus aminte de asta nu mai țin minte. Țin minte clar altceva, groaza mea: ce făcuse ea!!! Cum a putut? Mi se părea că tot detașamentul de partizani trebuia să iasă din încercuire pentru acest copil, ca să-l salveze. Și, dintr-odată, rămăseseră în viață bărbații puternici, zdraveni, pentru că l-au sugrumat pe copil. Și atunci care e sensul vieții? Nu mai voiam să trăiesc după asta. Eu, un copil, nu mă simțeam deloc bine s-o privesc pe femeia asta, pentru că aflasem așa ceva despre ea... Și, de fapt, am aflat ceva groaznic despre om. Dar cum mă vede ea pe mine? (*O vreme tace.*) Uite de ce nu vreau să-mi aduc aminte de zilele alea din Zonă... Îmi imaginez tot felul de explicații. Nu doresc să deschid ușa aceea. Acolo am vrut să pricep unde sunt eu cel adevărat și unde, cel neadevărat. Aveam deja copii. Primul e un băiat. Când mi s-a născut băiatul, am încetat să mă mai tem de moarte. Îmi descoperisem sensul vieții...

Noaptea, la hotel... Mă trezesc – afară, un sunet monoton, niște explozii stranii de lumină. Trag jaluzelele: afară trec zeci de microbuze cu crucea roșie și girofar. În liniște deplină. Am trăit un fel de șoc. Mi-au venit în minte cadre dintr-un film... Imediat mi-am adus aminte de copilărie... Copii de după război, ne plăceau filmele de război. Ei, și asemenea cadre, și groaza din copilărie... Din oraș au plecat toți ai tăi și ai rămas singur și trebuie să iei o decizie. Dar care e cel mai bun lucru? Să te prefaci că nu ești în viață? Sau cum? Și dacă trebuie să se întâmple ceva, cum rămâne atunci?

La Hoiniki, în centrul orașului, era un panou de onoare. Cei mai buni oameni din raion. Dar un șofer beat s-a dus în zona contaminată și a adus copiii de la grădiniță, nu era cel de pe panoul de onoare. Fiecare și-a revelat adevărata natură. Și uite, evacuarea. Primii sunt duși copiii. I-au urcat în niște autobuze mari, Ikarus. Mă surprind că filmez ce am văzut în filmele de război. Și imediat remarc că nu sunt singur, ci și oamenii care iau parte la scenă se comportă la fel. Se comportă ca atunci, mai țineți minte, în filmul așa de îndrăgit de noi toți, *Zboară cocorii*: o lacrimă în ochi, cuvinte scurte de adio... Un semn făcut cu mâna... Toți încercam să găsim o formă de comportament care să ne fie familiară. Încercam să corespundem cu ceva. Fetița face mamei cu mâna pentru că totul e, chipurile, în ordine, ea e curajoasă. O să învingem! Noi, noi ăștia...

Credeam că o să mă duc la Minsk, dar și acolo va fi evacuare. Cum o să-mi iau adio de la soția, de la fiul meu? Îmi imaginam și acest gest: o să învingem! Noi, luptătorii. Tatăl meu, cât mai țin minte, purta haine militare, deși nu era militar. Să te gândești la bani e o meschinărie, iar la viața ta, e de asemenea lipsit de patriotism. Starea normală e cea de foame. Părinții noștri au trecut prin mari distrugeri și, prin urmare, și noi trebuie să trecem pe acolo. Altfel nu ajungi om adevărat. Am fost învățați să luptăm și să supraviețuim în orice condiții. După un serviciu militar rapid, viața civilă mi se părea fadă. Noaptea mergeam cu gașca pe străzi în căutare de senzații tari. În copilărie citisem cartea minunată *Echipa de curățenie*, am uitat autorul, acolo erau prinși diversioniști, spioni. Adrenalină! Vânătoare! Așa suntem noi construiți. Dacă în fiecare zi muncești și ai mâncare bună, e ceva insuportabil, nu te simți deloc bine!

Trăiam în căminul nu știu cărei școli profesionale, alături de lichidatori. Băieți tineri. Ne-au dat o valiză de votcă, să scoatem radiația. Deodată ne dăm seama că în același cămin era un detașament sanitar. Numai fete. «Ei, acum o să petrecem!», spun bărbații. S-au dus doi și se întorc imediat, uite, cu niște ochi așaaa de mari! Ne cheamă... Un tablou: fetele merg pe coridor. Sub veston poartă pantaloni și izmene cu panglicuțe, le atârnă pe jos, se leagănă, nimeni nu se jenează. Totul este vechi, uzat, nu e pe mărimea lor. Atârnă ca pe niște umerașe. Unele poartă papuci, altele cizme scâlciate. Iar pe deasupra vestonului mai au și costume speciale cauciucate, impregnate cu nu știu ce soluție chimică... Ce mirooos... Unele nu se dezbracă de ele nici noaptea. Te ia groaza să te uiți... Și nici nu sunt surori medicale, au fost luate de la facultate, de la catedra militară. Li s-a promis că doar pentru două zile, dar când venisem noi acolo, făcuseră deja o lună. Povesteau că fuseseră duse la reactor, acolo s-au tot uitat la arsuri, dar despre arsuri numai de la ele am auzit. Uite, și acum le văd – merg prin cămin, ca în vis...

Se scria în ziare că, din fericire, vântul bătuse într-o direcție bună... Nu spre oraș... Nu spre Kiev... Încă nu știa nimeni... Nu-i trecuse nimănui prin cap că bătuse spre Bielorusia. Spre mine și spre Iurik al meu. În ziua aceea noi ne plimbam prin pădure, strângeam varza-iepurelui. Doamne, cum de nu mă prevenise nimeni!

M-am întors din expediție la Minsk... Merg cu troleibuzul la serviciu. Îmi ajung frânturi dintr-o discuție: se filma la Cernobîl și un operator a murit chiar acolo. A ars. Ei, îmi spun: «Cine să fie?» Ascult mai departe: tânăr, are doi copii. Îl cheamă Vitia Gurevici. Avem un operator cu numele ăsta, un băiat foarte tânăr. Doi copii? Și de ce a ascuns? Ne ducem la studiouri, cineva precizează, nu Gurevici, ci Gurin, și-i zice Serghei. Doamne, dar eu sunt! Acum e amuzant, dar atunci mergeam dinspre metrou spre studio și mă temeam că o să deschid ușa și... Cea mai absurdă idee: «Dar de unde ați luat fotografia mea? De la secția de cadre?» De unde a apărut zvonul ăsta? Lipsa de potrivire a proporțiilor în funcție de numărul victimelor. De exemplu, bătălia de la Kursk. Mii de morți... E de înțeles. Dar aici, în primele zile, se pare că au murit vreo șapte pompieri... Apoi încă vreo câțiva oameni... Iar mai departe, niște noțiuni mult prea abstracte pentru conștiința noastră:

«peste câteva generații», «eternitate», «nimic». Începuseră zvonurile: zboară păsări cu trei capete, găinile ciugulesc vulpi, arici fără țepi...

Ei, și mai departe... Mai departe iar trebuia să plece cineva în Zonă. Un operator a adus o adeverință că are ulcer, al doilea pleca în concediu. Mă cheamă pe mine:

– Trebuie!

– Păi de-abia m-am întors de acolo.

– Asta e și ideea, ai fost deja acolo. Pentru tine e tot aia. Și apoi tu ai deja copii. Ceilalți sunt încă tineri.

Mama voastră, poate că și eu vreau să am cinci–șase copii! Încep să facă presiuni, cică în curând o să fie o evaluare a salariilor, o să te aibă în vedere. O să-ți crească salariul. O poveste tristă și ridicolă.

Am filmat odată niște oameni care fuseseră într-un lagăr de concentrare. De regulă, oamenii aceștia evită să se întâlnească. Este ceva nefiresc în faptul că trebuie să se adune și să-și aducă aminte de război. Să-și aducă aminte cum erau omorâți și că ei omorâseră. Oamenii care cunoscuseră și trecuseră împreună prin umilință fug unii de alții... Fug de sine. Fug de ce au aflat acolo despre om... De ce a ieșit acolo din ei... De sub piele... De aia... La Cernobîl, am aflat, am simțit ceva despre care nu am chef să vorbesc... Despre faptul că, de exemplu, toate noțiunile noastre umaniste sunt relative... Într-o situație extremă, omul real nu e omul din cărți. Nu am găsit un om real care să corespundă celui din cărți, nu am întâlnit. Dimpotrivă. Omul nu este un erou. Noi toți suntem comercianți ai apocalipsei. Mai mari și mai mici. Îmi trec frânturi prin memorie... Un președinte de colhoz vrea două mașini, ca să-și transporte familia și lucrurile, mobila, iar secretarul de partid cere și el o mașină. Cere dreptate. Pe de altă parte, observ de câteva zile că nu au suficiente mașini pentru copiii de la creșă. Și aici, două mașini nu ajung pentru a strânge toate lucrurile din gospodărie, inclusiv borcanele de trei litri cu dulceață și murături. Am văzut cum le încărcaseră a doua zi. Nici asta nu am filmat. (*Pe neașteptate a început să râdă.*) Cumpăraserăm acolo, la magazin, salam, conserve, dar ne era frică să le mâncăm. Ne părea rău să le aruncăm. (*Deja serios.*) Mecanismul răului va funcționa și în timpul apocalipsei. Mi-am dat seama de asta. Și vor bârfi la fel oamenii, vor crește în ochii șefilor, o să-și salveze televizorul și haina de astrahan. Și înainte de sfârșitul lumii, omul va rămâne așa cum e acum. Mereu.

Mă simt prost că nu am cerut pentru echipa noastră de filmare nici un fel de avantaje. Unui băiat de-ai noștri îi trebuia un apartament, mă duc la sindicat:

— Ajutați-l, jumătate de an am stat în Zonă. Există avantaje.

— Bine, mi-au spus, aduceți adeverințe. E nevoie de adeverințe ștampilate.

Și ne-am dus acolo, la comitetul raional, iar pe coridoare e numai tanti Nastia cu mătura. Toți dispăruseră. Avem un regizor, are un teanc de adeverințe: unde a fost, ce a filmat. E erou!

Am în minte un film mare, lung, pe care nu l-am filmat. Multe episoade. (*Tace.*) Toți suntem comercianți ai apocalipsei...

Intrăm cu soldații într-o casă. Găsim o bătrână.

— Ei, mamaie, să mergem.

— Să mergem, copii.
— Atunci pregătește-te, mamaie.

Așteptăm afară. Fumăm. Și uite, mamaia asta iese; are în brațe o icoană, un pisic și o boccea. Este tot ce ia cu ea.

— Mamaie, nu poți să iei pisicul. Nu e voie. Blana lui e radioactivă.

— Nu, copii, fără pisic nu merg. Cum să-l las? Îl las singur. El este familia mea.

Uite, cu mamaia asta și cu mărul ăla înflorit a început totul... Acum filmez numai animale... V-am spus: mi-am descoperit sensul vieții...

Odată le-am arătat copiilor filmele pe care le-am făcut la Cernobîl, iar oamenii mi-au sărit în cap că de ce îi îngrozesc cu așa ceva. Și așa trăiesc în grozăvia asta, în mijlocul acestor discuții, au suferit modificări ale sângelui, sistemul imunitar le este dat peste cap. Eu speram că vor veni cinci–zece oameni, și când colo s-a umplut sala. Au pus tot felul de întrebări, dar una mi s-a întipărit în minte. Un băiat, poticnindu-se și roșind, se vedea, era dintre cei liniștiți, tăcuți, a întrebat: «Dar de ce nu se putea să fie ajutate și animalele care rămăseseră acolo?» Ei, de ce? Eu nu-mi pusesem o asemenea întrebare. Și n-am putut să-i răspund... Arta noastră vorbește numai despre suferința și iubirea omului, nu despre tot ce e viu. Numai despre suferința omului! Noi nu ne coborâm la animale, plante, lumea celor care nu cuvântă... Dar omul poate să distrugă tot. Să le omoare pe toate. Așa ceva nu mai e o fantezie de când cu Cernobîlul. Mi s-a povestit că în primele luni după avarie, când s-a discutat ideea strămutării oamenilor, apăruse un proiect ca, împreună cu oamenii, să strămute și animalele. Dar cum?

Cum să le mute pe toate? Poate că ar fi putut să le ia de acolo pe cele care sunt pe pământ, dar pe cele care sunt în pământ – gândaci, viermi? Dar pe cele care sunt deasupra? În cer? Cum să evacueze vrăbiile sau porumbeii? Cum să facă cu ele? Nu avem mijloace să le transmitem informația necesară.

Vreau să fac un film care se va numi *Captivii*. Despre animale. Mai țineți minte cântecul «Plutea pe ocean o insulă...» Se scufundă un vapor, oamenii s-au urcat în șalupe. Dar caii nu știau că în șalupe nu e loc pentru cai.

O parabolă modernă... Acțiunea are loc pe o planetă îndepărtată. Un cosmonaut în costum. Aude un zgomot în căști. Vede că se îndreaptă spre el ceva uriaș. De necuprins. Un dinozaur? Fără să-și dea seama ce e, trage. Într-o clipă iar se apropie ceva de el. Și pe ăsta îl distruge. Peste încă o clipă, o turmă. Și face un măcel. Și se dovedește că izbucnise un incendiu și că animalele se salvaseră, fugiseră pe trapa pe care se afla cosmonautul. Omul! Iar cu mine, o să vă spun, cu mine s-a produs acolo un lucru neobișnuit. Am început să privesc cu alți ochi animalele, copacii, păsările... Am mers în Zonă în toți acești ani... Dintr-o casă părăsită, distrusă de om, iese un mistreț... Iese o căprioară... Asta caut... Vreau să fac un film nou. Și să văd totul prin ochii animalului... «Ce filmezi?», mă întreabă. «Uită-te în jur, în Cecenia e război.» Dar Sfântul Francisc le predica păsărilor. Vorbea cu păsările ca de la egal la egal. Și dacă și păsările vorbeau cu el în limba păsărilor, asta n-a mai ajuns până la noi. El însă înțelegea limba lor secretă.

Ţineţi minte, la Dostoievski, cum un om biciuia un cal lovindu-l peste ochii blânzi... Un om nebun! Nu peste crupă, ci peste ochii blânzi..."

Serghei Gurin, operator de film

Monolog fără nume – strigăt

„Oameni buni, nu ne atingeţi! Lăsaţi-ne în pace! Aţi vorbit puţin şi aţi plecat, dar noi trebuie să trăim aici...

Uite, sunt fişele medicale... În fiecare zi le iau în mână. Citesc...

Ania Budai, născută 1985, 380 rem.

Vitia Grinkevici, născut 1986, 785 rem.

Nastia Şablovskaia, născută 1986, 570 rem.

Alioşa Plenin, născut 1985, 570 rem.

Andrei Kotcenko, născut 1987, 450 rem.

O mamă a adus la mine o asemenea fetiţă, la control.

– Ce te doare?

– Mă doare tot, ca pe bunica – inima, spatele, mă ia ameţeala.

Din copilărie ştiu cuvântul «alopecie», pentru că mulţi sunt chei. Fără păr. Nu au sprâncene, gene. Toţi s-au obişnuit cu asta. Dar în satul nostru e numai o şcoală primară, în clasa a cincea îi duc cu autobuzul la zece kilometri. Şi ei plâng, nu vor să se ducă. Acolo copiii o să râdă de ei.

Aţi văzut şi dumneavoastră... Am holul plin de bolnavi. Aşteaptă. În fiecare zi aud asemenea lucruri, că toate filmele voastre de groază de la televizor sunt prostioare. Aşa să le spuneţi şefilor din capitală. Prostioare!

Modern... Postmodern... Noaptea m-au chemat pentru o urgenţă. Ajung acolo... Mama stă în genunchi lângă pătuț – copilul moare. Aud bocetul ei: «Fiule, voiam, dacă se întâmplă asta, să fie vară. Vara e cald, sunt floricele, pământul e moale. Dar acum e iarnă... Așteaptă măcar până la primăvară». O să scrieți asta?

Nu vreau să fac comerț cu suferința lor. Să fac pe filosoful. Pentru asta trebuie să stai deoparte. Dar eu nu pot... În fiecare zi aud ce spun, cum se plâng și se lamentează... Oameni buni, vreți să știți adevărul? Stați lângă mine și notați... Păi nimeni n-o să citească o asemenea carte...

Mai bine lăsați-ne în pace... Noi trăim aici..."

Arkadi Pavlovici Bogdankevici, felcer sătesc

Monolog pe două voci – masculină și feminină

Profesorii Nina Konstantinovna și Nikolai Prohorovici Jarkov. El e profesor de lucru manual, ea e filolog.

Ea:
– Mă gândesc așa de des la moarte, că nici nu vreau să mă mai uit la ea. Dar ați auzit vreodată dialoguri ale copiilor despre moarte?

Uite, la mine, deja în clasa a șaptea, se ceartă și discută: e sau nu înfricoșător? Cândva, pe copiii mici îi preocupa de unde au venit. De unde vin copiii? Acum îi preocupă ce va fi după bomba atomică. Nu-i mai iubesc pe clasici, eu recit pe de rost din Pușkin, ei au ochi reci, străini... E un vid... În jurul lor e deja o altă lume... Citesc SF, asta îi pasionează, acolo omul se smulge de pământ, stăpânește timpul cosmic, tot felul de lumi. Ei nu se pot teme de moarte așa cum se tem adulții, cum mă tem eu,

de exemplu – ea îi tulbură pentru că e ceva fantastic...
O mutare undeva, departe...

Mă gândesc, meditez la asta... Moartea din jur îi face pe mulți să se gândească. Predau literatura rusă unor copii care nu mai seamănă cu cei de acum zece ani. În ochii acestora e mereu ceva, îngroapă pe cineva. Îi bagă în pământ... Oameni cunoscuți... Case și copaci... Îngroapă tot... În careu, copiii ăștia leșină dacă stau cincisprezece–douăzeci de minute, le curge sânge din nas. Nu-i mai uimești și nu-i mai bucuri cu nimic. Mereu sunt somnoroși, adormiți. Au fețele palide, cenușii. Nu se joacă și nu se prostesc. Iar dacă se iau la bătaie, sparg din întâmplare o fereastră, profesorii chiar sunt bucuroși. Nu înjură, pentru că nu seamănă cu niște copii. Și cresc așa de încet. Rogi copilul la oră să repete ceva, nu poate, se ajunge până acolo că-i spui propoziția, s-o repete și el, dar nu o ține minte. „Ei, unde ești? Unde?", îl grăbești. Mă gândesc, mă gândesc mult... De parcă desenez cu apă pe sticlă, știu numai că desenez, nimeni nu vede, nimeni nu bănuiește nimic, nimeni nu-și imaginează...

Viața noastră se învârte în jurul unui singur lucru, în jurul Cernobîlului. Unde ai fost atunci, cât de departe de reactor ai locuit? Ce ai văzut? Cine a murit? Cine a plecat? Unde? În primele luni, țin minte, începuseră iar să răsune restaurantele, să se anime seratele: „Trăim o singură dată!", „Dacă e să murim, atunci să fie cu muzică!" Au fost aduși mulți soldați, ofițeri... Acum Cernobîlul nu ne mai lasă în pace... Pe neașteptate a murit o tânără, însărcinată. Fără nici un diagnostic, nici măcar la autopsie nu i s-a pus un diagnostic. O fetiță s-a spânzurat... Era în clasa a cincea... Hodoronc, tronc. Părinții mai să înnebunească.

Toți au un singur diagnostic – Cernobîl, orice s-ar întâmpla, toți așa spun – Cernobîl. Ni se reproșează: „Sunteți bolnavi pentru că vă temeți. De frică. E radiofobie". Dar de ce copiii mici sunt bolnavi și mor? Ei nu cunosc frica, încă nu înțeleg despre ce este vorba.

Țin minte acele zile. Mă ardea gâtul, era o apăsare, un fel de apăsare în tot trupul. „Vi se pare", a spus medicul. „Acum toți sunt suspicioși, pentru că a apărut Cernobîl." Ce suspiciune? Toți sunt bolnavi. Nu mai am putere. Eu și soțul ne jenam să recunoaștem unul față de altul, dar ni se tăiau picioarele. În jur, toți se plângeau, toți oamenii... Mergi pe drum și ți se pare că tare te-ai mai întinde. Te-ai întinde și ai dormi. Elevii se întindeau pe bănci, adormeau în timpul orelor. Și deveniseră toți groaznic de triști, de posaci, cât era ziua de lungă, nu întâlneai nici o persoană amabilă, nici o față zâmbitoare. De la opt dimineața până la nouă seara, copiii se aflau la școală, era strict interzis să te joci pe stradă, să alergi. Li se dădeau haine: fetelor – fuste și bluze, băieților – costume, dar cu hainele acestea se duceau acasă, nu știam dacă și acolo erau îmbrăcați cu ele. Conform instrucțiunilor, mamele trebuiau acasă să spele în fiecare zi această uniformă, ca la școală copiii să apară în haine curate. În primul rând, dădeau numai o bluză, de exemplu, și o fustă, nu dădeau și schimburi, iar, în al doilea rând, mamele erau împovărate de gospodărie – găinile, vaca, porcul – și nici nu pricepeau că trebuie să spele hainele astea în fiecare zi. Pentru ele, murdărie însemna cerneală, pete de grăsime, nu acțiunea unor izotopi cu viață scurtă. Când am încercat să explic ceva părinților, cred că m-au înțeles mai puțin decât dacă ar fi apărut deodată un șaman dintr-un trib african. „Dar ce-i aia radiație? Nu se aude și nu se vede. Uite, mie nu-mi ajung banii de la un salariu la altul. De trei zile trăim numai cu lapte și cu cartofi!", zice mama și flutură din mână. Dar lapte n-ai voie... Nici cartofi să mănânci... La magazin aduseseră conserve chinezești de carne și hrișcă, dar cu ce să le cumperi? Compensații... Ne dădeau compensații financiare. Compensație pentru faptul că trăim aici, niște bănuți, care ajung pentru două cutii de conserve... Instrucțiunile sunt făcute pentru un om cu carte, pentru o anumită cultură cotidiană. Dar ea nu există! Noi nu avem acel popor pentru care sunt elaborate aceste instrucțiuni. Mai mult, nu e foarte simplu să explici fiecărui om prin ce se deosebește rem de röntgen. Sau teoria dozelor mici.

Din punctul meu de vedere, aș fi vorbit despre fatalismul nostru, un fatalism lejer... De exemplu, în primul an, din grădinile de legume nu se putea folosi nimic, dar oamenii mâncau oricum, puneau din toate. Și rodise totul așa de bine! Încearcă numai să spui că nu poți să mănânci castraveți și roșii. Ce înseamnă nu poți? Sunt normale la gust. Și le mănâncă și nu-i doare burta... Și în întuneric, nimeni nu «luminează»... Vecinii noștri au pus în acel an o podea nouă de lemn din partea locului, și au măsurat – nivelul radiației de fond era de o sută de ori mai mare decât cel permis. Nimeni nu a schimbat podeaua, așa au și trăit. Cică se aranjează cumva, o să fie cumva, dar se aranjează de la sine, fără ei, fără implicarea lor. La început au dus la dozimetriști niște alimente, le-au verificat – indicatori de zeci de ori mai mari decât normal, dar mai apoi au lăsat-o baltă. „Nu se aude, nu se vede. Aaa, ce mai scornesc oamenii ăștia de știință!" Totul mergea ca înainte: arau, semănau, culegeau. Se întâmplase un lucru inimaginabil, dar oamenii trăiau ca mai înainte. Și refuzarea castraveților din grădina proprie era mai importantă decât Cernobîlul. Toată vara au ținut copiii la școală, soldații au spălat-o cu detergent, au luat din jur un strat de pământ. Dar toamna? Toamna i-au trimis pe elevi să culeagă sfecla. Și pe studenți i-au adus pe câmp, pe cei de la școlile profesionale. Pe toți i-au dus. Cernobîlul nu este așa de groaznic, cum să lași pe câmp cartofii nescoși?

Cine e vinovat? Ei, cine e vinovat, dacă nu noi înșine?

Mai înainte nu am observat această lume din jurul nostru, era ca și cerul, ca și aerul, de parcă ne-o dăduse cineva pe vecie și ea nu depindea de noi. O să fie mereu acolo. Mai înainte îmi plăcea să stau întinsă pe iarbă în pădure și să admir cerul, mă simțeam așa de bine că uitam cum mă cheamă. Dar acum? Pădurea e frumoasă, e plină de afine, dar nimeni nu le adună. Toamna în pădure rar mai auzi voce de om. E o groază la nivelul senzațiilor, la nivelul subconștientului... Ne-au rămas numai televizorul și cărțile... Imaginația... Copiii cresc în case. Fără pădure și râu. Se uită pe fereastră. Și sunt cu totul altfel. Iar eu mă duc la ei și recit: „E o vreme urâtă. O încântare a ochilor". Același Pușkin care mi se părea veșnic. Și apare uneori gândul înfiorător: dacă toată cultura noastră nu este decât un cufăr de manuscrise vechi? Adică tot ce iubesc eu așa de mult...

El:
— A apărut un dușman nou... Cu o altă înfățișare decât cea pe care o știam noi...

Iar noi aveam totuși o pregătire militară. Gândire militară. Eram orientați spre respingerea și lichidarea atacului atomic. Trebuia să ținem piept războaielor chimice, biologice și atomice. Nu să scoatem din organism radionuclizi... Să-i numărăm... Să monitorizăm cesiul și stronțiul... Nu poți compara asta cu războiul, nu e același lucru, dar toți fac comparația. În copilărie, am trecut prin asediul Leningradului. Nu poți compara. Acolo am trăit ca pe front, sub tiruri infinite. Și foamete, câțiva ani de foamete, când omul se lăsa pradă instinctelor animalice. Scotea la lumină animalul din el. Dar aici, mă rog, iese afară și vede că în grădină cresc de toate! Nici pe câmp nu s-a schimbat nimic, nici în pădure. Asta nu se poate compara. Dar altceva am vrut să spun. Am pierdut firul. Mi-a fugit gândul... Aaa... Când începe să se tragă, Doamne ferește! Poți să mori nu cândva, ci acum, în clipa asta. Iarna e foamete. Ardeau mobila, am ars tot ce era de lemn din apartament, toate cărțile, ba chiar și haine mai vechi. Merge un om pe stradă și se așază undeva, a doua zi treci pe lângă el, e tot acolo, adică a înghețat, stă așa o săptămână sau până la primăvară. Până se face cald. Nimeni nu are putere să-l desprindă din gheață. Uneori, dacă cineva aluneca pe gheață și cădea pe stradă, era ajutat de trecători. Dar de obicei treceau pe lângă sau, mai bine spus, se târau pe lângă cel în nevoie. Țin minte că oamenii nu mergeau, se târau, așa de încet mergeau. Asta nu se poate compara cu nimic!

Cu noi, când a explodat reactorul, mai trăia mama, mama mea, ea repeta: „Lucrul cel mai groaznic, fiule, noi l-am trăit. Am trecut prin blocadă. Nu poate fi nimic mai groaznic". Așa credea ea.

Rugăciune pentru Cernobîl

Ne pregăteam pentru război, pentru un război atomic, am construit adăposturi atomice. Voiam să ne ascundem de atom ca de o schijă de obuz. Dar el este peste tot... În pâine, în sare... Respirăm radiație, mâncăm radiație... Faptul că poate să nu fie pâine și sare și poți să mănânci orice, chiar să fierbi în apă o curea de piele, pentru miros, să te saturi cu mirosul, puteam pricepe. Dar asta, nu. Totul e otrăvit... Acum e important să ne lămurim cum să trăim. În primele luni a fost frica, mai ales medicii, profesorii, pe scurt, intelectualii, oamenii mai culți, au lăsat tot și au plecat. Deși erau speriați, nu li s-a permis. Disciplină militară. Carnetul de partid pe masă. Dar eu vreau să pricep, cine e vinovat? Ca să se poată răspunde la întrebarea cum să trăim aici, trebuie să știm cine e vinovat. Cine? Oamenii de știință, personalul de la centrală? Sau chiar noi, viziunea noastră asupra lumii. Nu putem să ne oprim din dorința noastră de a avea, de a consuma... Au fost găsiți niște vinovați – directorul, operatorii de serviciu. Știința. Dar de ce, răspundeți-mi, nu ne luptăm cu automobilul, ca o creație a minții omului, ci ne luptăm cu reactorul? Cerem să se închidă toate centralele nucleare, iar cei care lucrează acolo să fie trimiși în judecată. Blestemăm! Eu divinizez cunoașterea omenească. Și tot ce e făcut de om. Cunoașterea. Cunoașterea însăși nu este criminală. Oamenii de știință sunt azi și ei victime ale Cernobîlului. Vreau să trăiesc după Cernobîl, nu să mor după Cernobîl. Vreau să înțeleg că pot să mă agăț de credința mea. Ce-mi dă putere?

Toți aici se gândesc la asta... Acum, oamenii au reacții diferite, totuși au trecut zece ani, și fac comparația cu războiul. Războiul a durat patru ani... Socotiți și dumneavoastră,

sunt deja două războaie. Vă enumăr reacțiile: „Totul e deja în urmă!", „O să scăpăm noi cumva!", „Au trecut zece ani. Deja nu mai e așa de groaznic!", „O să murim toți! Toți o să murim în curând!", „Vreau să plec în străinătate!", „Trebuie să ajutăm!", „Puțin îmi pasă! Trebuie să trăiesc!", „Mi se pare că le-am spus pe toate!" Uite, asta auzim în fiecare zi... Se repetă... Din punctul meu de vedere, suntem un material pentru cercetări științifice. Un laborator internațional... În centrul Europei... Noi, bielorușii, suntem în total zece milioane, peste două milioane trăiesc pe pământ contaminat. Un laborator natural. Înregistrează datele, experimentează. Și vin la noi de peste tot, din toată lumea. Scriu teze de doctorat, monografii. De la Moscova și Petersburg, din Japonia, Germania, Austria... Vin pentru că se tem de viitor...
(*O pauză lungă în discuție.*)

Ce credeam? Am comparat din nou... Credeam că pot să vorbesc despre Cernobîl, dar despre blocadă nu. Am primit o scrisoare din Leningrad. Vă rog să mă scuzați, dar cuvântul Petersburg nu s-a fixat în conștiința mea, pentru că în Leningrad era să mor... Și uite, în scrisoare este o invitație la întâlnirea «Copiii Leningradului asediat». M-am dus... Dar nu am putut acolo să scot nici un cuvânt. Să povestesc pur și simplu despre groază? E puțin... Dar ce a făcut cu mine ea, groaza asta? Nici până acum nu știu. Acasă niciodată nu ne-am amintit despre asediu, mama nu voia să ne aducem aminte. Dar despre Cernobîl vorbim... Nu... (*Se oprește.*) Nu vorbim între noi, discuția asta apare când vine cineva la noi: străini, ziariști, rude care nu locuiesc aici. De ce nu vorbim despre Cernobîl? Nu avem tema asta. Nici la școală...

Cu elevii... Nici acasă. E blocată. E închisă. Despre asta li se vorbește în Austria, Franța, Germania, unde se duc la tratament. Îi întreb pe copii despre ce ar vrea să afle, ce-i interesează. Iar ei adesea nu țin minte nici orașul, nici satul, nici numele oamenilor care i-au primit. Enumeră cadourile, ce lucruri gustoase au mâncat. Cineva a primit un casetofon, altcineva nu. Vin cu haine pe care nu le-au câștigat singuri și nu le-au câștigat prin muncă nici părinții lor. Uite, parcă au fost la o expoziție. Într-un magazin mare... Într-un supermarket scump... Tot timpul așteaptă să-i mai ducă acolo încă o dată. O să le arate, o să primească daruri. Cu asta se obișnuiesc. S-au obișnuit. Este deja modul lor de viață, reprezentarea lor despre viață. După acest magazin mare, care se numește străinătate, după această expoziție scurtă, trebuie să te duci la ei în clasă. La lecție. Mă duc și văd că sunt deja niște observatori... Observă, dar nu trăiesc. Trebuie să-i ajut... Trebuie să le explic că lumea nu e un supermarket. Este cu totul altceva. Mult mai greu și mai frumos. Îi duc în atelierul meu, acolo sunt sculpturile mele în lemn. Le plac. Le spun: „Toate astea pot fi făcute dintr-o bucată obișnuită de lemn. Încearcă și tu". Trezește-te! Pe mine asta m-a ajutat să ies din asediu, dar am ieșit cu anii...

Lumea s-a împărțit în două: suntem noi, cei din Cernobîl, și sunteți voi, ceilalți oameni. Ați observat? Aici la noi nu se accentuează: sunt bielorus, sunt ucrainean, sunt rus. Toți se numesc oameni din Cernobîl. „Suntem de la Cernobîl!" „Sunt un om din Cernobîl!" De parcă ar fi un popor anume... O națiune nouă...

Monolog despre cum un lucru total necunoscut se furișează și pătrunde în tine

„Furnicile... Niște furnici mici se târăsc pe trunchiul copacului...

În jur huruie mașini de război. Soldați. Strigăte, ocări. Înjurături. Pârâie elicoptere. Iar ele se târăsc... M-am întors din Zonă și, din tot ce văzusem într-o zi, mi-a rămas clar în minte numai imaginea asta... Momentul ăsta... Ne-am oprit în pădure, am început să fumez lângă un mesteacăn. M-am dus aproape, m-am sprijinit în el. Chiar pe lângă fața mea, furnicile se târau pe trunchi, fără să ne audă, fără să ne acorde nici o atenție... Urmărindu-și încăpățânate traseul... Noi o să dispărem, iar ele n-o să observe. Mi-a trecut ceva prin minte. Printre frânturile de gânduri. Câte impresii au fost, că nici nu pot să mă gândesc. Mă uitam la ele... Eu... eu niciodată nu le-am observat alături, așa de aproape...

Mai întâi toți spuneau «catastrofă», apoi «război nuclear». Am citit despre Hiroshima și Nagasaki, am văzut documentare. E groaznic, dar e de înțeles: război atomic, raza exploziei, pot chiar să-mi imaginez asta. Dar ce s-a întâmplat cu noi, asta nu mai puteam... Nu-mi mai ajungeau cunoștințele, nu-mi mai ajungeau cărțile pe care le citisem într-o viață... Am venit din delegație și, cu nedumerire, m-am uitat la rafturile de cărți din biroul meu... Am citit, deși puteai să nu le citești... Un lucru total necunoscut mi-a năruit toată lumea anterioară. Uite, el se furișează și pătrunde în tine, în ciuda voinței tale... Țin minte o discuție cu un om de știință: «Asta e pentru mii de ani», explica el. «Perioada de înjumătățire a uraniului înseamnă 238 de dezintegrări succesive. Să le transpunem în timp: un miliard de ani. Iar toriul – paisprezece miliarde de ani». Cincizeci. O sută... Două sute... Dar mai departe? Mai departe e stupoare, şoc! Deja nu mai pricepeam ce e timpul! Unde sunt eu?

Să scriu acum despre asta, când au trecut numai zece ani... O clipită... Să scriu? Cred că e riscant! Nu e deloc sigur. Oricum o să inventăm ceva asemănător cu viaţa noastră. O să facem o copie. Am încercat... Nu a ieşit nimic. După Cernobîl, a rămas mitologia Cernobîlului. Ziarele şi revistele se iau la întrecere, cine scrie mai înfricoşător, tare mai iubeşte omul ororile, omul care nu a fost acolo. Toţi citeau despre ciuperci cât capul de om, dar nimeni nu a găsit aşa ceva. Despre păsări cu două ciocuri. De aceea nu trebuie să scrii, ci să înregistrezi. Să te documentezi. Daţi-mi un roman fantastic despre Cernobîl... Nu există! Şi nu va exista! Vă asigur! Nu va fi...

Am un carneţel separat... Am notat în el din primele zile... Am înregistrat discuţii, zvonuri, bancuri. Este lucrul cel mai interesant şi veridic. O amprentă fidelă. Ce a rămas din Grecia antică? Miturile Greciei antice.

O să vă dau carneţelul acesta. Se află aici, printre hârtii, ei, poate o să-l arăt copiilor, când o să crească. Totuşi, este istorie..."

Din discuţii:

„La radio, deja după trei luni: «Situaţia se stabilizează. Situaţia se stabilizează. Situa...»

Într-o clipă a reînviat lexiconul vechi, stalinist: «agenți ai agențiilor străine», «dușmani de moarte ai socialismului», «amestec al spionilor», «acțiune de diversiune», «lovitură în spate», «subminarea uniunii indivizibile a popoarelor sovietice». Toți în jur vorbesc despre existența unor spioni și diversioniști trimiși aici, nu despre profilaxia cu iod. Orice informație neoficială este luată ca o ideologie străină.

Ieri, din reportajul meu, redactorul a eliminat povestirea mamei unuia dintre pompierii care au stins incendiul nuclear în prima noapte. El murise din cauza iradierii acute. După ce și-au îngropat fiul la Moscova, părinții s-au întors în satul lor, care fusese deja evacuat. Pe ascuns, prin pădure, s-au dus la casa lor și au adunat un sac de roșii și de castraveți. Mama e mulțumită: «Am pus douăzeci de borcane». Au încredere în pământ... Experiența eternă a țăranului... Nici moartea fiului nu le-a dat peste cap lumea lor obișnuită...

«Asculți Radio Libertatea?», m-a chemat redactorul. Eu tăceam. «Nu am nevoie la ziar de panicarzi. Scrie despre eroi. Soldații s-au urcat pe acoperișul reactorului.»

Eroi... Eroi... Cine sunt ei azi? Pentru mine erou e medicul care, în pofida ordinelor de sus, le spune oamenilor adevărul. Și ziaristul, și omul de știință. Dar cum a spus redactorul la ședință: «Țineți minte! Noi nu avem nici medici, nici profesori, nici oameni de știință, la noi acum există o singură profesie – omul sovietic».

Oare credea în cuvintele sale? Oare lui nu-i e frică? Credința mea se erodează din zi în zi."

***

„Au venit instructori de la CC. Traseul lor: cu maşina de la hotel la comitetul regional de partid, şi înapoi, tot cu maşina. Situaţia este studiată din colecţiile ziarelor locale. Genţile lor de călătorie sunt pline cu sendvişuri de la Minsk. Ceaiul este făcut cu apă minerală. Şi ea, adusă. Ne-a povestit asta o femeie de serviciu de la hotelul la care au stat. Oamenii nu cred în ziare, televiziune şi radio, caută informaţia în comportamentul şefilor. El este cel mai credibil.

Ce să faci cu copilul? Vrei s-o iei la goană şi să fugi! Dar eu am în buzunar carnetul de partid! Nu pot!"

„Cel mai popular basm din Zonă: cel mai bine protejează de stronţiu şi cesiu votca Stolicinaia.

Dar în magazinele săteşti au apărut pe neaşteptate mărfuri deficitare. Am auzit cum vorbea secretarul comitetului raional: «O să creăm pentru voi o viaţă ca-n rai. Numai să rămâneţi şi să munciţi. O să vă aducem salam şi hrişcă. O să aveţi tot ce se găseşte în cele mai bune magazine speciale». Adică la bufetele comitetului raional. Asta e atitudinea faţă de popor: pentru el, sunt suficiente votca şi salamul.

Dar, drace! Nu am văzut niciodată ca într-un magazin sătesc să fie trei feluri de salam. Am cumpărat chiar eu de acolo pentru soţie ciorapi de import..."

„Dozimetrele au fost în vânzare o lună şi au dispărut. Despre asta nu poţi să scrii. Câţi şi ce radionuclizi au fost, nici despre asta nu se poate. Nu se poate nici despre faptul că în sate au rămas numai bărbaţii. Femeile şi copiii au fost duşi de acolo.

O vară întreagă, bărbații au spălat singuri, au muls vacile, au săpat grădinile. Au băut, desigur. S-au bătut. Lumea fără femei... Păcat că nu sunt scenarist. E un subiect de film... Unde e Spielberg? Preferatul meu, Aleksei Gherman? Am scris despre asta... Dar și aici, sublinierea neobosită, cu roșu, a redactorului: «Nu uitați, avem dușmani. Avem mulți dușmani peste ocean». Și de aceea la noi există numai lucruri bune, rele nu sunt. Și nici nu poate fi ceva neînțeles.

Dar undeva sunt aduse trenuri speciale, cineva i-a văzut pe șefi cu valizele..."

„Lângă postul de miliție m-a oprit o bătrână: «Să te uiți acolo, la casa mea. E timpul să sap cartofii, dar soldații nu mă lasă». Fuseseră evacuați. I-au păcălit că pentru trei zile. Altfel nu ar fi plecat. Omul este în vid, un om fără nimic. Se strecoară în satele lor, pe lângă posturile militarilor... Prin păduri... Prin mlaștini... Noaptea... Sunt urmăriți, prinși. Cu mașinile și elicopterele. «Ca în timpul nemților», fac comparație bătrânii. Ca în timpul războiului..."

„L-am văzut pe primul jefuitor. Un tânăr îmbrăcat cu două geci de blană. Demonstra patrulei militare că se tratează în felul acesta de reumatism. Când a fost strâns cu ușa, a recunoscut: «La început mi-a fost cam frică, dar apoi m-am obișnuit. Am băut o cană și am plecat». Trecând peste instinctul de conservare. Într-o stare normală, asta e imposibil. Și așa, omul nostru face o faptă de eroism. Și comite și o infracțiune."

***

„Am intrat într-o casă pustie – pe faţa de masă albă este o icoană. «Pentru Dumnezeu», a spus cineva.

Într-o alta, masa e acoperită cu o faţă de masă albă. «Pentru oameni», a spus cineva."

„M-am dus în satul meu natal peste un an. Câinii se sălbăticiseră. L-am găsit pe Rex al nostru, îl chem, nu vine. Nu m-a recunoscut? Sau nu vrea să mă recunoască. S-a supărat."

„În primele săptămâni şi luni toţi amuţiseră. Tăceau. Erau cuprinşi de prostraţie. Trebuie să plece, până în ultima zi – nu! Conştiinţa s-a deconectat. Nu mai ţin minte discuţii serioase, ţin minte bancuri: «Acum în toate magazinele sunt produse radio!», «Impotenţii se împart în radioactivi şi radiopasivi». Dar după aceea bancurile au dispărut deodată."

„În spital, o fetiţă îi povesteşte mamei:
— Un băiat a murit, dar ieri m-a servit cu bomboane."

„La coadă la zahăr:
— Aoleu, oameni buni, dar câte ciuperci sunt anul ăsta! Şi ciuperci, şi fructe de pădure, parcă sunt sădite.
— Sunt contaminate.
— Ce individ ciudat mai e şi omul... Cine te obligă să le mănânci? Adună-le pe toate, usucă-le şi du-le la târg, la Minsk. O să ajungi milionar."

***

„Putem să fim ajutați? Cum? Să mutăm poporul în Australia sau Canada? Asemenea discuții circulă chipurile la vârf, din când în când."

„Pentru biserici, se alegea un loc literalmente din cer. Oamenii bisericii aveau revelații. Se făceau sfintele taine ce premergeau construcția. Iar centrala nucleară fusese construită ca o fabrică sau o fermă de porci. Au pus asfalt pe acoperiș. Bitum. Și el, când a ars, s-a topit."

„Ai citit? Lângă Cernobîl a fost prins un soldat evadat. A săpat un bordei și a stat un an lângă reactor. Mergea prin casele părăsite, unde găsea slănină, borcane cu castraveți marinați. Punea capcane pentru animale sălbatice. Fugise pentru că soldații mai mari îl bătuseră de moarte. S-a salvat la Cernobîl."

„Noi suntem fataliști. Nu facem nimic, pentru că noi credem că totul o să fie așa cum o să fie. Credem în soartă. Asta e istoria noastră... Fiecare generație a avut parte de un război... De sânge... Cum să fim altfel? Suntem fataliști..."

„Au apărut primii lupi-câini, născuți din lupoaice și câinii ce fugiseră în pădure. Sunt mai mari decât lupii, nu bagă în seamă fanioanele, nu se tem de lumină și de om, nu vin când sunt ademeniți de vânători. Și pisicile sălbăticite se adună în cete și nu se tem de oameni. A dispărut amintirea supunerii față de om. Se șterge granița dintre real și ireal..."

„Ieri, tatăl meu a împlinit optzeci de ani... Toată familia s-a adunat în jurul mesei. Mă uitam la el și mă gândeam de câte avusese parte în viața lui – Gulagul stalinist, război și, uite, acum, Cernobîl. Toate au avut loc în generația lui. O singură generație. Și lui îi place pescuitul... Să sape în livadă... În tinerețe, mama se supăra, că era fustangiu: «Nu a ratat nici o fustă din regiune». Și acum am observat cum își pleacă privirile când vede în fața sa o femeie tânără, frumoasă.

Ce știm noi despre om? Despre ce poate el... Despre ce-l interesează..."

Din zvonuri:

„Dincolo de Cernobîl, se fac lagăre în care o să fie ținuți cei care au nimerit sub radiații. O să fie ținuți, observați, apoi o să-i îngroape.

Din satele din apropierea centralei, morții sunt deja duși cu autobuzele direct la cimitir, îngropați cu miile în gropi comune. Ca în timpul asediului de la Leningrad."

„Câțiva oameni cică ar fi văzut în ajunul exploziei o lumină de neînțeles pe cer, deasupra centralei. Cineva chiar a fotografiat-o. Pe peliculă s-a văzut că deasupra plutește un corp nepământesc..."

„La Minsk au spălat trenurile și vagoanele de marfă. O să mute toată capitala în Siberia. Acolo deja repară barăcile rămase de pe vremea lagărelor staliniste. O să înceapă cu femeile și copiii. Iar pe ucraineni deja îi duc..."

„Pescarii dau tot mai des de pești-amfibii care pot să trăiască și în apă, și pe pământ. Pe pământ merg pe înotătoarele-labe. Au început să prindă știuci fără capete și înotătoare. Înoată numai o burtă.

Ceva de felul ăsta o să se întâmple în curând și cu oamenii. Bielorușii o să se transforme în hominizi."

„Nu a fost un accident, ci un cutremur. În scoarța subterană s-a întâmplat ceva. O explozie geologică. Au luat parte forțe geofizice și cosmofizice. Militarii știau dinainte de asta, puteau să prevină, dar la ei totul e secretizat."

„Animalele din pădure au și ele boala provocată de iradiere. Merg triste, au ochi triști. Vânătorilor le e frică și milă să tragă în ele. Și animalele nu se mai tem de om. Vulpile și lupii intră în sate și se gudură pe lângă copii."

„Cei de la Cernobîl dau naștere unor copii, dar, în loc de sânge, prin vene le curge un lichid necunoscut, galben. Sunt oameni de știință care demonstrează: maimuța a devenit inteligentă pentru că a trăit în radiații. Copiii care se nasc peste trei–patru generații o să fie toți niște Einsteini. Este un experiment cosmic ce se face cu noi…"

Anatoli Șimanski, ziarist

Monolog despre filosofia carteziană și despre cum să mănânci împreună cu un alt om un sendviș contaminat, ca să nu-ți fie rușine

„Am trăit printre cărți… Douăzeci de ani am ținut cursuri la universitate…

Om de știință la universitate... Un om care a ales istoria ca timp preferat și care trăiește acolo. E preocupat total de asta, e cufundat în spațiul său. Într-un ideal, desigur. Pentru că pe atunci noi aveam filosofia marxist-leninistă și temele pentru disertație ți se impuneau: rolul marxism-leninismului în dezvoltarea agriculturii sau în luarea în stăpânire a pământurilor nedesțelenite, rolul conducătorului proletariatului mondial... De fapt, aici nu aveai timp de meditații carteziene. Dar eu am avut noroc... Lucrarea mea de licență a ajuns la un concurs la Moscova și de acolo am fost sunat: «Să nu vă atingeți de băiatul ăsta. Lăsați-l să scrie». Și eu am scris despre filosoful religios Malebranche, care se apucase să explice Biblia de pe poziția unei minți raționale. Secolul al XVIII-lea – Iluminismul. Credința în rațiune. În faptul că noi putem să explicăm lumea. După cum îmi dau seama acum, am avut noroc. Nu am nimerit în mașina care-ți sfărâma dinții... În betonieră... O minune! Înainte de asta, fusesem prevenit de multe ori: pentru o lucrare de licență, poate că e interesant Malebranche. Dar uite, pentru disertație va trebui să te gândești la o temă. Asta e deja ceva serios. Noi, cică, o să te oprim ca aspirant la catedra de filosofie marxist-leninistă. Iar dumneata te tragi spre trecut... Înțelegeți și dumneavoastră. Începuse perestroika lui Gorbaciov... Timpul pe care îl așteptasem de mult. Primul lucru pe care l-am observat a fost că imediat au început să se schimbe fețele oamenilor, dintr-odată apăruseră alte fețe. Oamenii începuseră să meargă altfel, se mai corectase ceva în mobilitatea vieții, își zâmbeau mai mult. O altă energie se simțea peste tot... Ceva, da, ceva se schimbase total. Și acum sunt uimit cât de repede s-au întâmplat toate... Și pe mine... Și pe mine m-a scos din viața carteziană. În locul cărților filosofice, citeam acum ziarele și revistele, așteptam cu nerăbdare fiecare număr din revista *Ogoniok*. Dimineața mă așezam la coadă la chioșcurile de difuzare a presei; niciodată – nici înainte, nici după asta – nu s-au mai citit ziarele în felul acesta. Așa ca atunci, niciodată nu am mai crezut în ele. Venea o avalanșă de informații... Se publicase testamentul politic al lui Lenin, care se păstrase în arhive speciale jumătate de secol. Pe rafturile librăriilor apăruse Soljenițîn... apoi Șalamov... Buharin... Cu puțin timp înainte de asta, te arestau pentru ele. Primeai o sentință. A fost adus din exil academicianul Saharov. Pentru prima oară arătaseră la televizor ședințele Sovietului Suprem. Toată țara, cu răsuflarea tăiată, stătea în fața ecranelor... Vorbeam și vorbeam... Vorbeam cu voce tare despre ceea ce până nu de mult încă mai șopteam la bucătărie. Câte generații vorbiseră în șoaptă la bucătărie! Câte lucruri se pierduseră acolo? Cât se visase? Peste șaptezeci de ani, toată istoria sovietică... Acum toți se duceau la mitinguri. La demonstrații. Semnau ceva, votau împotriva a ceva. Țin minte cum luase cuvântul la televizor un istoric. Adusese în studio o hartă a lagărelor staliniste. Toată Siberia era plină de stegulețe roșii... Am aflat adevărul despre Kurapatî... Șoc! Societatea a amuțit! Kurapatî din Bielorusia – o groapă comună din 1937. Acolo sunt îngropați împreună bieloruși, ruși, polonezi, lituanieni... Zeci de mii... Gropi ale NKVD-ului de doi metri adâncime, oamenii erau puși pe două–trei straturi. Cândva locul acesta se afla departe de Minsk, dar mai apoi a devenit parte din oraș. Poți să ajungi acolo cu tramvaiul. În anii 1950 a fost sădită acolo o pădure, pinii au crescut, și orășenii, fără să bănuiască nimic, făceau acolo picnicuri în zilele libere. Iarna se plimbau cu schiurile. Au început săpăturile... Puterea comunistă mințise... Se eschivase... Noaptea, miliția acoperea mormintele dezgropate, iar dimineața erau iar descoperite. Am văzut niște cadre din filme documentare: șiruri de cranii curățate de pământ... Și, în fiecare, o găurică în ceafă...

Desigur, trăiam cu senzația că luăm parte la o revoluție... La o istorie nouă...

Nu m-am abătut de la tema noastră. Nu vă neliniștiți. Vreau să vă aduc aminte cum eram când s-a întâmplat Cernobîlul. Pentru că în istorie o să rămână împreună – prăbușirea socialismului și catastrofa de la Cernobîl. Au coincis. Cernobîlul a accelerat prăbușirea Uniunii Sovietice. A aruncat în aer imperiul.

Iar din mine a făcut un politician...

4 mai... În a noua zi de la accident a luat cuvântul Gorbaciov. Asta, desigur, a fost o lașitate. Era pierdut. Ca în primele zile ale războiului... În 1941... În ziare se scria despre intrigi ale dușmanului și de isteria occidentală. Despre propaganda antisovietică și zvonuri provocatoare, răspândite de dușmanii noștri din străinătate. Îmi amintesc de acele zile... Multă vreme nu a existat nici o temere, aproape o lună, toți se aflau într-o stare de așteptare, uite, acum, acum o să ne anunțe: sub conducerea Partidului Comunist, oamenii noștri de știință, pompierii și soldații noștri eroici încă o dată au învins stihia... Au obținut o victorie nemaivăzută... Au băgat focul cosmic în eprubetă. Frica

nu a apărut imediat, multă vreme nu ne-am permis-o. Chiar așa e. Da, da! Țin minte ca acum, ea nu se putea nicicum asocia în mintea noastră cu atomul pașnic. Din manualele școlare, din cărțile citite... În reprezentările noastre, tabloul lumii arăta în felul următor: atomul militar reprezintă o ciupercă malefică până la cer, ca la Hiroshima și Nagasaki, oameni care într-o secundă s-au făcut cenușă, iar atomul pașnic este un simplu bec alimentat electric. Aveam un tablou copilăresc al lumii. Trăiam după abecedar. Nu numai noi, ci toată omenirea a devenit mai deșteaptă după Cernobîl... S-a maturizat. A intrat într-o altă vârstă.

Discuții din primele zile:

— Arde centrala electrică. Dar arde undeva, departe. În Ucraina.

— Am citit în ziare: s-a dus acolo tehnică militară. Armata. O să învingem!

— În Bielorusia nu e nici o centrală nucleară. Noi suntem liniștiți.

Prima mea călătorie în Zonă...

Mergeam și mă gândeam că acolo totul e acoperit de o cenușă gri. De funingine neagră. Tabloul lui Briullov – *Ultimele zile ale Pompeiului*. Iar acolo... Ai ajuns și acolo e o frumusețe. Mare frumusețe! Pajiști în floare, verdele dulce, tânăr al pădurilor... Mie îmi place tocmai acest moment al anului... Totul prinde viață, crește și cântă... Cel mai mult mă frapase combinația de frumusețe și groază. Groaza încetase să se mai separe de frumusețe, iar frumusețea, de groază. Totul e pe dos. Cum înțeleg acum, totul e pe dos... Un sentiment necunoscut al morții...

Am venit în grup... Nu ne-a trimis nimeni. Un grup de deputați bieloruși din partea opoziției. Ce vremuri! Ce vremuri mai erau! Puterea comunistă se retrăsese. Devenise slabă, nesigură. Totul se clătina. Dar conducerea locală ne-a întâmpinat cu ostilitate: «Aveți permisiune? Aveți oare dreptul să tulburați oamenii? Să puneți întrebări? Cine v-a dat însărcinarea?» Impuneau instrucțiunile primite de sus. «Nu vă panicați. Trebuie să așteptăm indicații.» Cică acum o să speriați poporul, iar noi trebuie să îndeplinim planurile. La cereale și la carne. Se temeau nu pentru sănătatea oamenilor, ci pentru planuri. Ale Republicii, ale Uniunii. Se temeau de șefii mari. Iar aceia se temeau de cei de deasupra lor și, așa, mai sus, până la secretarul general. Un om decidea tot, undeva, acolo, în aerul rarefiat al puterii. Așa era construită piramida puterii. În frunte este țarul. În acel moment, țarul comunist. «Aici totul este contaminat», explicăm noi. «Nimic din ce produceți nu se poate folosi ca hrană.» «Sunteți provocatori. Încetați cu propaganda inamică. O să dăm telefon... O să raportăm...» Și au dat telefon. Au raportat unde trebuia.

Satul Malinovka. 59 Ci/m^2.

Am intrat în școală:

– Ei, cum o duceți?

– Toți sunt speriați, desigur. Dar am fost liniștiți: trebuie doar să spălăm acoperișurile, să acoperim fântânile cu folie, să asfaltăm drumurile. Și putem să trăim! E adevărat, dar nu știu de ce, pisicile se scarpină tot timpul și caii au muci până la pământ.

Directoarea adjunctă a școlii ne-a invitat la ea acasă să mâncăm. Casa e nouă, acum două luni făcuseră petrecerea de inaugurare. În bielorusă se spune *vhodinî*, înseamnă că oamenii abia intraseră în casă. Alături de casă, e o magazie solidă, beciul. Ceea ce se numea cândva o gospodărie de chiabur, pentru care te deschiaburau. Te bucuri și invidiezi.

– Dar va trebui să plecați în curând de aici.

– În nici un caz! Aici e munca noastră.

– Dar priviți la dozimetru...

– Vin aici oamenii de știință, mama lor! Nu-i lasă pe oameni să trăiască în liniște!

Gazda a fluturat din mână și a pornit-o pe pajiște călare. Nu și-a luat la revedere.

Satul Ciudianî. 150 Ci/m².

Femeile sapă în grădini, copiii aleargă pe ulițe. La marginea satului, bărbații strunjesc lemne pentru o casă nouă. Am oprit mașina lângă ei. Ne-au înconjurat. Ne-au cerut un foc.

– Cum e acolo, în capitală? Dau votcă? La noi e deficit. Ne salvează faptul că facem noi rachiu. Gorbaciov nu bea și ne interzice și nouă.

– Aaa... Sunteți deputați... Și cu tutunul o ducem la fel de prost aici.

– Oameni buni! încercăm noi să le explicăm. Va trebui să plecați în curând de aici. Priviți dozimetrul... Radiația, în locul ăsta unde stăm noi acum, e de o sută de ori peste normă.

– Ei, mai lasă-mă... Aaa... Cine are nevoie de dozimetrul tău? Tu pleci, iar noi rămânem aici. Pizda mă-sii de dozimetru!!!

M-am uitat de câteva ori la filmul despre naufragiul Titanicului, îmi amintea de ce văzusem eu. Se întâmplase sub ochii mei... Ce am trăit chiar eu în primele zile de la Cernobîl... Totul era ca pe Titanic, oamenii se comportau absolut la fel. Aceeași psihologie. O recunoșteam. Chiar făceam comparație. Uite, fundul vasului e deja spart, o mare cantitate de apă inundă compartimentele de jos, răstoarnă butoaie, lăzi. Se târăște. Pătrunde prin toate obstacolele. Și sus ard becurile. Cântă muzica. Se servește șampanie. Continuă disputele familiale, încep povești de dragoste. Apa urcă... Urcă pe scări... În cabine...

Ard becurile. Cântă muzica. Se servește șampanie...

Mentalitatea noastră e o discuție separată... La noi, pe primul loc e sentimentul. El dă amploare, dă înălțime vieții noastre și, în același timp, e distrugător. Iar o alegere rațională este pentru noi mereu deficitară. Faptele le verificăm cu inima, nu cu mintea. Dacă intri la țară, într-o curte, ești deja musafir. Deja se bucură. Suferă... Dau din cap și zic: «Ei, nu am pește proaspăt, nu am cu ce să vă servesc». «Nu vreți niște lapte? Acum pun într-o cană.» Nu te lasă. Te cheamă în casă. Unii se temeau, dar eu acceptam. Intram. Mă așezam la masă. Mâncam un sendviș contaminat, pentru că toți mâncau. Beam o cană. Chiar încercam sentimentul de mândrie că, uite, cum sunt eu, pot să fac asta. Sunt capabil! Da... Da! Îmi spuneam: din moment ce nu sunt în stare să schimb nimic în viața acestui om, singurul lucru pe care pot să-l fac este să mănânc alături de el un sendviș contaminat, ca să nu-mi fie rușine. Să-i împărtășesc soarta. Asta e la noi atitudinea față de propria viață. Iar eu am soție și doi copii, sunt responsabil pentru ei. Eu am dozimetrul în buzunar... Aceasta este lumea noastră, așa suntem noi. Acum zece ani, eram mândru că sunt așa, însă azi mi-e rușine. Dar oricum o să mă așez la masă și o să mănânc acel sendviș blestemat. Mă gândeam că suntem pentru oameni. Sendvișul ăsta blestemat nu-mi ieșea din cap. Trebuie să-l mănânci cu inima, nu cu mintea. Cineva a spus foarte bine că în secolul XX... Și acum, deja în secolul XXI, trăim așa cum ne-a învățat literatura secolului al XIX-lea. Doamne! Mă mustră adesea conștiința... Cu mulți am discutat despre asta... Cine suntem noi? Cine?

Am avut o discuție interesantă cu soția, acum deja văduvă, a unui pilot de elicopter. O femeie inteligentă. Am stat multă vreme cu ea. Și ea voia să priceapă și să înțeleagă sensul morții soțului ei. Să se împace cu ea. Și nu putea. De multe ori am citit în ziare cum lucrau deasupra reactorului piloții de elicoptere. Mai întâi aruncau plăci de plumb, dar ele dispăreau fără urmă în gaură; atunci cineva și-a adus aminte că plumbul, la o temperatură de 700°, se transformă în abur și acolo erau 2 000°. După asta au aruncat acolo saci cu dolomit și nisip. La înălțime era negru din cauza prafului ridicat. Întuneric. Coloane de praf. Pentru a lansa la țintă, ei deschideau ferestrele cabinelor și apreciau din ochi cum să se miște: la stânga, la dreapta, sus, jos. Doze nebunești! Țin minte titlurile unor articole: «Eroi în cer», «Șoimii de la Cernobîl». Uite, femeia asta mi-a împărtășit îndoielile ei: «Acum scriu că soțul meu e erou. Da, el e erou. Dar ce înseamnă erou? Știu că soțul meu a fost un ofițer cinstit și supus. Disciplinat. S-a întors de la Cernobîl și după câteva luni s-a îmbolnăvit. La Kremlin i s-a înmânat o distincție, acolo i-a văzut pe colegii săi, și ei erau bolnavi, toți. Dar se bucurau că se întâlniseră.

A venit acasă fericit... Cu decorația... Atunci l-am întrebat: ‹Dar puteai să nu fi suferit așa de tare? Să-ți păstrezi sănătatea?›, iar el mi-a răspuns: ‹Probabil aș fi putut, dacă m-aș fi gândit mai mult. Era nevoie de un costum de protecție bun, de ochelari speciali, de mască. Nu am avut de nici unele. Nici noi nu am respectat regulile siguranței personale. Nu ne-am gândit.› Atunci cu toții nu ne-am gândit prea mult. Ce păcat că înainte ne-am gândit așa de puțin... Din punctul de vedere al culturii noastre, e o formă de egoism să te gândești la tine. O slăbiciune a spiritului. Mereu se găsește ceva mai presus de tine. De viața ta.»

Anul 1989... 26 aprilie – a treia aniversare. Au trecut trei ani de la catastrofă. Oamenii au fost strămutați de pe o rază de 30 de kilometri, dar peste două milioane de bieloruși au continuat să locuiască în teritoriile contaminate. Au uitat de ei. Opoziția bielorusă a stabilit în acea zi o demonstrație, dar puterea, ca răspuns, a stabilit o zi de muncă voluntară. Prin oraș s-au pus steaguri roșii, funcționau bufete de campanie cu produse deficitare în acele vremuri: salam crud uscat, bomboane de ciocolată, borcane de cafea solubilă. Peste tot umblau mașini de miliție. Activau băieți în civil... Fotografiau... Dar... un semn nou! Nimeni nu-i băga în seamă, nu se temeau de ei, ca înainte. Oamenii au început să se adune lângă parcul Celiuskin... Veneau și veneau... Pe la ora zece, erau deja douăzeci-treizeci de mii (după datele furnizate de miliție, care au fost transmise mai apoi la televizor) și, cu fiecare clipă, mulțimea creștea. Nici noi nu ne așteptaserăm la așa ceva. Toți veneau... Cine se poate opune unei asemenea mări de oameni? Fix la ora zece, cum am planificat, coloana s-a pus în mișcare pe bulevardul Leninski, în centrul orașului, unde trebuia să aibă loc mitingul. Pe drum ni s-au alăturat noi grupuri, așteptau coloana pe străzile paralele, pe străduțe. În scări de bloc. A apărut un zvon: miliția și patrulele militare au blocat drumurile de acces în oraș, rețin autobuzele și mașinile cu demonstranți din alte locuri, le întorc înapoi, dar nimeni nu a intrat în panică. Oamenii lasă mijloacele de transport și vin pe jos în întâmpinarea noastră. Au anunțat asta prin megafon. Deasupra coloanei a trecut un puternic «Uraaa!» Balcoanele sunt arhipline... Dau pe afară de oameni, au deschis larg ferestrele, s-au urcat pe pervazuri. Ne făceau cu mâna. Ne salutau cu baticuri, cu stegulețe de copii. Atunci am observat... Și toți din jur au început să vorbească... Dispăruse undeva miliția, băieții în civil cu aparatele lor de fotografiat... Țin minte ca acum, au primit comanda și s-au retras în curți, au urcat în mașini și au dispărut sub pânza de cort ce le acoperea... Puterea s-a ascuns... Aștepta... Puterea s-a speriat... Oamenii mergeau și plângeau, toți se țineau de mâini. Plângeau pentru că își învinseseră frica. Se eliberaseră de frică. A început mitingul. Și deși ne pregătiserăm mult pentru el, discutaserăm lista celor ce vor lua cuvântul, nimeni nu și-a mai adus aminte de listă. Urcau la tribuna încropită în grabă oameni simpli, fără hârtii, care veniseră din regiunea Cernobîl. S-a format o coadă agitată. I-am ascultat pe martori... Martorii dădeau depoziții... Dintre cei cunoscuți, a luat cuvântul numai academicianul Velihov, unul dintre foștii conducători ai statului-major de lichidare a avariei, dar nu am reținut cuvântarea lui. Pe altele le-am reținut...

O mamă cu doi copii, o fetiță și un băiețel...

Femeia a luat copiii cu ea la tribună: «De mult nu mai râd. Nu se mai alintă. Nu aleargă prin curte. Nu au putere. Sunt ca niște bătrânei».

Soția unui lichidator...

Când și-a suflecat mânecile rochiei și a arătat mulțimii mâinile sale, toți au văzut că sunt pline de plăgi. De bube. «Am spălat hainele bărbaților noștri care lucrau în apropierea reactorului!» povestea ea. «Am spălat în principal cu mâna, pentru că aduseseră puține mașini de spălat. Din cauza folosirii repetate, s-au stricat.»

Un medic tânăr...

A început prin a citi jurământul lui Hipocrat. Spunea că toate informațiile despre boli sunt marcate cu «secret» și «ultrasecret». Medicina și știința sunt atrase în politică...

Era un tribunal pentru Cernobîl.

Recunosc... Nu ascund, a fost cea mai mare zi din viața mea. Eram fericiți.

Iar a doua zi, noi, organizatorii demonstrației, am fost chemați la miliție și acuzați că mulțimea a blocat bulevardul, a blocat circulația transportului în comun. Că am rostit lozinci neaprobate. Fiecare dintre noi a primit câte cincisprezece zile, sub acuzația de «huliganism cu violență». Judecătorului care ne-a citit sentința și milițienilor care ne însoțiseră la arestul preventiv le era rușine. Tuturor le era rușine. Iar noi râdeam... Da! Da! Pentru că eram fericiți...

Acum, în fața noastră, se ridica întrebarea: ce putem face? Ce trebuie făcut mai departe?

Într-unul din satele de lângă Cernobîl, când au aflat că suntem de la Minsk, o femeie a căzut în genunchi în fața noastră: «Salvați-mi copilul! Luați-l cu voi! Medicii noștri nu știu ce e cu el. Iar el se sufocă, se învinețește. Moare!» (*Tace.*)

M-am dus la spital. Un băiețel. Șapte ani. Cancer tiroidian. Voiam să-i abat atenția, am început să glumesc. Iar el s-a întors cu fața la perete: «Numai să nu-mi spuneți că n-o să mor. Știu că o să mor!»

La Academia de Științe... Mi se pare că acolo mi s-a arătat o poză cu plămânii unui om, arși de «particule fierbinți». Plămânii semănau cu cerul înstelat. «Particulele fierbinți» sunt niște particule extrem de mici, microscopice, care au apărut când în reactorul fierbinte s-a turnat plumb și nisip. Atomii de plumb, nisip și grafit s-au lipit și, în urma loviturilor, s-au ridicat sus în aer. S-au împrăștiat pe distanțe mari... Pe sute de kilometri... Prin căile respiratorii, ajung acum în organismul uman. Cel mai adesea se îmbolnăvesc tractoriștii și șoferii, cei care ară, merg pe drumurile rurale. Orice organ în care se instalează aceste particule «luminează» în radiografie. Sute de găuri mici, ca într-o sită deasă. Omul moare... Arde... Dacă omul e muritor, «particulele fierbinți» sunt nemuritoare. Omul moare și peste o mie de ani se transformă în pământ, în praf, dar «particulele fierbinți» o să continue să trăiască. Și praful acesta poate să omoare din nou... (*Tace.*)

Veneam din călătorii... Eram supraîncărcat... Am tot povestit... Soția mea – de formație lingvist – înainte nu se preocupase niciodată de politică, nici de sport, și deodată îmi tot punea mereu aceeași întrebare: «Ce putem face? Ce trebuie făcut mai departe?» Și ne-am apucat de o treabă care, din punctul de vedere al bunului-simț, era imposibilă. Omul se decide să facă ceva asemănător în momente de tulburare, în momentele unei eliberări interioare totale. Și atunci era un asemenea timp... Timpul lui Gorbaciov... Timpul speranțelor! Al credinței! Ne-am decis să-i salvăm pe copii. Să spunem lumii în ce pericol trăiesc copiii bieloruși. Să cerem ajutor. Să strigăm. Să facem larmă! Puterea tace, ea și-a trădat poporul, noi nu vom păstra tăcerea. Și repede, foarte repede, s-a format un cerc de ajutoare fidele și de tovarăși de idei. Parola era: «Ce citești? Soljenițîn, Platonov? Vino la noi». Lucram câte douăsprezece ore. Trebuia să găsim un nume pentru organizația noastră... Erau zeci de variante de nume, ne-am oprit la cea mai simplă, Fundația «Copiii Cernobîlului». Acum nu mai poți să explici, să arăți îndoielile noastre, disputele, temerile noastre... Există o mulțime de fundații ca a noastră, dar acum zece ani, noi am început primii. Prima inițiativă civică... Neaprobată de nimeni de sus... Reacția tuturor funcționarilor era aceeași: «Fundație? Ce fundație? Pentru asta avem Ministerul Sănătății».

Așa cum înțeleg acum, Cernobîlul ne-a eliberat... Ne-a învățat să fim liberi...

În fața ochilor mei... (*Râde.*) Mereu în fața ochilor am primele mașini frigorifice cu ajutoare umanitare care au intrat în curtea blocului nostru. La adresa de acasă. Mă uitam pe fereastra apartamentului și nu puteam să-mi imaginez cum să descărcăm toate astea, unde să le păstrăm? Țin bine minte că mașinile erau din Moldova.

Şaptesprezece–douăzeci de tone cu sucuri, amestec de fructe, mâncare pentru bebeluşi. Pe atunci se strecurase deja zvonul: pentru a scăpa de radiaţii, trebuie să mâncăm cât mai multe fructe, uite, să folosim miezul acesta în alimentaţie. I-am sunat pe prieteni – care era la casa de vacanţă, care la serviciu. Am început să descărcăm eu şi soţia, dar, treptat, unul după altul, au ieşit din blocul nostru oameni (totuşi, era un bloc cu opt etaje), se opreau trecători: «Ce e cu maşinile astea?», «Ajutor pentru copiii de la Cernobîl». Îşi lăsau treburile, se apucau şi ei de lucru. Spre seară am descărcat maşinile. Am băgat încărcătura prin beciuri şi garaje, am făcut o înţelegere cu o şcoală. Mai apoi râdeam de noi. Dar când am dus ajutoarele acestea în raioanele contaminate... Când am început să le distribuim... De regulă oamenii se adunau la şcoală sau la casa de cultură. Uite, mi-a venit acum în minte o întâmplare din raionul Vetkovski... O familie tânără. Ei au primit, ca toţi, borcănele cu mâncare pentru copii, cutii cu sucuri. Bărbatul s-a aşezat şi a început să plângă. Borcănelele acestea şi sucurile nu puteau să-i salveze copiii, puteai să dai din mână – fleacuri! Dar el plângea pentru că se dovedea că nu fuseseră uitaţi. Cineva ştia şi de ei. Deci, mai era o speranţă...

Toată lumea a răspuns apelurilor noastre... Acceptaseră să-i trateze pe copiii noştri în Italia, Franţa, Germania. Compania Lufthansa îi ducea în Germania gratis. Printre piloţii germani s-a făcut un concurs, multă vreme au fost selectaţi. Au venit cei mai buni piloţi. Când erau duşi copiii la avioane, îţi sărea în ochi că toţi sunt palizi, foarte liniştiţi. Au fost şi multe lucruri curioase. (*Râde.*) Tatăl unui băiat a dat buzna în biroul meu şi a cerut să-i dau înapoi documentele fiului: «Acolo o să le ia sânge copiilor noștri. O să li se facă experimente». Desigur, amintirea acelui război groaznic încă nu murise... Oamenii țin minte... Dar aici mai e vorba și de altceva: multă vreme am stat în spatele sârmei ghimpate. În lagărul socialist. Ne temeam de cealaltă lume... Nu o cunoșteam... Mamele și tații de la Cernobîl sunt un alt subiect. O continuare a dialogului despre mentalitatea noastră, despre mentalitatea sovietică... A căzut, s-a prăbușit Uniunea Sovietică... Dar încă multă vreme tot au mai așteptat ajutor din partea țării mari și puternice care nu mai exista. Diagnosticul meu... Vreți să vi-l spun? Un amestec de închisoare și grădiniță, uite, ăsta e socialismul. Socialismul sovietic. Omul a dat statului sufletul, conștiința, inima, iar în schimb a primit o rație. Și aici fiecare e cu norocul lui – unul are o rație mai mare, altul, una mai mică. Un singur lucru e la fel – rația se dă în schimbul sufletului. Cel mai tare ne temeam ca fundația noastră să nu înceapă să se ocupe de împărțirea acestei rații. Rația de la Cernobîl. Dar oamenii deja se obișnuiseră și începuseră să se plângă: «Eu sunt de la Cernobîl. Mie mi se cuvine, pentru că sunt de la Cernobîl». Am înțeles atunci că Cernobîlul este o mare încercare pentru spiritul nostru. Pentru cultura noastră.

În primul an am trimis în străinătate cinci mii de copii, în al doilea, deja zece, în al treilea, cincisprezece.

Dar dumneavoastră ați vorbit cu copiii despre Cernobîl? Nu cu adulții, ci cu copiii? Impresiile lor vă vor surprinde. Pe mine, ca filosof, mereu mă interesează. Un exemplu... O fetiță îmi povestea că toată clasa ei fusese trimisă pe câmp în toamna anului 1986, la cules de sfeclă şi de morcovi. Peste tot dădeau de şoareci morţi, iar ei râdeau: uite, o să moară toţi şoarecii, gândacii, râmele, iar mai apoi o să înceapă să moară iepurii, lupii. După ei, noi. Oamenii o să moară ultimii. Mai departe fantazau cum va fi lumea fără animale sălbatice şi păsări. Fără şoareci. O vreme o să rămână în viaţă numai oamenii. Fără nimeni altcineva. Nici muştele n-o să mai zboare. Aveau pe atunci doisprezece, cincisprezece ani. Aşa îşi imaginau ei viitorul.

O discuţie cu o altă fetiţă. S-a dus într-o tabără de pionieri şi acolo s-a împrietenit cu un băiat. «Un băiat aşa de bun, tot timpul l-am petrecut împreună.» Iar mai apoi, prietenii lui i-au spus că ea e din Cernobîl, şi el nu s-a mai apropiat de ea niciodată. Chiar am corespondat cu fetiţa aceasta. «Acum, când mă gândesc la viitorul meu», scria ea, «visez că o să termin şcoala şi o să mă duc undeva, departe, departe, unde nimeni n-o să ştie de unde sunt. Acolo o să se îndrăgostească cineva de mine. Şi o să uit tot...»

Înregistraţi, înregistraţi. Da, da! Totul se şterge din memorie, totul o să dispară. Îmi pare rău că nu am înregistrat şi eu... Încă o poveste... Am ajuns într-un sat contaminat. Lângă şcoală, copiii se joacă cu mingea. Mingea s-a dus într-o rond cu flori, copiii l-au înconjurat, dar se tem să ia mingea. Mai întâi, nici nu mi-am dat seama despre ce este vorba, nu sunt mereu vigilent, am venit din lumea normală. Şi m-am dus spre rond. Iar copiii au început să strige: «Nu e voie! Nu e voie! Nene, nu e voie!» În trei ani (şi era deja 1989) se obişnuiseră cu ideea că nu ai voie să te aşezi pe iarbă, că nu ai voie să rupi flori. Nu ai voie să te urci într-un copac. Când îi duceam în străinătate și-i rugam: «Duceți-vă în pădure, duceți-vă la râu. Scăldați-vă, bronzați-vă», trebuia să vedeți ce nesiguri intrau în apă... Cum mângâiau iarba... Dar după aceea, cât de fericiți mai erau! Să poți iar să te arunci în apă, să stai întins pe nisip, să culegi buchete de flori, să împletești cununi din flori de câmp. La ce mă gândesc? Da, putem să-i ducem și să-i tratăm, dar cum să le redăm lumea de dinainte? Cum să le redăm trecutul? Și viitorul?

O întrebare... Trebuie să răspundem la întrebarea: Cine suntem? Fără asta, nu se va întâmpla nimic și nu se va schimba nimic. Ce e viața pentru noi? Și ce e libertatea pentru noi? Știm doar să visăm la libertate. Puteam să fim liberi, dar nu am fost liberi. Și iarăși nu am reușit. Acum șaptezeci de ani, am construit comunismul, azi construim capitalismul. Mai înainte ne rugam la Marx, acum la dolar. Ne-am pierdut în istorie. Când te gândești la Cernobîl, revii aici, în acest punct: cine suntem noi? Ce-am înțeles despre noi? Despre lumea noastră? În muzeele noastre militare, iar la noi ele sunt mai numeroase decât muzeele de artă, se păstrează automate vechi, baionete, grenade, iar în curte sunt tancuri și aruncătoare de mine. Elevii sunt duși acolo în excursie și li se arată cum era războiul. Uite cum era războiul... Dar acum, el e cu totul altul... Pe 26 aprilie 1986 am mai trecut printr-un război, care nu s-a terminat...

Dar noi, cine suntem noi?"

Ghennadi Grușevoi,
deputat în parlamentul bielorus,
președinte al Fundației „Copiii Cernobîlului"

Monolog despre faptul că am coborât de mult din copac și primul nostru gând nu a fost să facem din el o roată

— Luați loc. Haideți, mai aproape. Dar o să fiu sinceră: nu-mi plac ziariștii și nici ei nu mă iubesc.
— Dar de ce?
— Nu știți? Încă nu au apucat să vă prevină? Atunci e clar de ce sunteți aici. În biroul meu. Eu sunt o persoană odioasă. Așa-mi spun confrații dumneavoastră ziariști. Toți strigă în jur: „Nu poți să trăiești pe pământul ăsta". Iar eu răspund: „Se poate".

Trebuie să înveți să trăiești pe el. Să ai curajul. Hai să închidem teritoriile contaminate, să înconjurăm cu sârmă ghimpată o treime din țară, să lăsăm totul și să fugim. Mai avem mult pământ. Nu! Pe de o parte, civilizația noastră e antibiologică, omul este cel mai groaznic dușman al naturii, iar, pe de altă parte, el e creator. Transformă lumea. Turnul Eiffel, de exemplu, sau o navă cosmică... Numai că progresul cere jertfe și, cu cât merge mai departe, cu atât jertfele sunt mai mari. Nu sunt mai mici decât la război, acum asta e clar. Poluarea aerului, otrăvirea solului, găurile în stratul de ozon... Clima Pământului se schimbă. Și noi ne-am îngrozit. Dar cunoașterea în sine nu poate fi o vină sau o crimă. Cernobîl... Cine e vinovat, reactorul sau omul? Fără nici o îndoială – omul, el l-a îngrijit prost, au fost făcute erori monstruoase. O mulțime de greșeli. N-o să intrăm prea mult în aspectele tehnice... Dar este deja un fapt... Au lucrat sute de comisii și de experți. Cea mai mare catastrofă tehnică din istoria omenirii. Pierderile noastre sunt fantastice, cele materiale mai pot fi cumva calculate, dar cele nemateriale? Cernobîlul ne-a lovit imaginația, viitorul. Ne-am speriat de viitor. Atunci nu trebuia să te dai jos din copac sau trebuia să te gândești cum să faci din el o roată. <u>După numărul de victime, nu catastrofa de la Cernobîl, ci automobilul ocupă locul întâi în lume.</u> De ce nimeni nu interzice producerea de automobile? Să mergi pe bicicletă sau pe măgar e mult mai sigur... Cu căruța...

Aici tac... Oponenții mei tac... Mă acuză, mă întreabă: „Dar ce părere aveți despre faptul că acolo beau lapte radioactiv? Mănâncă fructe de pădure radioactive?" Am o părere foarte proastă despre asta. Foarte proastă! Dar cred că toți copiii au tată și mamă și au și un guvern care trebuie să se gândească la asta. Sunt împotriva unui singur lucru... Sunt împotriva faptului ca oamenii care nu știu sau care au uitat deja tabelul lui Mendeleev să ne învețe cum să trăim. Ne-au speriat. Poporul nostru și așa a trăit mereu în frică – revoluție, război. Strigoiul ăsta sângeros, diavolul de Stalin... Acum e Cernobîl... Iar mai apoi ne minunăm de ce sunt oamenii așa. De ce nu sunt liberi, de ce se tem de libertate? Doar sunt mai obișnuiți să trăiască sub țar. Sub țarul-tăicuță. El poate să se numească secretar general sau președinte, ce importanță are? Nici una. Dar eu nu sunt politician, sunt om de știință. Toată viața mă gândesc la pământ, studiez pământul. Pământul este o materie la fel de enigmatică precum sângele. Se pare că știm totul despre el, dar mai rămâne un mister. Ne-am separat – nu în cei care sunt pentru a trăi aici și cei care sunt împotrivă, ci în oameni de știință și cei care nu sunt oameni de știință. Dacă aveți o criză de apendicită și trebuie să fiți operată, la cine vă duceți? Desigur, la un chirurg, nu la niște activiști sociali. O să-l ascultați pe specialist. Eu nu sunt om politic. Eu gândesc. Și ce mai există în Bielorusia în afară de pământ, apă, pădure? E mult petrol? Sau diamante? Nu e nimic. De aceea trebuie să păstrăm ceea ce avem. Să refacem. Da, desigur, suntem compătimiți, mulți oameni în lume doresc să ne ajute, dar n-o să trăim mereu așa, din mila Occidentului. Să ne bazăm pe banii altora. Cine a vrut a și plecat, au rămas numai cei care vor să trăiască, nu să moară după Cernobîl. Aici e patria lor.

— Ce propuneți? Cum să trăiască oamenii aici?

— Omul se tratează. Și pământul murdar se tratează. Trebuie să muncim. Să ne gândim. Chiar cu pași mici, dar trebuie să ne urcăm undeva. Să mergem înainte. Dar noi, cum e la noi? Cu lenea noastră monstruoasă, mai degrabă credem într-o minune decât în posibilitatea de a face ceva cu mâinile noastre. <u>Uitați-vă la natură, trebuie să învățăm de la ea. Natura lucrează, ea se curăță singură, ne ajută. Se comportă mai chibzuit decât omul. Ea tinde spre echilibrul inițial. Spre veșnicie.</u>

Mă cheamă la comitetul executiv raional:

„E ceva neobișnuit. Vă rog să ne înțelegeți, Slava Konstantinovna, nu știm pe cine să credem. Zeci de oameni de știință afirmă una, dumneavoastră, altceva. Ați auzit ceva de celebra vrăjitoare Paraska? Ne-am hotărât s-o invităm la noi, ea se obligă ca pe perioada verii să reducă razele gama."

Vi se pare amuzant... Dar cu mine au vorbit niște oameni serioși, Paraska asta avea deja contracte semnate cu câteva gospodării. I se plătiseră bani frumoși. Am trecut prin patima asta, a întunecării minților, a isteriei generale... Mai țineți minte? Mii, milioane stăteau în fața televizoarelor și vrăjitorii – ei purtau titulatura de medium –, Ciumak, după el Kașpirovski, „încărcau" apa. Colegii mei, cu titluri științifice, umpleau cu apă borcane de trei litri și le puneau în fața televizoarelor. Beau apa asta, se spălau cu ea... Se credea că e vindecătoare. Vrăjitorii vorbeau pe stadioane unde se aduna un număr așa de mare de oameni, că Alla Pugaciova putea numai să viseze la așa ceva. Oamenii se duceau acolo pe jos, cu mașina, se târau. Cu o credință de neabătut! O să ne tratăm de toate bolile la simpla fluturare a unei baghete fermecate! Și ce să vezi? Un nou proiect bolșevic. Publicul e plin de entuziasm, capetele sunt pline de o nouă utopie: „Ei, acum vrăjitorii o să ne salveze de urmările Cernobîlului".

Mi se pune întrebarea:

„Ce părere aveți? Desigur, noi suntem atei, dar uite, se spune... Și scrie și în ziare. Să vă organizăm o întâlnire?"

M-am întâlnit cu Paraska asta. Nu știu de unde a apărut. Probabil din Ucraina. Deja de doi ani se dusese peste tot și scăzuse nivelul de raze gama.

– Ce vreți să faceți? întreb.

– Am niște forțe interioare. Simt că pot reduce nivelul de raze gama.

– Și ce vă trebuie pentru asta?

– Am nevoie de un elicopter.

Și atunci m-am enervat. Și pe Paraska, și pe funcționarii noștri care ascultau cu gurile căscate cum le turna gogoși.

– Ei, spun eu, dar de ce vă trebuie imediat un elicopter? Uite, o să aducem acum și o să punem pe jos niște pământ contaminat. Măcar o jumătate de metru. Și, haideți, reduceți nivelul...

Și așa au făcut. Au adus pământ. Și ea a început... A șoptit ceva, a scuipat. Tot alunga niște duhuri cu mâinile. Și ce să vezi? Ei, ce s-a întâmplat? Nu s-a întâmplat nimic. Stă Paraska acum undeva în Ucraina, la închisoare. Pentru escrocherie. O altă vrăjitoare... Ea a promis să accelereze, pe o sută de hectare, dezintegrarea stronțiului și a cesiului. De unde apăreau ele? Cred că erau născute din nevoia noastră de minune. Din așteptările noastre. Fotografiile, interviurile, cineva le acorda spații mari în ziare, timpul cel mai scump la televiziune. <u>Dacă rațiunea și credința îl părăsesc pe om, în sufletul lui se instalează frica, precum la sălbatici. Ies de acolo monștrii</u>...

În privința asta tac... Tac oponenții mei...

Țin minte un mare conducător care m-a sunat și m-a rugat:

„Haideți să vin la dumneavoastră la institut și să-mi explicați ce înseamnă curie. Ce înseamnă microröntgen? Cum se transformă acest microröntgen în impuls, să spunem? Mă duc prin sate, mă întreabă, dar eu sunt ca un idiot. Ca un elev". Am întâlnit unul așa. Aleksei Alekseevici Șahnov... Notați-i numele... Dar cea mai mare parte a conducătorilor nu voia să știe nimic, nici o fizică sau matematică. Toți au terminat cele mai înalte școli de partid, acolo au învățat bine un singur obiect – marxismul. Să anime și să ridice masele. Gândire de comisari... Nu s-a schimbat nimic de pe vremea cavaleriei lui Budionnîi... Îmi aduc aminte un aforism al unui comandant de armată stalinist, foarte iubit: „Mie mi-e indiferent pe cine tai. Mie îmi place să împung cu baioneta".

Şi legat de recomandările privind traiul pe pământul acesta... Mă tem că o să vă plictisiţi, ca şi ceilalţi. N-o să găsiţi nimic senzaţional. Focuri de artificii. De câte ori am vorbit în faţa ziariştilor, am spus una, iar a doua zi citeam altceva. Cititorul trebuia să moară de frică. Cineva a văzut în Zonă plantaţii de mac şi aşezări ale narcomanilor. Iar altul, o pisică cu trei cozi... Un semn pe cer în ziua avariei...

Uite programele elaborate de institutul nostru. Fluturaşi tipăriţi pentru colhozuri şi populaţie. Pot să vi le dau... Să faceţi propagandă...

Sfaturi pentru colhozuri... (*Citeşte.*)

Ce propunem noi? Să învăţăm să stăpânim radiaţiile, precum curentul electric, îndreptându-le, rând pe rând, dincolo de om. Pentru aceasta, trebuie să reconstruim tipul nostru de gospodărie, să o corectăm. În loc de lapte şi carne, să punem la punct producţia de culturi tehnice care nu sunt destinate consumului. Aceeaşi rapiţă. Din ea se poate face ulei, inclusiv pentru motor. Poate fi folosită în calitate de combustibil pentru motor. Se pot face seminţe şi răsaduri. Seminţele sunt expuse în mod special radiaţiilor în condiţii de laborator pentru a păstra puritatea sortimentului. În acest caz, radiaţiile nu sunt periculoase. Asta e o posibilitate. A doua... Dacă producem totuşi carne şi nu avem posibilitatea de a curăţa grânele, o să găsim o ieşire – o să hrănim vitele cu ele, o să le trecem prin animale. Aşa-numita zoodezactivare. Înainte de a tăia taurii, pentru două–trei luni o să-i mutăm în staul, le aducem furaje „curate". O să se purifice...

Cred că e suficient... Doar n-o să vă țin acum o prelegere... Vorbim de idei științifice, chiar aș numi asta filosofia supraviețuirii...

Sfaturi pentru particulari... (*Citește.*)

Mă duc în sat la bunici, le spun asta și ei mă calcă în picioare, refuză să mă asculte, vor să trăiască așa cum au trăit bunicii și străbunicii lor. Străbunii. Vor să bea lapte, dar acesta nu se poate bea... Cumpără un separator și faci din el brânză dulce, unt. Zerul se aruncă și intră în pământ. Vor să usuce ciuperci. Mai întâi le înmoi, le lași peste noapte în albie, le acoperi cu apă, după aceea le usuci. Dar cel mai bine e să nu le mănânci. Toată Franța e plină de ciuperci champignon, dar ei nu le cresc pe stradă. În sere. Unde sunt serele noastre? Casele din Bielorusia sunt din lemn, de când lumea, bielorușii trăiesc în mijlocul pădurilor, iar casele e mai bine să le dai cu lut. Lutul ecranează foarte bine, adică împrăștie radiația ionizantă, de douăzeci de ori mai bine decât lemnul. O dată la cinci ani e nevoie să stropești cu var parcela de lângă casă. Stronțiul și cesiul sunt vicleni. Își așteaptă momentul. Nu trebuie să îngrași pământul cu bălegarul de la vaca ta, mai bine cumpără îngrășăminte minerale...

– Pentru a vă pune în practică planurile, aveți nevoie de o altă țară, de un alt om și de un alt funcționar. La noi, bătrânilor le ajung cu greu banii din pensie pentru pâine și zahăr, iar dumneavoastră îi sfătuiți să cumpere îngrășăminte minerale. Să cumpere un separator.

– Pot să vă răspund, acum apăr știința. Vă demonstrez că nu știința e vinovată pentru Cernobîl, ci omul. Nu reactorul, ci omul. Iar întrebările politice nu mie trebuie să mi le puneți. Nu sunt eu destinatarul...

Uite... Cum să nu! Mi-a ieșit din minte, chiar mi-am însemnat pe o foaie să nu uit. Să povestesc. A venit la noi de la Moscova un om de știință tânăr, visa să ia parte la proiectul Cernobîl. Iura Jucenko... A adus-o cu el și pe soția sa, însărcinată în luna a cincea. Toți ridică din umeri – de ce? De ce? Cei de aici fug, iar străinii vin. Pentru că el este un om de știință autentic, vrea să demonstreze: un om cu carte poate să trăiască aici. Un om cu carte și disciplinat, exact acele calități care la noi sunt cel mai puțin apreciate. Pentru noi, e mai bine să stăm cu pieptul gol în fața glonțului. Să alergi așa, cu o făclie... Dar aici, să lași la înmuiat ciupercile, să verși prima apă, când dau în fiert cartofii, să iei regulat vitamine, să duci fructele la laborator, pentru control... Să îngropi cenușa în pământ. Am fost în Germania și am văzut cum fiecare neamț sortează cu atenție gunoiul: în containerul ăsta, sticle de culoare albă, aici, verde... Capacul de la cutia de lapte, separat, acolo unde este plasticul, cutia, acolo unde e hârtia. Bateriile de la aparatul de fotografiat în altă parte. Separat, deșeurile menajere. Omul muncește. Nu-mi imaginez oamenii noștri făcând o asemenea muncă: sticlă albă, maro – pentru el ar fi o plictiseală și o umilință. Mama lor! Lui să-i dai să întoarcă cursul râurilor siberiene, ceva în genul acesta. „Întinde-te, umăr, ia-ți elan, mână." Dar ca să supraviețuiască, trebuie să se schimbe.

Dar acestea nu mai sunt problemele mele... ale dumneavoastră... Sunt probleme de cultură. De mentalitate. Ale întregii noastre vieți...

În privința asta, ei tac... Oponenții mei tac... (*Cade pe gânduri.*)

Tare mai vreau să visez puțin... La faptul că în curând centrala de la Cernobîl o să fie închisă. O să fie demolată. Iar spațiul de sub ea o să fie transformat într-o pajiște verde.

*Slava Konstantinovna Firsakova,
doctor în științe agricole*

Monolog lângă o fântână închisă

Pe drumurile desfundate, primăvara, abia am ajuns în cătunul cel vechi. Mașinuța de teren a miliției, care văzuse multe la viața ei, se împotmolise de tot – din fericire, chiar în apropierea unei case înconjurate de stejari și arțari mari. M-am dus la o cântăreață și la o povestitoare celebră din Polesia, Maria Fedotovna Veliciko.

În curte am dat de fiii ei. Am făcut cunoștință: cel mai mare, Matvei, e profesor, cel mai mic, Andrei, e inginer. Intră veseli în discuție, după cum se vede, toți sunt tulburați de mutarea apropiată.

– Musafirul vine în curte, iar gazda pleacă din curte. O luăm pe mama la oraș. Așteptăm mașina. Dar dumneavoastră ce carte scrieți?

– Despre Cernobîl.

– Despre Cernobîl e interesant azi să-ți amintești... Eu urmăresc ce se scrie în ziare pe tema asta. Deocamdată sunt puține cărți. Eu, ca profesor, trebuie să știu asta, nimeni nu ne învață cum să vorbim despre așa ceva cu copiii noștri. Nu fizica mă tulbură... Eu predau literatură și mă tulbură, uite, întrebări precum acestea: de ce academicianul Legasov, unul dintre cei care au condus lucrările de lichidare a avariei, s-a sinucis? S-a întors acasă la Moscova și s-a împușcat. Iar inginerul-șef al centralei atomice a înnebunit... Particule beta, particule alfa, cesiu, stronțiu, ele se descompun, se diluează, sunt purtate mai departe... Dar ce se întâmplă cu omul?

— Eu sunt însă pentru progres! Pentru știință! Nimeni nu mai refuză acum curentul electric... Au început să facă comerț cu frica. Vând frica de la Cernobîl, pentru că nu mai avem nimic. Vindem pe piața mondială o marfă nouă, propriile suferințe.

— Au strămutat sute de sate... Zeci de mii de oameni... O mare Atlantidă de țărani... S-au împrăștiat prin fosta Uniune Sovietică, nu poți să-i mai aduni înapoi. Nu poți să-i mai salvezi. Am pierdut o lume întreagă... O asemenea lume nu va mai fi, nu se va mai repeta. Uite, s-o ascultați pe mama noastră...

Discuția aceasta neașteptată, începută așa de serios, din păcate nu a continuat. Îi aștepta o muncă urgentă. Îmi dădeam seama: își părăsesc pentru totdeauna casa natală.

Dar atunci își face apariția în prag gazda. M-a îmbrățișat ca pe o rudă. M-a sărutat.

— Drăguța mea, am trăit singură aici două ierni. Nu au mai venit oameni... Dar au venit animalele sălbatice. Odată a venit o vulpe, m-a văzut și s-a minunat și ea. Iarna și ziua e lungă, și noaptea e ca o viață, ți-aș fi cântat o grămadă, ți-aș fi spus o mulțime de povești. Un om bătrân se satură de viață, conversația este treaba lui. Cândva au venit la mine studenți din capitală și m-au înregistrat pe casetofon. Dar asta a fost de mult... Înainte de Cernobîl...

Ce să-ți povestesc? Oare mai apuc? Zilele astea am ghicit în apă și mi s-a arătat un drum... Este smulsă din pământ rădăcina noastră. Bunii, străbunii aici au trăit. În păduri, aici au apărut și s-au urmat unul pe altul, veac după veac, iar acum a venit o asemenea vreme că necazul ne gonește de pe pământurile noastre. În basme nu sunt asemenea necazuri, nu știu. Uite...

Drăguța mea, dar să-ți spun cum ghiceam noi când eram fete... Îmi aduc aminte de lucrurile frumoase. Vesele. Cum a început viața mea aici. Mama și tata au trăit veseli până la șaptesprezece ani și atunci trebuiau să se pregătească de cununie. Să-și cheme ursitul, să ghicească, cum zicem noi. Vara ghiceau în apă, iar iarna, în fum – unde se îndreaptă fumul din horn, acolo o să se mărite. Mie îmi plăcea să ghicesc în apă... Pe râu... Apa a fost prima pe pământ, ea știe tot. Poate să-ți sufle. Puneam pe apă lumânări, turnam ceară. Lumânarea plutește puțin, deci iubirea e aproape, dacă se îneacă, anul ăsta rămâi cu fetele. O să fetești. Unde e el, ursitul? Unde e fericirea mea? Ghiceau în tot felul, luau oglinda și se duceau în baie, stăteau acolo toată noaptea, iar dacă apărea cineva în oglindă, imediat trebuia s-o pui pe masă, că altfel o să sară dracul. Dracului îi place să vină prin oglindă... De acolo... Ghiceau după umbră. Deasupra unui pahar cu apă ardeau hârtie și se uitau la umbra de pe perete. Dacă apare o cruce, e semn de moarte, dacă e o cupolă de biserică – e semn de nuntă. Una plânge, alta zâmbește... Fiecare cu soarta ei... Noaptea își dădeau jos încălțările și puneau o gheată sub pernă. Dacă vine noaptea ursitul, o să te descalțe, dar tu să te uiți la el și să reții cum arată. La mine a venit altcineva, nu Andrei al meu, ci unul înalt, alb la față, iar Andrei al meu era mic de statură, cu sprâncenele negre și râdea mereu: „Ei, doamnă, domniță. Domnița mea". (*Râde.*) Am trăit cu el șaizeci de anișori... Am adus pe lume trei copii... Nu mai e uncheșul... Băieții l-au dus la mormânt. Înainte de a muri, m-a sărutat pentru ultima oară: „Ei, doamnă, domniță, o să rămâi singură". Ce știu? Dacă trăiești mult, uiți și viața, și iubirea. Uite... Să dea Domnul! Când eram fete, ne puneam sub pernă un pieptăn mic. Îți despletești părul și dormi așa. Vine ursitul în somn. Cere să bea apă sau să-și adape calul...

Puneam mac în jurul fântânii, de jur împrejur... Iar spre seară ne adunam și strigam în fântână: „Ursită, uuu! Ursită, ooo!" Venea ecoul, și după sunet ghiceam cine ce primește. Și acum am vrut să mă duc la fântână să-mi întreb soarta... Deși mi-a mai rămas puțin din soarta aceea. Niște fărâme. Niște boabe uscate. Dar la noi, soldații au acoperit toate fântânile. Au bătut scânduri peste ele. Niște fântâni moarte. Închise. A rămas numai un canal de fier lângă biroul colhozului. Era în sat o femeie vraci, ea îți afla și soarta, s-a dus în oraș, la fata ei. Sacii... Doi saci de cartofi plini cu plante medicinale a luat cu ea... Să dea Domnul! Uite... Oalele vechi în care am fiert esențele... Pânza albă... Cine mai are nevoie de ele acolo, la oraș? La oraș, oamenii stau și învârt televizorul sau citesc cărți. Numai noi aici, ca păsările, citeam pe pământ, pe iarbă, pe copaci. Dacă pământul primăvara se deschide greu, nu se topește zăpada, atunci vara o să fie secetă. Dacă luna luminează slab, e întunecată, atunci n-o să se facă vitele. Dacă cocorii au plecat devreme, o să fie geruri. (*Povestește și se leagănă încet în ritmul cuvintelor.*)

Eu am băieți buni și nurorile sunt blânde. Și nepoții. Dar în oraș cu cine stai de vorbă pe stradă? Ești printre străini. Un loc pustiu pentru inimă. Ce să-ți amintești cu oameni străini? Mie îmi plăcea să merg în pădure, noi cu pădurea am trăit, acolo am fost mereu împreună. În prezența oamenilor. Acum nu te mai lasă în pădure... E miliție, păzesc radiația...

Doi ani. Să dea Domnul! Doi ani băieții m-au tot rugat: „Mamă, hai la oraș". Și, în cele din urmă, m-au înduplecat. Și, la urma urmelor... La noi, locurile sunt așa de frumoase, peste tot e numai pădure, lacuri. Lacurile sunt curate, cu rusalce. Bătrânii povesteau că fetele care mor de tinere se fac rusalce. Le lăsau haine în tufe, cămăși femeiești. În tufe și pe o funie, în secară le puneau. Ele ies din apă și aleargă prin secară. Dar oare mă crezi? Cândva, oamenii credeau în toate astea... Ascultau... Atunci nu era televizor, încă nu-l inventaseră. (*Râde.*) Uite. Ce pământ frumos e la noi! Noi am trăit aici, dar copiii noștri n-o să mai trăiască aici. Nu... Îmi place vremea asta... Soarele s-a urcat sus pe cer, păsările s-au întors. M-am săturat de iarnă. Seara nu poți să ieși din casă. Mistreții aleargă prin sat ca prin pădure. Am ales cartofii... Voiam să răsădesc niște ceapă... Trebuie să faci ceva, n-o să stai așa cu mâinile în sân și să aștepți moartea. Atunci n-o să vină niciodată...

Și îmi aduc aminte, drăguța mea, despre duhul casei, *domovik*... El trăiește de mult la mine, nu știu exact unde, dar iese de sub sobă. În haine negre, cu o șapcă neagră, iar nasturii de la costum strălucesc. Nu are trup, dar merge. La un moment dat mă gândeam că e omul

meu care vine la mine. Uite... Dar nu... *Domoviciok*[1]...
Trăiesc singură, nu am cu cine să vorbesc, așa că noaptea
îi povestesc cum mi-a mers: „Am ieșit din casă devreme.
Soarele strălucea așa de tare, că m-am oprit și m-am
minunat de pământul ăsta. M-am bucurat. Așa de fericită era inima mea!" Dar uite, trebuie să plec... Să-mi
părăsesc locurile natale... De Florii, mereu rupeam salcie.
Nu aveam preot, așa că mergeam la râu și o sfințeam singură. O puneam la poartă. Aduceam în casă, o aranjam
frumos. O înfig în pereți, în ușă, în tavan, o pun sub
acoperiș. Merg și rostesc: „Salcie, să-mi salvezi văcuța.
Să se facă secara, să fie mere. Să iasă puii din găoace și
să se ouă găștele". Trebuia să mergi așa și să spui asta
multă vreme.

Mai înainte, întâmpinam cu veselie primăvara...
Jucam. Cântam. Începeam din ziua când femeile dădeau
pentru prima oară drumul vacilor pe pajiște. Trebuiau
să fie alungate vrăjitoarele, ca să nu strice vacile, să nu ia
laptele, că altfel o să vină acasă mulse. Și speriate. Ține
minte, poate se întorc lucrurile, despre asta scrie în cărți
bisericești. Când la noi slujea părintele, el ne citea. Viața
se poate termina, dar mai apoi o iei de la capăt. Ascultă
mai departe... Puțină lume mai ține minte, puțină lume
o să-ți mai povestească... Înaintea primei turme, trebuie
să întinzi pe drum o față de masă albă, lași să treacă
peste ea, iar după aceea lași să vină și păstorii. O să vină
ei cu cuvintele: „Vrăjitoare rea, mușcă acum piatra...
Mușcă pământul... Iar voi, vacilor, o să mergeți liniștite
pe pajiști și prin mlaștini, n-o să vă temeți de oameni
răi, nici de animale rele". Primăvara nu doar iarba iese la

---

[1] Diminutivul de la *domovic*, duhul casei în mitologia slavă

lumină din pământ, totul iese. Tot felul de necurățenii. Și se bagă ele la locuri întunecoase, în casă, prin colțuri. În grajd, unde e cald. Vin în curte de la lac, dimineața se târăsc prin rouă. Omul trebuie să se apere. E bine să îngropi lângă portiță pământ de pe mușuroi, dar lucrul cel mai sigur e să îngropi lângă poartă un lacăt vechi. Să încui dinții tuturor jivinelor. Buzele. Dar pământul? El cere nu doar plug și boroană, el are nevoie și de apărare. De duhuri rele. Câmpul trebuie să-l înconjori de două ori, să mergi și să zici: „Semăn, semăn, tot semăn. Aștept roade bune. Șoarecii să nu-mi mănânce multe grâne".

Ce să-ți mai spun? Și la barză trebuie să faci plecăciune primăvara. Să spui mulțumesc pentru că a venit în locul vechi. Barza te ferește de foc, aduce copiii mici. O strigi: „Toca, toca, toc! Barză, vino la noi! La noi!" Iar tinerii care s-au căsătorit de scurtă vreme o mai roagă aparte: „Toca, toca, toc! Să ne iubim întruna. Și copiii să crească frumos, ca salcia".

Iar de Paște, toți vopseau ouă... Roșii, albastre, galbene. Iar cui îi murise cineva în casă, un singur ou, negru. De jale. De durere. Iar cel roșu e pentru iubire, albastru – să trăiești multă vreme. Uite! Ca mine. Trăiesc și trăiesc. Deja știu tot: și ce va fi la primăvară, și ce va fi la vară... Toamna și iarna... Și, nu știu de ce, mai trăiesc... Mă uit la lume... Și n-o să spun că nu mă bucur. Drăguța mea... Dar uite, ascultă și asta... Să pui de Paște un ou roșu în apă, dacă o să se țină la suprafață, atunci să te speli. Fața o să ți se facă frumoasă. Curată. Dacă vrei să visezi pe cineva dintre ai tăi, care a murit, să te duci la mormânt și să dai oul de-a rostogolul pe pământ: „Mămica mea, vino la mine. Vreau să mă plâng și eu puțin". Și o să-i povestești tot. Viața ta. Și dacă soțul te necăjește, o să-ți dea

Rugăciune pentru Cernobîl

un sfat. Înainte de a rostogoli oul, să-l ții în mână. Să închizi ochii și să te gândești... Să nu te temi de morminte, numai când e dus mortul e înfricoșător. Se închid ferestrele, ușile, să nu intre moartea. Ea e mereu în alb, mereu e în alb și are coasă. Eu nu am văzut-o, dar oamenii așa au spus... Cine s-a întâlnit cu ea... Nu trebuie să-i ieși în față... Râde: „Ha, ha, haaa".

Mă duc la morminte, iau două ouă: unul roșu și unul negru. Unul de jale. Mă așez lângă soț, acolo, pe cruce, e fotografia lui, nu e nici de tânăr, nici de bătrân, o fotografie foarte frumoasă: „Am venit, Andrei. Hai să vorbim!" Îi spun toate noutățile. Și mă strigă cineva... Uite, de acolo a venit vocea: „Ei, doamnă, domniță!" L-am vizitat pe Andrei, mă duc la fetiță. Fetița a murit la patruzeci de ani, a făcut cancer, unde n-am dus-o, nimic n-a ajutat-o. A intrat de tânără în pământ... Frumoasă... Pe lumea cealaltă e nevoie de tot felul de oameni: și bătrâni, și tineri. Și frumoși, și urâți. Chiar și mici. Dar cine-i cheamă pe ăștia acolo? Ei, ce pot ei să povestească acolo despre lumea asta? Nu pricep... Nu pricep, dar nici oamenii inteligenți nu pricep. Profesorii din oraș. Poate că știe părintele de la biserică. Când o să-l întâlnesc, o să-l întreb. Uite. Cu fetița așa discut: „Drăguța mea! Frumoasa mea! Cu ce păsărele vii tu din ținutul ăla îndepărtat? Privighetori, cuci? Din ce parte să te aștept?" Îi cânt și aștept. O să apară deodată... O să-mi dea un semn, dar nu pot să rămân la morminte până noaptea, la ora cinci trebuie să plec. Soarele este încă sus, dar cum începe s-o ia la vale în jos... Rămâi cu bine... Vor să rămână singuri acolo... Uite, ca noi. Singuri. Morții au viața lor, ca și noi. Nu știu, dar bănuiesc. Așa mă gândesc. Că altfel... Și-ți mai zic. Când moare un om și se chinuie mult, iar în casă sunt mulți oameni, trebuie să iasă toți afară, ca să rămână singur. Și mama, și tata trebuie să iasă, și copiii.

Azi am ieșit în zori în curte, tot umblu pe acolo, prin grădină, îmi aduc aminte de viața mea. Băieții mei au crescut frumoși, ca niște stejari. Am avut parte de fericire, dar puțină, toată viața am muncit. Câți cartofi au luat la mână mâinile mele? Câte au îndurat. Am arat, am semănat... (*Repetă.*) Am arat, am semănat... Și acum... O să scot sita cu semințele. Mi-au rămas semințe – bob, floarea-soarelui, sfeclă. Le arunc așa, pe pământul gol. Lasă să trăiască și ele. Și flori o să împrăștii prin curte. Florile... Dar știi cum miros toamna, noaptea, romanițele? Mai ales înaintea ploii, miros puternic. Și mazărea dulce... Dar au venit vremurile astea, că degeaba pui mâna pe sămânță: le arunci în pământ, ele cresc, prind puteri, dar nu pentru om. Sunt asemenea vremuri... Ne-a dat Dumnezeu un semn... Iar în ziua aceea, când Cernobîlul ăsta blestemat s-a întâmplat, am visat albine, multe, multe albine. Toate zboară undeva. Roi după roi. Iar albinele sunt semn de incendiu. Pământul arde... Dumnezeu a dat un semn că omul e musafir pe pământ, nu e aici acasă, ci e musafir. Aici suntem musafiri..." (*A început să plângă.*)

– Mamă, a strigat-o unul dintre băieți. Mamă! A venit mașina.

Monolog despre dorul de rol și subiect

„S-au scris deja zeci de cărți... S-au făcut filme. Au fost comentate. Dar evenimentul este oricum mai presus de noi, de orice comentariu...

Rugăciune pentru Cernobîl

Odată am auzit sau am citit că problema Cernobîlului este pentru noi, în primul rând, una de autocunoaștere. Am fost de acord cu asta, coincidea cu sentimentele mele. Aștept tot timpul să vină cineva mai deștept decât mine și să-mi explice tot... Să-mi prezinte... Cum sunt învățat în privința lui Stalin, Lenin, a bolșevismului. Sau cum se tot trăncănește întruna: «Piața! Piața! Piața liberă!» Iar noi... Oamenii educați într-o lume fără Cernobîl, trăim cu Cernobîlul.

Eu sunt specialist în rachete, în combustibil pentru rachete. Am lucrat la stația Baikonur. Programele Cosmos, Intercosmos sunt o mare parte a vieții mele. Hai în cer! Hai în Arctica! Hai unde sunt pământurile nedesțelenite! Hai în cosmos! Împreună cu Gagarin, toată lumea sovietică a zburat în cosmos, s-a smuls de pe pământ... Noi toți! Până acum sunt îndrăgostit de el! Minunatul om rus! Cu zâmbetul lui minunat! Până și moartea lui e cumva regizată. Visele despre plutire, zbor, libertate... Dorința de a ajunge undeva... Erau niște vremuri minunate! Din motive familiale, m-am mutat în Bielorusia, aici mi-am terminat serviciul. Când am venit, m-am cufundat în spațiul acesta de la Cernobîl, el mi-a corectat sentimentele. Era imposibil să-ți imaginezi ceva asemănător, deși am avut mereu de-a face cu tehnica modernă, cu tehnica cosmică... Deocamdată e greu de formulat... Nu poate fi imaginat... E ceva... (*Cade pe gânduri.*) Dar acum o clipă mi s-a părut că am prins sensul... Acum o clipă... Mă trage spre filosofare. Indiferent cu cine ai vorbi despre Cernobîl, mereu te trage spre filosofare.

Dar mai bine să vă povestesc despre munca mea. Cu ce nu ne ocupăm noi! Construim o biserică... Biserica din

Cernobîl, în cinstea icoanei Maicii Domnului *Căutarea celor morți*. Adunăm donații, îi vizităm pe bolnavi și muribunzi. Scriem o cronică. Creăm un muzeu. O vreme mă gândeam că nu pot, nu pot, cu inima mea, să lucrez într-un asemenea loc. Mi s-a dat prima sarcină: «Uite banii, împarte-i la treizeci și cinci de familii. La treizeci și cinci de văduve cărora le-au murit soții». Toți erau lichidatori. Trebuie să fie totul cu dreptate. Dar cum? O văduvă are o fetiță mică, bolnavă, altă văduvă are doi copii, a treia chiar ea e bolnavă, alta stă într-un apartament cu chirie, alta are patru copii. Noaptea mă trezesc gândind: «Nu fac cuiva o nedreptate?» M-am gândit și am socotit, am socotit și m-am gândit. Vă imaginați... Și nu am putut... Am împărțit banii egal tuturor, după listă. Dar copilul meu de suflet e muzeul. Muzeul Cernobîlului. (*Tace.*) Doar că uneori mi se pare că aici n-o să fie un muzeu, ci o casă mortuară. Eu lucrez la o casă mortuară! În dimineața aceasta, nici nu am apucat să-mi dau jos paltonul, se deschide ușa, o femeie începe să plângă din prag. Nu plânge, ci urlă: «Luați-i medaliile și diplomele! Luați-i toate avantajele! Dați-mi înapoi soțul!» A strigat multă vreme. A lăsat medalia lui, a lăsat diplomele. Ei, o să stea la muzeu, sub geam... O să se uite oamenii la ele. Dar strigătul, strigătul ei nu l-a auzit nimeni în afară de mine, numai eu, când o să expun diplomele astea, o să-mi aduc aminte de el.

Acum moare colonelul Iaroșuk... E un chimist-dozimetrist. Era un om zdravăn, acum e la pat, paralizat. Soția lui îl întoarce ca pe o pernă... Îi dă să mănânce cu lingurița... Are și pietre la rinichi, trebuie să i se spargă pietrele, dar noi nu avem bani să i se plătească operația.

Noi suntem săraci, trăim numai din ce primim. Iar statul se comportă ca un escroc, i-a părăsit pe oamenii aceştia. Dacă o să moară, o să-i dea numele lui unei străzi, unei şcoli sau unei unităţi militare, dar asta când o să moară... Colonelul Iaroşuk... A mers pe jos prin Zonă şi a stabilit graniţele punctelor maxime de contaminare, adică omul, la propriu, a fost folosit ca un biorobot. Şi el a înţeles asta, dar a pornit chiar de la centrala atomică. Pe jos. Cu dispozitivele de dozimetrie în mână. A găsit «pata» şi s-a mişcat de-a lungul graniţei acestei «pete», pentru a o marca precis pe hartă...

Iar soldaţii care au lucrat chiar pe acoperişul reactorului? Numai pentru lichidarea urmărilor accidentului au fost sacrificate două sute zece unităţi militare, circa trei sute patruzeci de mii de militari. Au ajuns în iad cei care au curăţat acoperişul... Li s-au dat nişte şorţuri de plumb, dar radiaţia venea de jos, iar acolo omul nu era protejat. Aveau cizme obişnuite, de piele... Stăteau, pe zi, un minut şi jumătate–două pe acoperiş... Iar mai apoi au fost eliberaţi din armată, li s-a dat o diplomă şi o primă – o sută de ruble. Şi au dispărut în întinderile nemărginite ale patriei noastre. Pe acoperiş greblau combustibilul şi grafitul reactorului, fragmentele de beton şi armătură... Douăzeci–treizeci de secunde, pentru a încărca roabele şi tot atât pentru a arunca «gunoiul» de pe acoperiş. Numai roabele astea speciale cântăreau patruzeci de kilograme. Aşa că imaginaţi-vă: şorţul de plumb, măştile, roabele astea şi o viteză nebunească... Vă imaginaţi? La un muzeu din Kiev se află un mulaj din grafit, de mărimea unei caschete, se spune că, dacă ar fi fost adevărat, ar fi cântărit vreo şaisprezece kilograme, aşa de compact, de greu este.

Mașinăriile comandate prin radio adesea nu reușeau să îndeplinească comenzile sau făceau cu totul altceva decât le indicau schemele lor electronice, pentru că radiația le distrugea circuitele. Roboții cei mai de bază erau soldații. Erau numiți «roboți verzi» (după culoarea uniformei militare). Pe acoperișul reactorului distrus au trecut trei mii șase sute de soldați. Dormeau pe pământ, toți povestesc că la început în corturi aruncau paie pe pământ. Le luau tot de acolo, din căpițele de lângă reactor.

Băieți tineri... Acum și ei sunt pe moarte, dar își dau seama că dacă nu ar fi fost ei... Sunt oameni dintr-o anumită cultură. Cultura eroismului. A jertfei.

A fost un moment în care exista pericolul unei explozii nucleare și era nevoie să se scoată de sub reactor apa din sol, ca să nu ajungă acolo amestecul de uraniu și grafit; în combinație cu apa, ar fi constituit o masă critică, care ar fi putut provoca o explozie de trei–cinci megatone. Nu doar Kievul și Minskul ar fi rămas fără viață, dar nici într-o parte uriașă a Europei nu s-ar mai fi putut locui. Vă imaginați? O catastrofă europeană. Au definit misiunea aceasta: cine se va scufunda în apă și va deschide acolo supapele de evacuare? Au promis mașină, apartament, casă de vacanță și întreținerea rudelor până la sfârșitul zilelor. Au căutat voluntari. Și s-au găsit! Băieții s-au scufundat, s-au scufundat de multe ori și au deschis supapele astea, apoi li s-a plătit șapte mii de ruble. Iar de mașinile și apartamentele promise au uitat. Dar ei nu s-au scufundat acolo pentru boarfe! Nu pentru ceva material, cel mai puțin pentru ceva material. Omul nostru nu este așa de simplu de înțeles... (*A început să se agite.*)

Oamenii aceștia deja nu mai există... Sunt numai documente în muzeul nostru... Nume pe o listă... Dar dacă ei nu ar fi făcut asta? Dorința noastră de jertfă... Aici nu avem egal...

M-am certat aici cu unul... Îmi demonstra că prețuim prea puțin viața. Așa, un fel de fatalism asiatic. Omul care se jertfește nu se simte o personalitate unică, irepetabilă, care nu va mai exista niciodată. E dorul după un rol. Mai înainte era un om fără text, o statistică. Nu avea un subiect, era doar un fundal. Și deodată devine eroul principal. Dorul de sens. Ce înseamnă propaganda noastră? Ideologia noastră? Vi se propune să muriți, dar să căutați un sens. Sunteți promovat. Vi se dă un rol! O valoare mare a morții, pentru că, dincolo de moarte, este veșnicia. El mi-a demonstrat... A adus exemple. Dar eu nu sunt de acord! Categoric! Da, suntem educați să fim soldați. Așa am fost învățați. Mereu suntem mobilizați, mereu suntem gata pentru ceva neobișnuit. Tatăl meu, când, după școală, am vrut să mă duc la o facultate civilă, s-a cutremurat. «Eu sunt militar de carieră, iar tu o să porți sacou? Trebuie să-ți aperi patria!» Câteva luni nu a vorbit cu mine, până nu am depus actele la liceul militar. Tata a fost în război, a murit deja. Practic nu avea nici o avere, ca toată generația lui. După el nu a rămas nimic: nici casă, nici mașină, nici pământ... Eu ce am? O geantă de campanie de ofițer, el a primit-o înaintea campaniei din Finlanda, iar în ea sunt ordinele lui militare. Și într-o pungă de plastic am trei sute de scrisori ale tatălui, de pe front, începând din 1941, mama le-a păstrat. E tot ce a rămas... Dar eu cred că este un capital neprețuit!

Acum înțelegeți cum văd eu muzeul nostru? Uite acolo, în borcan, e pământ de la Cernobîl... O mână de pământ... Uite o cască de miner... Tot de acolo... Unelte țărănești din zonă... Aici nu trebuie lăsați dozimetriștii. O să țiuie totul! Dar aici trebuie să fie totul de acolo! Fără mulaje! Trebuie să fim credibili. Și o să fim credibili numai dacă totul e adevărat, pentru că e prea multă minciună în jurul Cernobîlului. A fost și este. Atomul poate fi folosit nu numai în scopuri militare și pașnice, dar și în scopuri personale. Cernobîlul este plin de fonduri, de structuri comerciale...

Din moment ce scrieți o asemenea carte, trebuie să vedeți materialul nostru video unic. Îl adunăm bucată cu bucată. Cronici ale Cernobîlului, să știți, nu există! Nu ne-au lăsat să le filmăm, totul a fost declarat secret. Dacă cineva a reușit să filmeze, atunci organele corespunzătoare i-au luat imediat materialul și i-au dat înapoi pelicula demagnetizată. Nu avem cronici cum au fost evacuați oamenii, cum au fost luate animalele... Ni s-a interzis să filmăm tragedia, era filmat eroismul! Albumele de Cernobîl au fost scoase totuși, dar de câte ori operatorilor de film și fotografilor li s-au spart camerele! Au fost târâți prin instanțe... Pentru a povesti cinstit despre Cernobîl e nevoie de curaj. Și acum e nevoie. Vă rog să mă credeți! Dar trebuie să vedeți cadrele acestea negre precum grafitul, fețele primilor pompieri. Dar ochii lor? Sunt deja ochii unor oameni care știu că pleacă dintre noi. Într-un fragment sunt picioarele unei femei care, în dimineața de după catastrofă, s-a dus să lucreze într-o mică grădină de lângă centrala nucleară. Mergea prin iarba pe care era rouă... Picioarele seamănă cu o sită, sunt numai găuri, până la genunchi... Asta trebuie s-o vedeți, din moment ce scrieți o asemenea carte...

Vin acasă și nu pot să-l iau în brațe pe fiul meu cel mic. Trebuie să beau cincizeci, sau mai bine o sută de grame de votcă, pentru a-mi lua în brațe copilul.

O secție întreagă a muzeului e consacrată piloților de elicopter... Colonelul Vodolajski, erou al Rusiei, este îngropat în pământ bielorus, în satul Jukov Lug. Când a primit doza-limită, trebuia să plece, să se evacueze imediat, dar a rămas și a mai instruit încă treizeci și trei de echipaje. A făcut chiar el o sută douăzeci de zboruri, a aruncat două–trei sute de tone de încărcătură. Patru–cinci zboruri pe zi, la o înălțime de trei sute de metri deasupra reactorului, temperatura în cabină ajungea la șaizeci de grade. Dar ce se întâmpla jos, când aruncau sacii cu nisip? Vă imaginați, infernul... Radioactivitatea atingea o mie opt sute de röntgeni pe oră. Piloților li se făcea rău în aer. Pentru a arunca la țintă – gura de foc – scoteau capul din cabine, se uitau în jos... Altfel nu se putea... La ședințele comisiei guvernamentale se raporta simplu: «Pentru asta, trebuie sacrificate o viață, două. Iar pentru asta, o viață». Simplu...

Colonelul Vodolajski a murit. În fișa de evidență a dozelor adunate deasupra reactorului medicii i-au scris șapte rem. De fapt, erau șase sute!

Iar cei patru sute de mineri care au săpat zi și noapte un tunel sub reactor? Trebuia să se sape un tunel pentru a turna pe acolo azot lichid și a îngheța o pernă de pământ, așa se numește asta în limbajul inginerilor. Altfel, reactorul ar fi ajuns în apele subterane... Mineri din Moscova, Kiev, Dnepropetrovsk... Nu am citit nicăieri despre ei.

Și ei sunt goi, la o temperatură de cincizeci de grade rostogoleau în fața lor vagoneți, în patru labe... Și acolo sunt sute de röntgeni...

Acum mor și ei... Dar dacă nu ar fi făcut asta? Eu cred că sunt eroi, nu victimele unui război despre care se spune că nici nu ar fi avut loc. Este numit avarie, catastrofă. Dar, de fapt, a fost un război. Monumentele noastre din Cernobîl seamănă cu cele militare...

Sunt lucruri care la noi nu se discută, e proverbiala noastră rușine de sorginte slavă. Doar trebuie să știți asta... Pentru că scrieți o asemenea carte... Cei care au lucrat la reactor sau în apropierea lui, de regulă, sunt contaminați; un simptom asemănător îl au și cei care lucrează cu rachetele, este contaminat sistemul urinar și reproducător. Dar despre asta nu se vorbește, nu se cade... Odată l-am însoțit pe un ziarist englez, pregătise niște întrebări foarte interesante. Tocmai pe tema asta, îl interesa latura umană a problemei. Ce se întâmplă după aceea cu omul, acasă, în viața lui, în intimitate? Numai că nu a reușit să poarte o discuție sinceră. I-a rugat să se adune, de exemplu, pe piloții de elicopter... Să stea de vorbă ca între bărbați... Au venit, unii deja pensionați la treizeci și cinci–patruzeci de ani, altul a fost adus cu piciorul rupt, o fractură ca de bătrânețe, pentru că sub influența radiației oasele devin fragile. A fost adus și el. Englezul le pune întrebări: cum e acum în familie, cu soțiile tinere? Piloții tac, ei au venit să povestească cum au făcut câte cinci zboruri pe zi. Dar aici, despre soții? Despre asta... Hai să-i ia câte unul. Răspund la fel: sănătatea e normală, statul îi apreciază, iar în familie e iubire. Nici unul dintre ei nu s-a deschis. Au plecat, dar eu simt că el e marcat.

– Acum înțelegi, zice, de ce nimeni nu vă crede? Vă păcăliți singuri.

Iar întâlnirea asta a avut loc într-o cafenea, ne serveau două chelnerițe frumușele; ele deja adună totul de pe masă, iar el le întreabă:

– Dar voi puteți să-mi răspundeți la câteva întrebări? Și fetele astea două i-au spus tot.

– Vreți să vă căsătoriți? le-a întrebat el.

– Da, dar nu aici. Fiecare dintre noi visează să se căsătorească cu un străin, să facă un copil sănătos.

Atunci el, mai curajos:

– Dar aveți parteneri? Cum sunt ei? Vă satisfac? Înțelegeți ce am în vedere?

– Uite, au fost aici cu voi niște băieți, zic ele râzând, piloți de elicopter. Cam de doi metri. Își tot zăngăneau medaliile. Ei, ăștia sunt buni pentru prezidiu, dar nu pentru pat.

Vă imaginați... Le-a fotografiat pe fetele astea, iar mie mi-a repetat aceeași frază:

– Acum înțelegi de ce nimeni nu vă crede? Vă păcăliți singuri.

Am fost cu el în Zonă. Statistici cunoscute: în jurul Cernobîlului – opt sute de gropi comune. Se aștepta să vadă niște construcții inginerești fantastice, dar erau niște gropi comune. În ele se află «pădurea roșiatică» tăiată din jurul reactorului, de pe o sută cincizeci de hectare (în primele zile după explozie, pinii și brazii s-au făcut roșii, apoi roșietici). Sunt acolo mii de tone de metal și oțel, țevi mici, haine speciale, construcții de beton... Mi-a arătat o fotografie dintr-o revistă englezească. Panoramică. De sus... Mii de piese de tehnică autotractoare și de aviație, mașini de pompieri și mașini de salvare... Cea mai mare groapă e cea de lângă reactor. A vrut s-o fotografieze acum, după zece ani. I s-au promis mulți bani pentru fotografia asta. Și iată, ne învârtim noi, ce ne învârtim, și un șef ne trimite la altul – ba nu e hartă, ba nu e permis. Ne-am învârtit până m-am prins: nu mai există această groapă, în realitate nu mai există, e numai în rapoarte. Conținutul a fost împrăștiat de mult prin piețe, la piese de schimb pe la colhozuri și prin curți. A fost furat, a fost dus de aici. Englezul nu putea să priceapă asta. Nu-i venea să creadă! Când i-am spus adevărul, nu m-a crezut! Și eu, acum, când citesc câte un articol mai îndrăzneț, nu cred, mereu în subconștient mi se strecoară gândul: dar dacă deodată și asta e o minciună? Sau sunt niște povești? Tragedia a devenit un clișeu! O sperietoare! (*Încheie și multă vreme tace.*)

Duc totul la muzeu. Car acolo. Dar uneori îmi spun: «Las-o baltă! Pleacă de aici!» Ei, cum să mai rezist?!

Am discutat cu un preot tânăr...

Stăteam la mormântul proaspăt al plutonierului Sașa Goncearov... Unul din cei care au fost pe acoperișul reactorului... E zăpadă. Vânt. O vreme cruntă. Preotul ține slujba. Citește o rugăciune, are capul descoperit.

– Parcă nici nu simțeați frigul, i-am spus eu după aceea.

– Nu, a răspuns el, în asemenea momente sunt atotputernic. Nici un alt ritual bisericesc nu-mi dă atâta putere ca slujba înmormântării.

Am reținut asta – cuvintele unui om care e mereu în preajma morții. Nu o dată i-am întrebat pe ziariștii străini care vin la noi, mulți deja de mai multe ori, de ce vin, de ce se duc în Zonă? Ar fi o prostie să credem că o fac numai pentru bani sau carieră.

– Ne place la voi, recunoșteau, primim aici un impuls energetic puternic.

Imaginați-vă... Un răspuns neașteptat, nu-i așa? Pentru ei, probabil că omul nostru, sentimentele lui, lumea lui sunt ceva nemaivăzut. Enigmaticul suflet rus... Și nouă ne place să bem și să discutăm despre asta la bucătărie... Unul dintre prietenii mei a spus odată:

– Uite, o să fim sătui. O să ne dezvățăm să mai suferim. Pentru cine o să mai fim interesanți?

Nu pot să uit cuvintele astea. Dar nici nu am aflat ce le place altora la noi: de noi? Sau de ceea ce se poate scrie despre noi? De ceea ce pot să înțeleagă cu ajutorul nostru?

Ce ne tot învârtim în jurul morții?

Cernobîl... N-o să mai cunoaștem de acum o altă lume... Mai întâi, când ne-au luat pământul de sub picioare, ne exprimam sincer durerea aceasta, dar acum suntem conștienți că nu mai există o altă lume și n-avem unde să ne ducem. Sentimentul tragic că suntem legați de acest pământ al Cernobîlului ne deschide o perspectivă cu totul nouă despre lume. Din război se întoarce așa-numita generație «pierdută». Să ne aducem aminte de Remarque... Dar după Cernobîl trăiește generația «tulburată»... Noi suntem tulburați... Rămâne neschimbată doar suferința omenească... Singurul nostru capital, de o valoare inestimabilă!

Vin acasă... După toate acestea, soția mă ascultă. Iar mai apoi spune încet: «Te iubesc, dar nu-ți dau fiul.

Nu-l dau nimănui. Nici Cernobîlului, nici Ceceniei... Nimănui!» Deja a intrat în ea această frică."

Serghei Vasilievici Sobolev, adjunct al președintelui
asociației republicane „Scutul Cernobîlului"

CORUL POPORULUI

Klavdia Grigorievna Barsuk, soție de lichidator; Tamara Vasilievna Belookaia, medic; Ekaterina Fiodorovna Bobrova, strămutată din orașul Pripiat; Andrei Burtîs, ziarist; Ivan Naumovici Vergheicik, pediatru; Elena Ilinicina Voronko, locuitoare din orășelul Braghin; Svetlana Govor, soție de lichidator; Natalia Maksimovna Goncearenko, strămutată; Tamara Ilinicina Dubikovskaia, locuitoare din orășelul Narovlia; Albert Nikolaevici Zarițki, medic; Aleksandra Ivanovna Kravțova, medic; Eleonora Ivanovna Ladutenko, radiolog; Irina Iunevna Lukașevici, moașă; Antonina Maksimovna Larivoncik, strămutată; Anatoli Ivanovici Polișciuk, hidrometeorolog; Maria Iakovlevna Savelieva, mamă; Nina Hanțevici, soție de lichidator.

„De mult nu mai văd gravide fericite... Mame fericite...

Uite, ea tocmai a născut. Și-a venit în fire... Strigă: «Doctore, arătați-mi-l! Aduceți-mi-l!» Îi atinge căpșorul, fruntea, trupul. Îi numără degetele de la mâini, de la picioare... Verifică. Vrea să se convingă: «Doctore, am născut un copil normal? Totul e bine?» I-l aduc să sugă. Se teme: «Eu trăiesc aproape de Cernobîl... Am nimerit sub ‹ploaia neagră›...»

Ne spun tot felul de vise: ba au născut un vițel cu opt picioare, ba un cățel cu cap de arici... Niște vise așa de ciudate. Mai înainte, femeile nu aveau visele astea sau poate nu am auzit eu de ele.

Dar totuși sunt treizeci de ani de când sunt moașă..."

„Toată viața trăiesc doar prin cuvânt...

Predau la școală limba și literatura rusă. Mi se pare că a fost la începutul lui iunie, erau examene. Deodată, directorul școlii ne adună și ne spune:

— Mâine să veniți toți cu lopețile.

Am aflat: trebuie să scoatem stratul de pământ contaminat de deasupra, din jurul clădirii școlii, iar mai apoi o să vină soldații și o să asfalteze.

— Ce mijloace de protecție o să ne dea? O să aducă costume speciale, aparate de respirat?

Au răspuns că nu aduc nimic.

— Luați lopețile și săpați.

Numai doi profesori tineri au refuzat, ceilalți s-au dus și au săpat. Supunerea și, în același timp, sentimentul datoriei împlinite trăiesc în noi: să fim acolo unde e greu, periculos, să ne apărăm patria. Oare i-am învățat altfel pe elevi? Numai asta i-am învățat: să te duci, să te arunci în foc, să aperi, să te jertfești. Literatura pe care am predat-o nu este despre viață, ci despre război. Despre moarte. Șolohov, Serafimovici, Furmanov, Fadeev... Boris Polevoy... Numai doi profesori tineri au refuzat. Dar ei sunt din noua generație. Sunt deja alți oameni.

Am săpat pământul de dimineața până seara. Când ne-am întors acasă, ni se părea ciudat că magazinele din oraș sunt deschise, că femeile cumpără ciorapi, parfum. Venind de la centrală, trăiam cu impresia că ne aflăm în stare de război. Cozile la pâine, sare, chibrituri, apărute între timp, erau pentru noi mult mai aproape de realitatea pe care o simțeam... Toți s-au înghesuit să facă pesmeți... Spălam pe jos de cinci–șase ori pe zi, etanșeizam ferestrele. Tot timpul ascultam radioul. Toate îmi erau aproape cunoscute, deși mă născusem după război. Încercam să-mi analizez sentimentele și mă uimea cât de repede se transformase psihicul meu, de vreme ce starea continuă de mobilizare, ca în timpul războiului, mi se părea firească. Puteam să-mi imaginez cum o să-mi părăsesc casa, cum o să plec cu copiii, ce lucruri o să luăm, ce o să-i scriu mamei, deși în jur viața curgea ca și mai înainte, obișnuită, pașnică, iar la televizor difuzau comedii.

Ca popor, mereu am trăit în groază, știm să trăim în groază, ăsta e mediul în care locuim...

Aici, poporul nostru nu are egal..."

„Eu nu am fost în război. Dar mi-am adus aminte de asta...

Soldații intrau în sate și-i evacuau pe oameni. Ulițele satelor erau pline de mașini militare: transportoare blindate, camioane cu copertină din pânză de cort, chiar și tancuri. Oamenii își părăseau casele în prezența soldaților, o experiență traumatizantă, mai ales pentru cei care trecuseră prin război. Mai întâi i-au învinovățit pe ruși – ei sunt vinovați, e centrala lor... După aceea: «Comuniștii sunt vinovați»... Îmi bătea inima de frică...

Am fost păcăliți. Ni s-a promis că după trei zile o să ne întoarcem. Am lăsat casa, baia, fântâna sculptată, livada veche. Noaptea, înainte de plecare, am ieșit în livadă și am văzut cum se deschiseseră florile. Iar dimineața, toate căzuseră. Mama nu a putut să reziste evacuării. A murit după un an. Am două vise care se repetă... Primul – văd casa noastră pustie, al doilea – văd portița noastră: acolo sunt niște mușcate roșii și e mama mea... Vie. Și zâmbește.

Tot timpul, tragedia asta nucleară este comparată cu războiul. Dar războiul poți să-l înțelegi. Despre război mi-a povestit tata, am citit în cărți... Dar aici? Din satul nostru au rămas trei cimitire: într-unul, cel vechi, sunt oamenii, în al doilea sunt câinii și pisicile împușcate, pe care noi le-am abandonat, iar în al treilea sunt casele noastre.

Până și casele ni le-am îngropat..."

„În fiecare zi merg pe urma amintirilor mele...

Pe aceleași străzi, pe lângă aceleași case. Trăiam într-un orășel așa de liniștit. Nici o uzină, numai o fabrică de bomboane. Duminică... Stau întinsă, mă bronzez. Vine fuga mama:

– Fata mea, Cernobîlul a explodat, oamenii se ascund prin case, iar tu stai la soare.

Am râs – de la Cernobîl la Narovlia sunt 40 de kilometri. Seara, lângă casa noastră, s-a oprit o mașină Jiguli. Vine o cunoștință de-a mea cu soțul: ea e în halat de casă, el, cu un tricou și niște papuci vechi. Prin pădure, pe niște drumuri de țară, s-au strecurat din Pripiat. Au fugit. Pe drumuri păzea miliția, posturi militare, nimeni nu avea voie să treacă. Primul lucru pe care mi l-a spus strigând:

– Trebuie să căutăm imediat lapte și votcă! Imediat!

Striga întruna:

– Tocmai am cumpărat mobilă nouă, un frigider nou. Eu mi-am cusut o haină de blană. Am lăsat tot, am legat tot cu celofan... Noaptea nu am dormit... Ce se va întâmpla? Ce se va întâmpla?

Soțul încerca s-o liniștească. El povestea că deasupra orașului zboară elicoptere, iar pe străzi merg mașini militare și stropesc cu nu știu ce spumă. Bărbații sunt luați în armată pe jumătate de an, ca la război. Au stat cu zilele la televizor și au așteptat să vadă când va vorbi Gorbaciov. Conducerea tăcea...

Abia după sărbătorile din mai, Gorbaciov a spus: «Nu vă neliniștiți, tovarăși, situația e sub control... E un incendiu, pur și simplu un incendiu... Nu e nimic deosebit. Oamenii trăiesc acolo, muncesc».

Noi am crezut..."

„Asemenea imagini... Îmi era frică să dorm noaptea... Să închid ochii...

Erau mânate vitele... Toate vitele din satele evacuate erau mânate la noi, în centrul raional, la punctele de primire. Vaci înnebunite, oi, purcei alergau pe străzi... Cine voia putea să le ia... De la combinatul de producere a cărnii transportau carnea spre gara Kalinovici, iar de acolo le încărcau pentru Moscova. Moscova nu le primea. Și vagoanele astea, deja niște sicrie, erau trimise înapoi la noi. Trenuri întregi. Aici erau îngropate. Mirosul de carne stricată ne urmărea noaptea. «Oare așa miroase războiul atomic?», îmi spuneam. Războiul trebuia să miroasă a fum...

La început, copiii noștri erau evacuați noaptea, ca să vadă cât mai puțină lume. Ascundeau nenorocirea, o ascundeau... Dar oamenii oricum au aflat. Au adus pe drum, la autobuzele noastre, bidoane cu lapte, au făcut cornulețe.

Ca la război... Cu ce altceva să comparăm?"

***

„Ședință la comitetul executiv regional... Stare de război...

Toți așteaptă luarea de cuvânt a șefului protecției civile, pentru că nimeni nu-și mai aducea aminte nimic despre radiații, decât ceea ce era scris în manualul de fizică de clasa a zecea. El iese la tribună și începe să povestească ce e scris în cărți și în manuale despre bomba atomică: dacă a absorbit cincizeci de röntgeni, un soldat trebuie să iasă din luptă... Trebuie să se facă adăposturi, să se folosească aparatul de respirat, explică și care este raza exploziei. Dar aici nu e Hiroshima sau Nagasaki, aici e cu totul altceva... Noi deja începem să bănuim...

În zona contaminată, ne-am dus cu elicopterul. Echipamentul, conform instrucțiunilor: fără lenjerie de corp, combinezon din bumbac, ca de bucătar, pe deasupra o folie de protecție, mănuși, o mască din tifon. Suntem echipați cu multe dispozitive. Coborâm din cer lângă un sat, iar acolo, niște copii se scaldă în nisip, ca vrăbiile. În gură au pietre, o crenguță. Cei mici nu au pantaloni. Cu fundulețele goale... Iar noi avem ordin: să nu intrăm în discuții cu oamenii, să nu stârnim panică...

Și uite, și acum trăiesc cu asta pe suflet..."

„La televizor au început deodată să apară emisiunile...
O filmare: o femeie mulgea o vacă, a umplut un borcan, reporterul se apropie de ea cu un dozimetru militar, îl trece peste borcan... Priviți, cantitatea de radiație este absolut normală, iar până la reactor sunt zece kilometri. Arată spre râul Pripiat... Oamenii se scaldă, se

bronzează... În depărtare se vede reactorul şi nori de fum care ies din el... Un comentariu: «Voci din Occident seamănă panică, răspândesc informaţii eronate». Şi din nou cu dozimetrul ăsta – ba pe lângă o farfurie cu ciorbă de peşte, ba pe lângă o ciocolată, ba pe lângă nişte gogoşi de la un chioşc în aer liber. Era o minciună. Dozimetrele militare care se aflau pe atunci în dotarea armatei noastre nu erau concepute pentru verificarea alimentelor, ele măsurau doar aerul.

Atâtea minciuni câte s-au spus la Cernobîl au mai fost doar în 1941... pe vremea lui Stalin..."

„Voiam să nasc din dragoste.

Aşteptam primul copil. Soţul voia un băiat, iar eu, o fetiţă. Medicii încercau să mă convingă: «Trebuie să vă hotărâţi să faceţi avort. Soţul dumneavoastră a fost multă vreme la Cernobîl». El e şofer şi în primele zile l-au chemat acolo. A cărat nisip şi beton. Dar eu nu am crezut pe nimeni. Nu voiam să cred. Citeam în cărţi că iubirea poate să învingă orice. Până şi moartea.

Copilul s-a născut mort şi fără două degete. Fetiţă. Am plâns: «Măcar să fi avut degetele. Era fetiţă doar...»"

„Nimeni nu pricepea ce se întâmplase...

Am sunat la comandatura militară. Noi, medicii, avem obligaţii în vreme de război, aşa că mi-am oferit ajutorul. Nu mai ţin minte numele, dar era vorba de un maior, mi-a spus:

— Avem nevoie de tineri.

Am încercat să-l conving:

– În primul rând, medicii tineri nu sunt pregătiți, iar în al doilea rând, ei sunt expuși mai mult pericolului, organismul tânăr e mai sensibil la expunerea la radiații.

Răspunsul:

– Avem ordin să-i luăm pe tineri.

Țin minte... Rănile bolnavilor se vindecau greu. Și țin minte acea primă ploaie radioactivă, când au început să se îngălbenească bălțile. În soare se vedeau galbene. Acum această culoare mă neliniștește. Pe de o parte, nu ești pregătit pentru așa ceva, iar pe de alta, noi suntem cea mai bună, cea mai extraordinară și cea mai mare țară din lume. Soțul meu, om cu studii superioare, inginer, încerca să mă convingă că este un act terorist. O diversiune a dușmanilor. Noi asta credeam... Așa am fost educați... Dar mi-am adus aminte cum am mers în tren cu un economist, și el mi-a povestit despre construcția centralei nucleare de la Smolensk: cât ciment și nisip, câte scânduri și cuie s-au furat și s-au vândut în satele din apropiere. Pentru bani, pentru o sticlă de votcă...

În sate, în uzine luau cuvântul activiști de la comitetele raionale de partid. Mergeau peste tot, discutau cu oamenii. Dar nici unul nu era în stare să răspundă la întrebări precum: ce înseamnă dezactivare, cum să-i aperi pe copii, care sunt coeficienții de trecere a radionuclizilor în lanțul alimentar? Despre particulele alfa, beta și gama, despre radiobiologie, radiații ionizante, ca să nu mai vorbim de izotopi. Pentru ei, erau lucruri dintr-o altă lume. Ei țineau prelegeri despre eroismul oamenilor sovietici, despre simboluri ale curajului bărbătesc, despre uneltirile serviciilor de spionaj străine...

Am luat cuvântul la o adunare de partid. Am întrebat: Unde sunt specialiștii? Fizicienii? Radiologii? Am fost amenințată că o să-mi pierd carnetul de partid..."

„Au fost multe morți inexplicabile, neașteptate...
Sora mea avea probleme cu inima. Când a auzit de Cernobîl, a simțit că sfârșitul îi este aproape: «Voi o să treceți peste asta, eu nu!» A murit după câteva luni... Medicii nu și-au putut explica nimic, deoarece, cu diagnosticul ei, se putea trăi multă vreme...
Se povestește că bătrânelor le dăduse laptele, ca la lăuze. Termenul medical pentru un asemenea fenomen este relactație. Dar pentru țărani? Pedeapsă de la Dumnezeu... S-a întâmplat asta cu o bătrână care trăia singură. Fără soț și copii. Înnebunise. Mergea prin sat și legăna ceva în brațe, lua un lemn sau o minge de copii și o înfășura cu baticul... Nani, nani, puișor..."

„Mi-e frică să trăiesc pe pământul ăsta.
Mi-au dat un dozimetru, dar ce-mi trebuie mie? Eu spăl rufe, sunt albe, albe, dozimetrul sună. Fac de mâncare, coc plăcintă – sună. Fac patul – sună. Ce-mi trebuie mie? Dau de mâncare copiilor și plâng. «Mamă, de ce plângi așa?»
Doi copii am, doi băieți. Tot timpul sunt cu ei prin spitale. Pe la medici. Cel mai mare: e băiat sau fată? E chel. Eu m-am dus cu el și pe la profesori, și pe la babe. Descântătoare, vraci. E cel mai mic din clasă. Nu are voie să alerge, să se joace, dacă cineva îl lovește din greșeală, începe să-i curgă sânge, poate să moară. Are o boală a sângelui, nici nu-i zic pe nume. Stau cu el în spital și mă

gândesc: «O să moară». Apoi mi-am dat seama că nu se poate să mă gândesc așa, că altfel moartea o să audă. Plângeam la toaletă. Nici o mamă nu plânge în salon, toate plâng la toaletă, la baie. M-am întors veselă:

– Ai obrajii roz. O să te faci bine.

– Mămică, ia-mă din spital. O să mor aici. Aici toți mor. Unde să plâng? La toaletă? Dar acolo e coadă... Acolo sunt toate ca mine..."

„De Paștele Blajinilor, de pomenirea morților...

Ne lasă la cimitir, la morminte... Dar miliția nu ne lasă să intrăm în curțile noastre, ne interzice. Zboară deasupra noastră cu elicopterele. Așa că ne uităm de la distanță la casele noastre... Le facem semnul crucii...

Aduc o creangă de liliac din locurile dragi și o păstrez un an..."

„O să vă povestesc ce înseamnă omul nostru... Sovietic...

În primii ani, în zonele «murdare», magazinele erau pline de hrișcă, carne chinezească la conservă, și oamenii se bucurau, se lăudau că cică acum nu ne mai duci de aici. Aici ne e așa de bine! Pământul se contaminase în grade diferite, într-un colhoz erau câmpuri și «curate», și «murdare». Celor care muncesc pe cele «murdare» li se plătește mai mult și toți se roagă să fie trimiși acolo. Refuză să se ducă la cele «curate»...

Recent a fost la noi în vizită un frate din Orientul Îndepărtat.

– Voi, spune, sunteți aici ca niște «cutii negre»...

Oameni «cutii negre»... «Cutiile negre» sunt montate în fiecare avion, ca să înregistreze toată informația de zbor. Când avionul are un accident, sunt căutate «cutiile negre».

Noi credem că trăim ca alții... Mergem, muncim, ne îndrăgostim... Nu! Noi înregistrăm informații pentru viitor."

„Sunt medic pediatru...

La copii, totul e altfel decât la adulți. Ei, de exemplu, nu cunosc frica de moarte... Nu au imaginea asta. Știu tot despre ei: diagnostic, denumirea tuturor procedurilor, medicamentele. Știu mai mult decât mamele lor. Dar jocurile lor? Aleargă prin salon unul după altul și strigă: «Eu sunt radiația! Eu sunt radiația!» Mi se pare că atunci când mor au niște fețe uimite... Sunt nedumeriți...

Stau, așa, întinși cu fețele uimite..."

„Medicii m-au prevenit că soțul meu o să moară... Suferă de cancer al sângelui...

S-a îmbolnăvit când s-a întors din Zona de la Cernobîl. După două luni. A fost trimis acolo de la uzină. A venit din schimbul de noapte:

– Dimineață plec.

– Și ce-o să faci acolo?

– O să lucrez la colhoz.

Au strâns fânul de pe o zonă de 15 kilometri. Au cules sfecla. Au săpat cartofii.

S-a întors. Ne-am dus la părinții lui. L-a ajutat pe tatăl lui să tencuiască soba. Și acolo a căzut. Am chemat salvarea, l-au dus la spital – un nivel extrem de ridicat al leucocitelor. L-au trimis la Moscova.

A venit de acolo cu un singur gând: «O să mor». A început să tacă mai mult. L-am tot convins. L-am tot rugat. Nu crede cuvintele mele. Atunci i-am făcut o fetiță, ca să creadă. Eu nu-mi interpretez visele... Când mă duc la eșafod, sunt îmbrăcată toată în alb... Nu citesc cărțile de vise... Mă trezesc dimineața, mă uit la el: cum să rămân singură? Măcar să mai crească puțin fetița și să-l țină minte. E micuță, abia a început să meargă. Fuge la el: «Taaa!» Îmi alung gândurile astea...

Dacă știam... I-aș fi închis toate ușile. M-aș fi pus în prag. L-aș fi încuiat cu zeci de lacăte..."

„Sunt deja doi ani de când trăiesc cu băiatul meu în spital.

Fetițele din saloane se joacă cu păpușile. Păpușile lor își închid ochii. Așa mor păpușile.

– De ce mor păpușile?

– Pentru că sunt copiii noștri și copiii noștri n-o să trăiască. Ei se nasc și mor.

Artiomka al meu are șapte ani, dar arată de cinci.

Închide ochii și eu cred că a adormit. Atunci încep să plâng, sunt sigură că nu mă vede. Dar el vorbește:

– Mamă, mor deja?

Adoarme și aproape că nu mai respiră. Mă așez în genunchi în fața lui, în fața pătuțului.

– Artiomka, deschide ochii... Spune ceva...

«Ești cald încă», îmi spun.

Deschide ochii. Iar îi închide. Și așa, încet. Parcă a murit.

– Artiomka, deschide ochișorii...

Nu vreau să-l las să moară."

***

„Recent, am făcut revelionul... Am așezat o masă frumoasă. Totul făcut în casă: afumături, slănină, carne, castraveți marinați, numai pâinea e de la magazin. Până și votca e a noastră, făcută în casă. Sunt de-ale noastre, cum râd oamenii pe la noi, de la Cernobîl. Cu cesiu, stronțiu la un loc. Dar de unde să iei altceva? Magazinele din sate au rafturile goale, iar, dacă apare ceva, cu salariile și cu pensiile noastre, nu te poți apropia.

Au venit musafiri la noi. Vecinii noștri buni. Tineri. Unul e profesor, celălalt e mecanic la colhoz, venit împreună cu soția. Am băut. Am luat o gustare. Și au început cântecele. Nu ne-am înțeles, am cântat cântece revoluționare. Cântece despre război. «Dimineața aruncă o lumină frumoasă și caldă pe zidurile Kremlinului», cântecul meu preferat. Și a fost o seară frumoasă. Așa, ca altădată.

Am scris despre asta fiului. El învață în capitală. E student. Primesc răspuns: «Mamă, îmi imaginez tabloul ăsta – pământul Cernobîlului. Casa noastră. Bradul strălucește... Și oamenii de la masă cântă melodii revoluționare și de război, ca și cum nu ar fi trecut nici prin Gulag, nici prin Cernobîl...»

Mi s-a făcut frică nu pentru mine, ci pentru fiul meu, pentru că nu are unde să se întoarcă..."

CAPITOLUL 3
TRISTEȚEA NE ÎNCÂNTĂ

Monolog despre ce nu știam:
moartea poate să fie așa de frumoasă

„În primele zile, principala întrebare era legată de vinovatul pentru tragedia care se produsese. Aveam nevoie de un vinovat...

Apoi, când am aflat mai mult, am început să ne gândim la ce să facem. Cum să ne salvăm? Acum, după ce ne-am împăcat cu gândul că nu e vorba de un an sau de doi, ci de multe generații, am început să privim înapoi, puțin câte puțin, pagină cu pagină...

S-a întâmplat în noaptea de vineri spre sâmbătă... Dimineață, nimeni nu bănuia nimic. L-am trimis pe băiat la școală, soțul s-a dus la frizerie. Pregăteam masa de prânz. Soțul s-a întors repede și a spus: «La centrala nucleară a avut loc un incendiu. Ordin: să nu închidem radioul». Am uitat să spun că locuiam la Pripiat, în apropierea reactorului. Am și acum în fața ochilor văpaia de un liliachiu intens, în care reactorul parcă strălucea. O culoare incredibilă. Nu era un incendiu obișnuit, era un fel de auroră boreală. Dacă e să uit de restul, era foarte frumos. Nu am văzut ceva asemănător în vreun film, nu pot să compar cu nimic ceea ce am văzut. Seara, oamenii se înghesuiau în balcoane – care nu avea, se ducea la prieteni, la cunoscuți. Noi stăm la etajul opt, avem vizibilitate bună. În linie dreaptă sunt trei kilometri. Am scos copiii, i-am ridicat în brațe: «Uite! Ține mine!» Și oamenii aceștia care lucrau la reactor, ingineri, muncitori, erau și profesori de fizică, stăteau în praful negru... Discutau. Respirau. Admirau. Unii veneau cu mașinile de la zeci de kilometri, cu bicicletele, ca să se uite. Nu știam că moartea poate să fie așa de frumoasă. Dar nu aș spune că nu avea nici un fel de miros. Nu era un miros de primăvară sau de toamnă, ci de cu totul altceva, și nici miros de pământ... Nu... Mă mânca în gât, ochii îmi lăcrimau... Nu am dormit toată noaptea și am auzit cum umblau deasupra vecinii, nici ei nu aveau somn. Tot trăgeau ceva, bocăneau, poate că împachetau lucruri. Lipeau ferestrele. Am luat ceva pentru durerea de cap. Dimineață, când s-a luminat, m-am uitat în jur și am simțit pe loc că ceva nu era în ordine, că ceva se schimbase. La ora opt dimineața, pe străzi mergeau deja militari cu măști de gaz. Când am văzut pe străzile orașului atâția soldați și tehnică militară, nu ne-am speriat, dimpotrivă, ne-am liniștit. Din moment ce armata ne-a venit în ajutor, totul o să fie în ordine. Nu aveam nici o idee că și atomul pașnic omoară... Că tot orașul putea să nu se mai trezească în noaptea aceea... Afară cineva râdea, se auzea muzică...

După-amiază la radio au început să anunțe ca oamenii să se pregătească de evacuare: o să fie duși de aici pentru trei zile, o să spele, o să verifice. Parcă aud și acum vocea crainicului: «Evacuare în satele apropiate!», «Să nu se ia animalele domestice!», «Să se adune lângă scările blocurilor!» Copiilor li s-a spus să ia în mod obligatoriu cu ei și manualele. Soțul a pus totuși în servietă actele și fotografiile noastre de nuntă. Singurul lucru pe care eu l-am luat a fost un baticuț de moar, în caz de vreme rea...

Din primele zile am simțit că noi, cei din Cernobîl, suntem acum respinși. Se tem de noi. Autobuzul cu care am mers s-a oprit noaptea într-un sat. Oamenii dormeau pe jos în școală, în casa de cultură. N-aveai unde să te strecori. Și o femeie ne-a chemat la ea:

– Haideți cu mine, o să vă pun un pat. Îmi pare rău de băiatul vostru.

Dar alta, care era alături, a tras-o de lângă noi:

– Ai înnebunit! Sunt contagioși.

După ce ne-am instalat la Moghilău și băiatul s-a dus la școală, în prima zi a venit acasă plângând... Fusese pus în bancă alături de o fetiță, iar ea nu era de acord, pentru că el era iradiat și, dacă stătea alături de el, atunci poate să moară. Băiatul învăța în clasa a patra și așa s-a nimerit ca numai el, din Cernobîl, să fie în clasa asta. Se temeau de el, îl numeau «licurici», «arici de Cernobîl»... M-am speriat că i se terminase așa de repede copilăria.

Am plecat din Pripiat, iar în fața noastră veneau coloane militare. Tehnică blindată. Atunci mi s-a făcut frică. Nu înțelegeam și-mi era frică. Dar nu mă părăsea senzația că totul se întâmplă altcuiva, nu mie. O senzație ciudată. Eu plângeam, căutam mâncare, loc unde să înnoptăm, îl îmbrățișam și-l linișteam pe băiat, dar în sinea mea nici nu mă gândeam, aveam mereu sentimentul că sunt un spectator. Că mă uit printr-un geam... Că văd pe altcineva... Abia la Kiev ni s-au dat primii bani, dar nu puteam cumpăra nimic cu ei: sutele de mii de oameni care fuseseră ridicați din locurile lor cumpăraseră totul, totul fusese mâncat. Mulți făcuseră infarct, comoții, chiar acolo, în gări, în autobuze. M-a salvat mama mea. În lunga ei viață, nu o dată își pierduse casa și averea adunată. Prima dată s-a întâmplat în anii 1930, când i-au luat tot: cal, casă, vacă. A doua oară a fost incendiul, în urma căruia nu a putut salva nimic, decât pe mine, care eram mică: «Trebuie să trecem și peste asta. Bine că suntem în viață».

Mi-am adus aminte de următorul episod. Stăm în autobuz. Plângem. Un bărbat de pe primele scaune o ocărăște pe soție: «Ce proastă mai ești! Să fi luat și noi măcar niște haine, dar ne-am încărcat cu borcane de trei litri». Soția îi spusese că, dacă tot merg cu autobuzul, pe drum va lăsa mamei borcanele goale pentru murături. Lângă ei aveau sacoșe voluminoase, de care ne-am împiedicat tot drumul. Și așa au ajuns ei la Kiev cu borcanele astea.

Cânt în corul bisericii. Citesc Biblia. Mă duc la biserică, pentru că numai acolo vorbesc de viața veșnică, ce-l liniștește pe om. Nu mai auzi în altă parte cuvintele astea, deși tare mai vrei să le auzi. Când eram evacuați și dădeam pe drum de o biserică, ne duceam toți acolo. Atei și comuniști, toți se duceau.

Am adesea un vis cum merg cu fiul prin Pripiatul însorit – acum e deja un oraș-fantomă. Mergem și ne uităm la trandafiri, în Pripiat erau mulți trandafiri, ronduri mari cu trandafiri. E un vis... Toată viața noastră e deja un vis. Atunci eram așa de tânără. Băiatul era mic... Am iubit...

Timpul a trecut, totul a devenit amintire. Sunt din nou parcă un spectator..."

*Nadejda Petrovna Vîgovskaia,
strămutată din orașul Pripiat*

Monolog despre cât e de ușor să devii pământ

"Țineam un jurnal...

Încercam să rețin zilele acelea... Erau multe senzații noi. Ei, desigur, și frică... Am plecat în necunoscut, ca pe Marte... Sunt, de fel, din Kursk. În 1969, aproape de noi s-a construit o centrală nucleară. În orașul Kurceatov. Din Kursk mergeam acolo după alimente. După salam. Cei de la centrală erau aprovizionați foarte bine. Țin minte un iaz mare, în el se pescuia. În apropierea reactorului... După Cernobîl mi-am adus aminte de asta de multe ori... Acum așa ceva nu mai e posibil...

Deci așa: mi se înmânează convocarea și eu, disciplinat, în aceeași zi mă prezint la comandatura militară. Comandantul se uită prin dosarul meu.

— Tu, spune, nu ai fost niciodată la convocare. Și aici avem nevoie de chimiști. Nu vrei să te duci în tabăra de lângă Minsk, pentru douăzeci și cinci de zile?

Mi-am spus: «De ce să nu mă odihnesc puțin, să scap de familie, de serviciu? O să mărșăluiesc și eu în aer liber». Pe 22 iunie 1986, cu lucrurile, un ceaunaș și periuța de dinți, la ora unsprezece m-am dus la punctul de adunare. M-a uimit faptul că suntem cam mulți pentru timp de pace. Mi-au venit în minte tot felul de amintiri. Din filme de război. Și ziua se potrivea: 22 iunie... Începutul războiului... Când ne anunță să ne adunăm, când să mai așteptăm, și așa până seara. Ne-au urcat în autobuze când începuse să se întunece. Ordin: «Cine a adus alcool, beți-l. Noaptea ne urcăm în tren, iar dimineață o să fim la unitate. Să coborâți proaspeți, ca niște castraveciori, fără bagaj suplimentar». E clar. Toată noaptea am petrecut.

Dimineață ne-am găsit unitatea în pădure. Din nou ne-au pus în formație și ne-au strigat în ordine alfabetică. Am primit haine speciale. Ni s-a dat un set, al doilea, al treilea, ei, îmi spun, sunt treburi serioase. Și ne mai dau manta, căciulă, saltea, pernă, toate de iarnă. Iar afară e vară și ni s-a promis că o să ni se dea drumul după douăzeci și cinci de zile.

– Ei, ce spuneți, băieți? râde căpitanul care ne-a adus. Douăzeci și cinci de zile?! O să stați aici la Cernobîl jumătate de an.

Nedumerire. Agresivitate. Ei, atunci hai să ne convingă: cine se duce la 20 de kilometri primește salariu dublu, cine la zece, triplu, cine se duce chiar lângă reactor, înmulțit cu șase. Unul începe să socotească că, în șase luni, o să ajungă acasă cu mașina sa, altul voia să fugă, dar e disciplină militară. Ce-i aia radiație? Nimeni nu a auzit. Iar eu înainte de asta fusesem la cursurile de protecție civilă; acolo ni s-a dat o informație veche de treizeci de ani: cincizeci de röntgeni e doza mortală. Ne-au învățat cum să cădem, ca valul de recul să treacă deasupra noastră, să nu ne lovească. Iradiere, căldură mare... Dar nu ni s-a spus că factorul cel mai important de contaminare radioactivă este locul. Iar ofițerii de cadre care ne-au dus la Cernobîl un singur lucru știau: trebuie cât mai multă votcă, ajută în caz de radiație. Șase zile am stat lângă Minsk, șase zile am băut. Colecționam etichete de la sticle de alcool. Mai întâi am băut votcă, apoi, mă uit, au apărut niște băuturi ciudate: soluție pentru spălatul ferestrelor, Nithinol, și de tot felul. În calitate de chimist, pentru mine, asta era interesant... După Nithinol ai picioarele de vată, dar capul e treaz, poți să-ți dai ordin: «În picioare!» Dar cazi la loc.

Deci așa: sunt inginer chimist, doctor în științe, m-au chemat din funcția de șef de laborator la o întreprindere de producție mare. Cum m-au folosit? Mi-au dat în mână o lopată, practic a fost singurul meu instrument. A apărut imediat aforismul: la atom cu lopata. Mijloace de protecție: măști de gaze, aparate de respirat, dar nimeni nu le folosea, pentru că e o căldură de treizeci de grade, dacă ți le pui, mori imediat. Au semnat ca pentru o muniție suplimentară și ne-au uitat... Încă o chestie. Cum ne-am dus... Din autobuze ne-am urcat în tren, în vagon erau patruzeci și cinci de locuri, noi eram șaptezeci. Am dormit pe rând. Acum îmi aduc aminte de asta... Ei, ce înseamnă Cernobîl? Tehnică militară și soldați. Puncte de spălat. Stare de război. Ne-au instalat în corturi, câte zece oameni. Unii aveau copii acasă, alții, nevasta care trebuia să nască, alții nu aveau apartament. Nimeni nu se plângea. Dacă trebuie, trebuie. Patria ne-a chemat, patria a poruncit. Așa sunt oamenii la noi...

În jurul corturilor sunt munți uriași de cutii goale de conserve. Mont Blanc! Rezerve intangibile, păstrate undeva, în magazii militare. Judecând după etichete, se păstrau de douăzeci–treizeci de ani... În caz de război. Cutii de carne, de șprot, terci... Turme de pisici... Erau ca muștele... Satele fuseseră evacuate, nu mai erau oameni. Din cauza vântului, portița scârțâia, te întorceai instantaneu pentru că te așteptai să vezi un om. Când colo, iese o pisică...

Am înlăturat stratul superior de pământ contaminat, l-am încărcat în camioane și a fost dus în gropile comune. Credeam că groapa asta era un fel de construcție inginerească sofisticată, dar era o groapă obișnuită. Ridicam pământul și-l rulam ca pe un covor de gazon verde, cu iarbă, flori, rădăcini, cu păianjeni, râme... O muncă pentru nebuni. Doar nu putem jupui tot pământul, nu putem să luăm de pe el tot ce e viu. Dacă nu am fi băut serios în fiecare noapte, mă îndoiesc că am fi putut rezista psihic. Sute de metri de pământ jupuit, infertil. Case, magazii, copaci, șosele, grădinițe, fântâni rămăseseră goale, în mijlocul nisipului, în nisip... Dimineața trebuia să te razi, ți-era frică să te uiți în oglindă să-ți vezi fața. Îți treceau prin cap tot felul de gânduri... E greu de imaginat că acolo o să se întoarcă oameni, ca să înceapă din nou viața. Dar noi schimbam plăcile de azbest de pe case, schimbam acoperișurile. Toți își dădeau seama că e o muncă inutilă. Mii de oameni. Dar în fiecare dimineață ne trezeam și o făceam din nou. Absurd! Ne întâmpina un bătrân: «Băieți, lăsați munca asta fără sens. Stați la masă. Mâncați cu noi». Bătea vântul. Veneau nori. Reactorul nu era acoperit... Am luat un strat, după o săptămână ne apucam din nou de treabă. Dar deja nu mai aveam ce lua. Nisipul se împrăștiase... Un singur lucru mi s-a părut că avea sens, atunci când din elicopter aruncau o soluție specială ca să se formeze o peliculă de polimeri și astfel să nu permită solului instabil să se miște și straturilor să se amestece. Asta era de înțeles. Dar noi săpam, săpam...

Oamenii erau evacuați, dar în unele sate rămâneau bătrâni. Aveam ocazia să intrăm într-o casă obișnuită și să stăm la masă... Tot ritualul... Măcar o jumătate de oră de viață omenească normală... Deși acolo nu ai voie să mănânci nimic... Era interzis. Dar tare mai voiam să stau așa, la masă, într-o casă veche...

După noi, rămăseseră numai gorgane. Se pare că trebuiau să fie acoperite cu plăci de beton și să fie îngrădite cu sârmă ghimpată. Am lăsat acolo camioanele, mașinile de teren, macaralele cu care am lucrat, pentru că metalul are capacitatea de a atrage radiația. Se povestește că mai apoi toate acestea au dispărut undeva. Au fost furate. Cred, pentru că la noi se poate întâmpla orice. O singură dată a fost alarmă: dozimetriștii au verificat și au dovedit că a fost construită cantina pe un loc unde e mai multă radiație decât unde munceam noi. Iar noi locuiam acolo de două luni. Așa sunt oamenii la noi... Niște stâlpi cu scânduri, la nivelul pieptului, asta se chema cantină. Mâncam în picioare. Ne spălam din butoaie. Toaleta era o tranșee lungă în câmp deschis. În mâini aveam lopata. Iar alături era reactorul...

După două luni începuserăm să pricepem câte ceva. Am întrebat:

— Doar nu suntem condamnați la moarte. Am stat două luni, ajunge. E timpul să ne schimbați.

Generalul-maior Antoșkin discuta cu noi, era sincer:

— Nu e avantajos pentru noi să vă schimbăm. V-am dat un set de haine. Al doilea, al treilea. V-ați făcut deprinderi. Dacă vă schimbăm, ne costă mult, e prea multă bătaie de cap.

Și insistă pe faptul că suntem eroi. O dată pe săptămână cei care săpaseră bine pământul primeau în fața formației o diplomă de onoare. Cel mai bun gropar al Uniunii Sovietice. Oare nu e nebunie?

Sate pustii, unde trăiau doar găini și pisici. În cuibare era plin de ouă. Le prăjeam. Soldații sunt în stare de orice. Prindeau găina, o puneau pe foc și o dădeau gata împreună cu o sticlă de rachiu. În fiecare zi beam împreună în cort o sticlă de trei litri de rachiu. Unii jucau șah, alții zdrăngăneau la chitară. Omul se obișnuiește cu orice. Unul se îmbăta și se punea în pat, altul avea chef să urle, să se încaiere. Doi s-au urcat beți la volan. S-au făcut praf. Au fost scoși din mormanul de fiare cu utilajele de descarcerare. M-am salvat prin faptul că scriam acasă scrisori lungi și țineam un jurnal. M-a prins șeful de la învățământ politic și mă tot întreba unde-l păstrez, ce scriu? L-a momit pe un vecin să mă spioneze.

— Ce tot scrii acolo? mă întreba el.

— Mi-am scris lucrarea de doctorat. Acum scriu pentru abilitare.

Râde:

— Așa o să-i spun colonelului. Dar tu ascunde asta.

Erau băieți buni. Cum am mai spus, nimeni nu se plângea. Credeți-mă: nimeni n-o să ne învingă vreodată. Ofițerii nu ieșeau din corturi. Umblau în papuci de casă. Beau. Puțin ne păsa! Noi săpam. Puțin ne păsa că primeau ei epoleții! Așa sunt oamenii la noi...

Dozimetriștii erau ca niște zei. Toți se înghesuiau în jurul lor. «Ei, băiete, ce radiație am?» Un soldat întreprinzător a luat un băț obișnuit, a înfășurat sârmă în jurul lui, a ciocănit la o casă și umbla cu bățul pe perete. Femeia, după el:

— Fiule, ce radiație am aici?

— Secret militar, mamaie.

— Spune-mi, fiule. Îți dau un pahar de rachiu.

— Ei bine, hai!

A băut.

— E totul în ordine la tine, mamaie.

Și s-a dus mai departe...

La jumătatea termenului ni s-au dat, în sfârșit, dozimetre, niște cutiuțe așa, mici, cu un cristal înăuntru. Unii au început să se gândească că ar putea foarte bine să-l ducă dimineața la groapa comună și să-l lase acolo, iar la sfârșitul zilei să-l ia înapoi. Cu cât arăta mai multă radiație, cu atât creștea posibilitatea de a li se da drumul mai repede acasă sau să li se plătească mai mulți bani. Unii l-au prins de cizmă, aveau acolo o clapetă, ca să fie mai aproape de pământ. Teatru al absurdului! Absurd! Contoarele alea funcționau doar dacă erau contaminate cu doză inițială de radiație. Adică flecușțețele alea, jucăriile alea ni le-au dat ca să ne închidă gura. Psihoterapie. De fapt, era un aparat cu siliciu, care zăcuse prin magazii vreo cincizeci de ani. În livretul militar, la finalul stagiului, fiecăruia i se scrisese aceeași cifră: doza medie de radiații era înmulțită cu numărul de zile petrecute. Au măsurat doza medie în corturi, unde locuiam, nu unde lucram.

O fi banc, o fi întâmplare adevărată... A sunat un soldat la iubita lui.

— Ce faci acolo? l-a întrebat ea neliniștită.

— Tocmai am ieșit de sub reactor, m-am spălat pe mâini, s-a lăudat el.

Și i se închide telefonul. Discuția s-a întrerupt. KGB-ul asculta...

Aveam la dispoziție două ore de odihnă. Stăteam întins sub o tufă, iar vișinele se copseseră, erau așa de mari, de dulci, că le ștergeai și le băgai în gură... Am văzut pentru prima oară și agude...

Când nu aveam de lucru, ne duceau să mărșăluim pe pământul contaminat... Absurd! Seara ne uitam la filme indiene de dragoste, până la trei–patru dimineața. Uneori, bucătarul dormea până târziu dimineața, iar la micul dejun, hrișca era crudă. Aduceau ziare. Acolo scria că suntem eroi! Voluntari! Se publicau fotografii. Dar măcar să-l fi văzut și noi pe fotograful ăla...

În apropiere erau unitățile internaționale. Tătari din Kazan. Am văzut cum se făcea judecata la ei. Un soldat era fugărit în fața formației, iar dacă se oprea sau fugea într-o parte, îl loveau cu picioarele. Intrase prin case, le jefuise. I-au găsit o geantă plină cu lucruri. Alături se aflau lituanienii. După o lună s-au revoltat și au cerut să fie trimiși acasă.

Odată s-a dat un ordin special: să spălăm urgent o casă dintr-un sat pustiu. Absurd!

– De ce?

– Mâine o să fie o nuntă acolo.

Am spălat acoperișul cu furtunurile, copacii, am jupuit pământul. Am scos cartofii din grădină, iarba din curte. În jur era pustiu. A doua zi i-au adus pe miri. A venit autobuzul cu invitați. Cu muzică... Niște miri adevărați, nu de film. Ei locuiau în altă parte, fuseseră strămutați, dar au fost convinși să vină aici, să fie filmați pentru istorie. Propaganda funcționa. Fabrica de vise...

Miturile erau și ele la datorie, spunând lumii că noi trăim peste tot, chiar și pe pământul mort...

Chiar înainte de plecare, m-a chemat comandantul:

— Ce ai scris?

— Scrisori pentru tânăra mea soție, am răspuns.

— Ai grijă! a urmat ordinul.

Ce mi-a rămas în minte din zilele alea? Cum am săpat... Undeva, în jurnal, am scris ce am înțeles eu în primele zile, că este atât de ușor să te faci pământ..."

Ivan Nikolaevici Jmîhov, inginer-chimist

MONOLOG DESPRE SIMBOLURILE ȘI TAINELE UNEI ȚĂRI MARI

„Îmi aduc aminte, ca de război...

Spre sfârșitul lui mai, cam după o lună de la avarie, au început să vină la verificare alimente dintr-o zonă aflată la 30 de kilometri de noi. Institutul lucra non-stop, asemenea unui institut militar. La acel moment eram singurul institut din Bielorusia care aveam și aparatura, și specialiștii necesari pentru așa ceva. Au adus măruntaie de animale domestice și sălbatice. Verificau laptele. După primele probe, era clar că nu ni se aducea carne, ci deșeuri radioactive. În Zonă, turmele erau păscute în schimburi. Păstorii veneau și plecau, mulgătoarele erau aduse numai la muls. Fabricile de lapte își îndeplineau planurile. Verificam. Nu era lapte, erau deșeuri radioactive. Laptele praf și cutiile de lapte concentrat de la fabrica de lapte Rogaciovo au fost multă vreme folosite la măsurătorile legate de sursele de radiații. Și, între timp, se vindeau în magazine, la toate chioșcurile de alimente...

Când oamenii au început să nu mai cumpere laptele de la

Rogaciovo, acesta a început să fie ținut în depozite. Apoi borcanele au apărut la raft fără etichete... Nu pentru că statul nu mai avea hârtie, ci ca să păcălească oamenii. Statul te păcălea. Informația devenise secretă... Tocmai atunci când elementele care aveau o viață scurtă produceau o radiație puternică și totul «lumina». Scriam mereu note de serviciu. Mereu... Dar dacă vorbeam deschis despre rezultate, riscam să ne pierdem titlul științific sau carnetul de partid... (*Începe să se tulbure.*) Dar nu de frică era vorba, desigur, ci de faptul că eram oameni ai acelor vremuri, ai țării noastre sovietice. Credeam în ea, era vorba numai de credință. De credința noastră... (*De tulburare începe să fumeze.*) Vă rog să mă credeți, nu de frică... Nu doar de frică, vă spun cinstit... Ca să mă pot respecta pe mine, trebuie să fiu cinstit acum...

În prima călătorie în Zonă, am măsurat radiațiile din pădure, care erau de cinci–șase ori mai mari decât în câmp sau pe drum. Peste tot erau doze înalte. Tractoarele lucrau, țăranii își săpau grădinile... În câteva sate s-a verificat tiroida adulților și copiilor. Dintr-o sută de cazuri, radiația era de două–trei sute de ori mai mare decât norma admisă. Era o femeie radiolog în grupul nostru. A făcut o criză de isterie când a văzut copii care stăteau în nisip și se jucau. Lansau la apă, în bălți, corăbioare. Magazinele erau deschise și, cum se întâmpla de regulă în satele noastre, țesăturile și alimentele erau unele lângă altele: costume, rochii, iar alături, salam, margarină. Nici măcar nu erau acoperite cu celofan. Am luat salam, ouă, am făcut măsurători: nu erau alimente, ci deșeuri radioactive. O femeie tânără stătea pe o bancă în fața casei, alăpta un copil. Am verificat laptele mamei – era radioactiv. Madona din Cernobîl...

Am întrebat:

– Ce se întâmplă, ce să facem?

Ni s-a răspuns:

– Faceți măsurători. Uitați-vă la televizor.

La televizor, Gorbaciov ne liniștea: «S-au luat măsuri urgente». Credeam... Eu, inginer cu vechime de douăzeci de ani, care știa bine legile fizicii. Doar știam că tot ce mișcă trebuie să plece de aici. Măcar pentru o vreme. Dar noi făceam conștiincioși măsurători și ne uitam la televizor. Ne obișnuiserăm să credem. Eu sunt din generația de după război, care a crescut în credința asta. De unde e credința? Am învins într-un război cumplit și întreaga lume s-a plecat în fața noastră. În Cordilieri, pe stânci, a fost săpat numele lui Stalin. Simbolul unei țări mari.

De ce oare tăceam, când știam adevărul? De ce nu am ieșit în piață, nu am strigat? Cum v-am spus, am scris note de serviciu, am raportat, dar am tăcut și ne-am supus fără crâcnire ordinelor, pentru că așa era disciplina de partid, eram comuniști. Nu țin minte ca vreunul din colegii noștri să se fi speriat pentru persoana lui și să fi refuzat să meargă în delegație în Zonă. Nu din frica de a pune pe masă carnetul de partid, ci din cauza credinței. În primul rând, credința că trăim frumos și drept și că, la noi, omul e mai presus de tot, e măsura tuturor lucrurilor. Prăbușirea acestei credințe s-a încheiat mai apoi pentru mulți cu infarct sau sinucidere. Cu un glonț în inimă, cum a făcut academicianul Legasov... Pentru că atunci când îți pierzi credința, rămâi fără ea, nu mai ești un participant, ci un coautor, nu mai ai nici o justificare. Asta cred eu.

Un fel de semn... La fiecare centrală nucleară din fosta Uniune se afla în seif planul de lichidare în caz de accidente. Un plan strict secret. Cu mulți ani înainte de acest dezastru, planurile au fost elaborate după modelul centralei de la Cernobîl: ce și cum să se facă, cine de ce răspunde, până în cele mai mici amănunte... Și deodată acolo, la centrala aceea, a avut loc o catastrofă... Ce-i asta, o coincidență? Mistică? Dacă aș fi fost credincios... Când cauți un semn, ești de fapt un om religios. Dar eu sunt inginer, omul unei alte credințe. Eu am alte simboluri...

Ce să fac eu acum cu credința mea?"

Marat Filippovici Kohanov, fost inginer-șef la Institutul de Energie Nucleară al Academiei de Științe a Bielorusiei

Monolog despre faptul că în viață lucrurile groaznice se întâmplă încet și firesc

„Chiar de la început...

Am auzit că s-a întâmplat ceva, undeva. Nici denumirea nu am auzit-o, undeva, departe de Moghilăul nostru... A venit fuga de la școală fratele meu: tuturor copiilor li se dau niște tablete. Era clar că se întâmplase cu adevărat ceva. Vai, vai, vai! Și gata. De 1 Mai am petrecut ziua foarte bine, în natură, desigur. Ne-am întors acasă seara târziu, în camera mea vântul deschisese fereastra... Mi-am adus aminte de asta mai târziu...

Lucram la Inspectoratul de Protecție a Mediului. Așteptam acolo niște indicații, dar ele nu veneau. Așteptam... În organigrama noastră experți erau foarte puțini, mai ales printre cei din conducere. Aveam colonei în rezervă, foști activiști de partid, pensionari sau incompetenți. Dacă în altă parte fusese penalizat, era trimis la noi. Stătea aici, învârtea hârtii. Au început să se agite, au început să vorbească după cuvântarea de la Moscova a scriitorului nostru bielorus Ales Adamovici, care a început să facă mare gălăgie. Ce l-au mai urât! Era ceva ireal. Doar aici trăiesc copiii lor, nepoții lor, și nu ei, ci un scriitor strigă întregii lumi: salvați-i! Ar fi trebuit să funcționeze instinctul de supraviețuire. La adunările de partid, la fumoare, tot despre scriitori era vorba. De ce se bagă ei unde nu le fierbe oala? Au început să facă gălăgie! Doar există instrucțiuni! E nevoie de subordonare! Ce pricepe el? Doar nu e fizician! Există CC, există secretar general! Atunci mi-am dat seama pentru prima oară ce a însemnat anul 1937, cum a fost atunci...

Pe atunci, imaginea mea despre centrala nucleară era una idilică. La școală, la facultate, eram învățați că sunt niște «fabrici care produceau energie din nimic», ca în basme, unde oameni în halate albe stau și apasă pe butoane. Cernobîl a explodat pe fundalul unei conștiințe nepregătite, al unei credințe absolute în tehnică. În plus, nu aveai nici o informație. Munți de hârtie cu ștampila «strict secret»: «Secretizați informația despre accident!», «Secretizați informațiile despre rezultatele tratamentului!», «Secretizați informațiile despre gradul de contaminare radioactivă a personalului care ia parte la lichidare!» Circulau zvonuri: unul citise în ziare, altul auzise undeva, unuia îi spusese nu știu cine... Din biblioteci dispăruse toată maculatura ridicolă (cum s-a văzut mai apoi) despre apărarea civilă. Cineva asculta radiouri străine, numai ele spuneau pe atunci ce pastile trebuie administrate și cum. Dar reacția era cel mai adesea aceasta: dușmanii spun numai minciuni, dar la noi totul e bine. Pe 9 Mai, veteranii o să meargă la paradă... O să cânte fanfara. Și cei care stingeau reactorul, cum s-a văzut mai apoi, trăiau tot din zvonuri: se pare că e periculos să iei grafitul cu mâinile, se pare că...

De undeva a apărut în oraș o nebună. Mergea prin piață și spunea: «Am văzut radiația asta. E albastră, albastră, are reflexe!» Oamenii nu mai cumpărau lapte din piață, brânză dulce. Era o lăptăreasă, nimeni nu mai cumpăra de la ea. «Nu vă fie frică, nu scot vaca afară, pe câmp, eu îi aduc iarba.» Cum ieși în afara orașului, vezi niște momâi de-a lungul drumului: paște o vacă înfășurată în celofan și alături e o femeie, și ea acoperită de celofan. Râsu'-plânsu'. Și deja începuseră să ne trimită și pe noi la verificat. Am fost trimisă la o fabrică de cherestea. Nu le reduseseră cantitatea de lemn, planul se respecta în continuare. La depozit am deschis dispozitivul și acesta a luat-o razna. Lemnele erau în regulă, dar, lângă mături, aparatul era dat peste cap.

– De unde sunt măturile?

– De la Krasnopol.

Era cel mai contaminat raion din regiunea Moghilău.

– Rămăsese ultimul lot. Pe celelalte le-am trimis.

Cum să le mai găsești acum prin toate orașele unde fuseseră vândute?

De ce mă mai temeam să nu uit? A! Mi-am adus aminte... După Cernobîl am avut un sentiment nou, neobișnuit, că fiecare dintre noi are viața lui și că, înainte de asta, parcă nimeni nu avea nevoie de ea. Și acum, oamenii începură să se gândească: ce mănâncă, ce să le dea de mâncare copiilor. Ce e periculos pentru sănătate și ce nu. Să te muți în altă parte sau nu? Fiecare trebuia să ia o decizie. Dar cum eram obișnuiți să trăim? La grămadă, tot satul, toată comunitatea, toată uzina, colhozul. Eram oameni sovietici. Eu, de exemplu, eram om sovietic. Foarte! Am studiat la facultate, în fiecare vară plecam cu detașamentul de studenți comuniști. Era o mișcare de tineret – detașamentele de studenți comuniști. Lucram acolo, iar banii îi trimiteau unui partid comunist din America Latină. Detașamentul nostru trimitea banii în Uruguay...

Ne-am schimbat... Totul s-a schimbat... E nevoie de eforturi foarte mari pentru a înțelege. Să te smulgi din obișnuință... Eu sunt biolog. Lucrarea mea de diplomă a fost despre comportamentul viespilor. Am stat două luni pe o insulă pustie. Am avut acolo un cuib de viespi. M-au primit în familia lor după ce o săptămână m-au tot studiat. Mai aproape de trei metri nu lăsau pe nimeni să se apropie, dar pe mine mă lăsau, după o săptămână deja, să mă apropii la zece centimetri. Le hrăneam cu dulceață pe un băț de chibrit, chiar în cuib. «Să nu distrugi un furnicar, e o formă bună de viață străină» era zicala preferată a profesorului nostru. Cuibul de viespi e legat de toată pădurea, și eu, treptat, am devenit o parte a peisajului. Vine un șoricel și se așază pe marginea tenișilor mei, e sălbatic, din pădure, dar deja mă receptează ca o parte a peisajului – ieri am stat aici, azi stau, o să stau și mâine...

După Cernobîl... La o expoziție de desene ale copiilor: merge o barză pe câmpia neagră, primăvara... Și mai jos o inscripție: «Berzei nimeni nu i-a spus nimic!» Acestea sunt sentimentele mele de atunci. Și aveam de lucru. Aveam zilnic de lucru... Mergeam prin regiune, luam mostre de apă, mostre de pământ şi le duceam la Minsk. Colegele noastre erau supărate: «Ducem nişte plăcinte fierbinţi». Nici protecţie, nici haine speciale. Stai pe scaunul din faţa al maşinii, iar în spate sunt mostrele contaminate. Am întocmit acte pentru îngroparea pământului radioactiv. Am îngropat pământul în pământ... O nouă ocupaţie omenească... Nimeni nu putea s-o priceapă. Conform instrucţiunilor, îngroparea trebuia să se facă după analize geologice, unde pânza freatică să nu fie la o adâncime mai mică de patru–şase metri, iar pereţii şi fundul gropii să fie acoperiţi cu folie de polietilenă. Dar asta e în instrucţiuni, în viaţă, firesc, e altfel. Ca de obicei. Nici o cercetare geologică. Şeful arată cu degetul: «Sapă aici». Excavatoristul sapă. «La ce adâncime ai săpat?» «Păi dracu' mai ştie! A apărut apă, m-am oprit.» Aruncam deşeuri chiar în apele freatice...

Uite, se spune că poporul e sfânt, guvernul e criminal... O să vă spun mai târziu ce cred despre asta... Despre poporul nostru şi despre mine...

Cea mai mare delegaţie am avut-o în raionul Krasnopol, v-am spus deja, cel mai contaminat. Pentru a preveni scurgerea radionuclizilor de pe câmp în râu, trebuia să se acţioneze din nou conform instrucţiunilor: să se facă brazde duble, un loc de trecere, din nou brazde duble, şi aşa mai departe, la anumite intervale. Trebuia să trec de-a lungul tuturor râurilor mici. Să verific. Până la centrul raional ajung cu autobuzul de linie, iar mai departe, normal, am nevoie de o maşină. Mă duc la preşedintele comitetului executiv raional. Preşedintele stă în cabinetul său, ţinându-se cu mâinile de cap: nimeni nu a schimbat planul, structurile rotației culturilor nimeni nu le-a schimbat, au semănat mazăre, o să semene în continuare, deși se știe că mazărea atrage cel mai mult radiația, ca și celelalte plante leguminoase. Și acolo, din loc în loc, sunt 40 Ci și mai mult. Numai de mine nu-i arde. Din grădinițe plecaseră bucătarii și surorile medicale. Copiii erau flămânzi. Pentru orice operație trebuie să-l ducă pe om cu salvarea în raionul învecinat, 60 de kilometri, iar drumul e ca o scândură de spălat rufe. Toți chirurgii au plecat. Ce mașină?! Ce brazde duble? Numai de mine nu-i arde. Atunci m-am dus la militari. Băieți tineri, au fost acolo o jumătate de an. Acum sunt bolnavi pe capete. Mi-au pus la dispoziție un transportor blindat cu un echipaj, nu chiar un transportor, ci, cum îi zic ei acolo, o mașină de teren cu mitralieră. Mi-a părut rău că nu m-am fotografiat în ea. Pe blindaj. Din nou, același romantism. Plutonierul care comanda mașina asta tot timpul lua legătura cu baza: «Șoimul! Șoimul! Continuăm lucrul!» Mergem. Drumurile noastre, pădurile noastre, iar noi suntem într-o mașină blindată. Lângă garduri stau femei. Stau și plâng. Ultima oară au văzut mașinile astea în timpul Marelui Război pentru Apărarea Patriei. Și se tem c-a început războiul.

Conform instrucțiunilor, la tractoarele care trebuiau să facă brazdele astea cabina era protejată, ermetizată. Am văzut un asemenea tractor: cabina, într-adevăr, era ermetică. Tractorul stătea, iar tractoristul era culcat pe iarbă, se odihnea.

– Ați înnebunit? Nu v-au avertizat?

– Păi mi-am acoperit capul cu bluza, răspunde.

Oamenii nu înțelegeau, tot timpul îi speriau, îi pregăteau pentru un război atomic. Dar nu pentru Cernobîl...

Acolo, locurile sunt neobișnuit de frumoase. Pădurea nu e sădită, e adevărată. Veche. Râuri mici șerpuitoare, în ele apa are culoarea ceaiului și e foarte translucidă. Iarba e verde. Oamenii se strigă în pădure. Dar știi deja că totul este otrăvit – ciuperci, fructe. Veverițele aleargă în aluniș...

Ne-am întâlnit cu o bătrână:

— Copii, dar lapte de la văcuța mea pot să beau?

Ne plecăm privirea, avem ordin să adunăm date, dar să nu intrăm în discuție cu populația. Primul a vorbit plutonierul:

— Mamaie, dar câți ani aveți?

— Păi am deja peste optzeci, poate și mai mult. Documentele au ars în timpul războiului.

— Ei, atunci beți.

De oamenii de la țară îmi pare cel mai rău, ei au suferit fără vină, ca și copiii. Pentru că Cernobîlul nu a fost inventat de țărani, ei au cu natura relațiile lor, de încredere, nu de cucerire, ca și acum o sută de ani, o mie de ani. Ca în intenția divină... Și ei nu au priceput ce s-a întâmplat, voiau să creadă în oamenii de știință, în orice om cu carte ca într-un preot. Și li se repeta: «Totul e bine. Nu e nimic grav. Numai să vă spălați pe mâini înainte de masă». Am înțeles, nu imediat, ci după câțiva ani, că toți am luat parte... la crimă... (*Tace.*)

Nu puteți să vă imaginați în ce cantitate se scotea cu mașinile din Zonă, prin contrabandă, tot ce se trimisese acolo sub formă de ajutoare: cafea, conserve de carne, șuncă, portocale. Cu lăzile, cu furgonetele. Pe atunci nu se găseau alimentele astea. Se îmbogățeau vânzătorii locali, inspectorii, funcționarii mărunți și medii, toți trăiau din asta. Omul se dovedise a fi mai rău decât credeam. Chiar și eu... Și eu eram mai rea... Acum știu asta despre mine... (*Cade pe gânduri.*) Eu recunosc... Pentru mine, este foarte important... Un alt exemplu... Într-un colhoz, să spunem, sunt cinci sate. Trei «curate», două «murdare», de la unul la altul sunt doi–trei kilometri. Celor două li se plătesc compensații, celorlalte trei, nu. În satul «curat» se construiește un complex zootehnic. Cică o să aducem furaje curate. Dar de unde să le ia? Vântul aduce praf de pe un câmp pe altul. E același pământ. Pentru a construi complexul e nevoie de hârtii. Comisia le semnează, eu fac parte din comisia asta, deși fiecare știe că nu se poate să le semnăm. Este o crimă! La urma urmelor, mi-am găsit justificare, problema furajului curat nu e treaba inspectorului de mediu. Eu sunt un om mic. Ce pot eu să fac?

Fiecare și-a găsit o scuză. O explicație. Am făcut acest experiment pe mine... Și, de fapt, mi-am dat seama că în viață lucrurile groaznice se întâmplă încet și firesc..."

*Zoia Danilovna Bruk,
inspector de mediu*

MONOLOG DESPRE FAPTUL CĂ RUSUL
VREA SĂ CREADĂ MEREU ÎN CEVA

„Dar dumneavoastră oare nu ați remarcat că între noi nu vorbim despre asta? Peste zeci de ani, peste sute de ani, această perioadă va deveni mit. Locurile astea o să fie populate cu povești și mituri... Legende...

Mi-e frică de ploaie – uite ce înseamnă Cernobîl. Mi-e frică de zăpadă. De pădure. Mi-e frică de nori.

De vânt... Da! De unde bate vântul? Ce aduce? Nu e o abstracțiune, nu e o concluzie logică, ci un sentiment personal. Cernobîl... El e în casa mea, în ființa cea mai scumpă pentru mine, în fiul meu care s-a născut în primăvara anului 1986... E bolnav. Animalele, chiar și gândacii, știu cât și când să nască. Oamenii nu pot asta, creatorul nu ne-a dat darul presimțirii. Recent s-a publicat în ziare că în 1993, numai la noi, în Bielorusia, femeile au făcut două sute de mii de avorturi. Motivul principal – Cernobîl. Deja trăim cu groaza asta... Natura parcă s-a întors pe dos, tot așteptând. «Vai, mie! Ce s-a întâmplat cu timpul?», ar fi exclamat Zarathustra.

M-am tot gândit la multe... Am căutat sensul, răspunsul... Cernobîl este o catastrofă a mentalității ruse. V-ați gândit la așa ceva? Desigur, sunt de acord când se scrie că nu reactorul a sărit în aer, ci vechiul sistem de valori. Dar lipsește ceva din explicația asta...

Aș vorbi despre primul lucru pe care l-a spus Ceaadaev – despre ostilitatea noastră față de progres. Despre antitehnologismul nostru, despre antiinstrumentalismul nostru. Priviți la Europa. Începând din epoca Renașterii, trăiește după legile relațiilor instrumentale cu lumea. Înțelepte, raționale. Este respectul pentru meșteșugar, pentru instrumentul din mâinile lui. Există o povestire remarcabilă a lui Leskov, *Un caracter de fier*. Ce-i asta? Caracterul rus este ca vai de el. Un laitmotiv pe tema rusă. Caracterul german se bazează pe instrument, pe mașină. La noi? Pe de o parte, încercarea de a depăși, de a ține în frâu haosul, pe de altă parte – firea noastră stihiinică. Mergeți unde doriți, de exemplu, la Kiji, și ce-o să auziți, despre ce o să vă povestească cu mândrie orice ghid? Că biserica aceasta este construită cu toporul, fără nici un cui! În loc să construim un drum bun, punem potcoave la purici. Roțile căruței se scufundă în noroi, dar ținem în mână Pasărea de Foc. Al doilea lucru... Eu cred că este o răsplată pentru industrializarea rapidă de după Revoluție. După Octombrie... Pentru saltul acesta. Din nou, în Vest, era secolul țesăturilor, al manufacturilor, mașina și omul s-au mișcat, s-au schimbat împreună. S-a format conștiința tehnică, gândirea. Dar la noi? Ce avea mujicul nostru în curtea sa, în afară de mâini? Până acum! Un topor, o coasă, un cuțit, și atâta tot. Pe astea se bazează toată lumea lui. Și mai e și lopata. Cum vorbește rusul cu mașina? Numai cu înjurături. Sau cu barosul, îi dă un picior. El nu iubește mașina, o urăște, o disprețuiește, de fapt, el nu pricepe foarte bine ce se află în mâinile sale, ce forță are. Am citit undeva că personalul muncitor de la centralele atomice numea adesea reactorul oală, samovar, gazieră. Spirtieră. Aici este deja un act de mândrie: prăjim la soare omleta! Printre cei care au lucrat la centrala de la Cernobîl sunt mulți oameni de la țară. Ziua sunt la reactor, iar seara – în grădinile lor sau la părinți, în satul vecin, unde cartofii sunt încă scoși cu lopata, bălegarul e împrăștiat cu furcoiul... Recoltele sunt scoase din pământ tot cu mâna... Conștiința lor a pendulat între aceste diferențe de nivel, între două ere – cea a pietrei și cea a atomului. Între două epoci. Omul nostru se legăna mereu ca un pendul. Imaginați-vă o cale ferată făcută de niște ingineri minunați de la drumuri, trenul gonește, dar în loc de mecanici, sunt vizitiii de ieri. Birjarii. Asta este soarta Rusiei, să călătorească între două culturi. Între atom și lopată. Dar disciplina tehnologică? Pentru poporul nostru, ea este o parte a asupririi... Butuci, lanțuri. Poporul e stihinic, slobod. Mereu a visat nu la libertate, ci la slobozie. Pentru noi, disciplina este un instrument de represiune. Este ceva unic în lipsa noastră de cultură, ceva ce seamănă cu lipsa de cultură specific orientală...

Eu sunt istoric... Mai înainte m-am ocupat multă vreme de lingvistică, de filosofia limbii. Nu doar noi gândim limba, dar și limba ne gândește pe noi. La optsprezece ani, dar poate și mai devreme, când am început să citesc lucrări tip samizdat[1] și l-am descoperit pe Șalamov, pe Soljenițîn, mi-am dat seama deodată că toată copilăria mea, copilăria străzii mele, iar eu am crescut într-o familie de intelectuali (străbunicul a fost preot, tata e profesor la Universitatea din Sankt-Petersburg), e pătrunsă de conștiința lagărului. Și tot dicționarul copilăriei mele este limba deținuților. Pentru noi, adolescenții, asta era perfect normal: tatălui îi spuneam tăicuță, mamei – măicuță. «Pentru un cur pervers există o sulă cu șurub» – asta am învățat la nouă ani. Da! Nici un cuvânt civilizat. Până și jocurile, zicătorile, ghicitorile erau de-ale deținuților. Pentru că deținuții nu reprezentau o lume separată care exista undeva în închisori, departe. Totul era alături. Cum scria Ahmatova: «Jumătate de țară a fost închisă, jumătate de țară a fost la închisoare». Cred că, uite, această conștiință a noastră de lagăr în mod inevitabil trebuia să se ciocnească de cultură. Cu civilizația, cu sincrofazotronul...

---

[1] Activitate clandestină de editare și distribuire de cărți interzise de organele de conducere, specifică țărilor comuniste din Europa de Est

Desigur... Asta e realitatea... Am fost educați într-un păgânism aparte, sovietic: omul e stăpân, culmea creației. Și are dreptul de a face cu lumea tot ce vrea el. Formula lui Miciurin: «Nu putem aștepta îndurare de la natură, sarcina noastră e să luăm de la ea». Încercarea de a conferi naturii acele calități, acele proprietăți pe care nu le are. Visul revoluției mondiale este visul ca omul să transforme toată lumea din jur. Să transforme tot. Da! Celebra lozincă bolșevică: «Să împingem omenirea spre fericire cu o mână de fier!» Psihologia siluitorului. Materialism de peșteră. O provocare pentru istorie și o provocare pentru natură. Și asta nu se termină. Se prăbușește o utopie, vine în locul ei alta. Acum, dintr-odată, toți au început să vorbească de Dumnezeu. Despre Dumnezeu și piață, în același timp. De ce nu l-au căutat în Gulag, în celulele din 1937, la adunările de partid din 1948, când era strivit cosmopolitismul, în timpul lui Hrușciov, când se demolau biserici? Contextul contemporan al căutătorilor lui Dumnezeu e viclean și mincinos. Sunt bombardate case pașnice în Cecenia... E distrus un popor mic și mândru... Dar oamenii stau în biserici cu lumânări în mâini... Știm să facem ceva doar cu sabia... Avem un kalașnikov în loc de cuvinte. Tanchiștii ruși arși sunt adunați la Groznîi cu lopețile și cu furcile... Ce a mai rămas din ei... Și imediat, președintele și generalii lui se roagă. Țara privește asta la televizor.

De ce avem nevoie? Să răspundem la întrebarea dacă este capabilă națiunea rusă de o reexaminare globală a întregii sale istorii, cum s-au dovedit a fi în stare de așa ceva japonezii și germanii după cel de-al Doilea Război Mondial. Avem destul curaj intelectual? Nu se spune nimic în această privință. Se vorbește despre piață, despre vouchere, cecuri... O să mai supraviețuim încă o dată, toată energia ne duce spre asta... Dar sufletul e părăsit... Omul e din nou singur. Și atunci, pentru ce toate astea? Cartea dumneavoastră? Nopțile mele albe? Dacă viața noastră e ca un scăpărat de chibrit. Aici pot fi câteva răspunsuri. Un fatalism primitiv. Și pot fi răspunsuri mari. Rusul vrea mereu să creadă în ceva: în calea ferată, în broască (Bazarov al lui Turgheniev), în bizantinism, în atom... Iar acum, uite, în economia de piață...

Bulgakov, în *Cabala bigoților*: «Toată viața am păcătuit. Am fost actriță». Conștiința păcatului artei, a lipsei de moralitate a privitului în viețile altora. Dar poate, asemenea unui vaccin, această atitudine de imitare ne-ar putea păzi de greșelile altuia.

Cernobîl este o temă pe măsura lui Dostoievski. Încercarea de justificare a omului. Ori poate că totul este mult mai simplu: să intri în lume în vârful picioarelor și să te oprești în prag?!

Să te minunezi de lumea asta divină... Și să trăiești așa..."

Aleksandr Revalski, istoric

MONOLOG DESPRE CUM O VIAȚĂ MĂRUNTĂ
E LIPSITĂ DE APĂRARE ÎNTR-UN TIMP MĂREȚ

„Nu mă întrebați... Nu vreau... N-o să vorbesc despre asta. (*Tace cu încăpățânare.*)

Nu, pot să vorbesc cu dumneavoastră ca să înțeleg. Dacă mă ajutați. Numai că nu trebuie să vă fie milă de mine, nu trebuie să mă consolați. Vă rog! Nu trebuie! Nu... Nu se poate să suferi așa, fără nici un sens, nu se poate să te tot gândești așa. E imposibil! Imposibil!

(*Începe să țipe.*) Suntem din nou în lagăr... În lagărul de la Cernobîl... Se strigă la mitinguri, se scandează lozinci. Se scrie în ziare. Cernobîlul a prăbușit imperiul, ne-a lecuit de comunism... De fapte eroice care seamănă cu sinuciderea, de idei groaznice... Înțeleg deja că fapta eroică este doar un cuvânt inventat de stat. Pentru unii ca mine. Dar eu nu mai am nimic, nimic altceva, am crescut cu asemenea cuvinte și cu asemenea oameni. Totul a dispărut, viața asta a dispărut. De ce să te agăți? Cu ce să te salvezi? Nu se poate să suferi așa, fără sens. (*Tace.*) Un singur lucru știu, că n-o să mai fiu niciodată fericită...

El a venit de acolo... Câțiva ani a trăit într-un delir... Tot povestea întruna... Am ținut minte...

În mijlocul satului e o baltă roșie. Gâștele și rațele o ocolesc.

Copiii se joacă de-a soldații, sunt desculți, dezbrăcați. Stau întinși în iarbă. Se bronzează. «Sculați-vă, dracilor, că o să muriți!» Ei încep să râdă.

Din sate, mulți au plecat cu mașinile lor. Mașini contaminate. Ordin: «Dați totul jos!», iar mașina e aruncată într-o groapă specială. Oamenii stau în picioare, plâng. Iar noaptea o dezgroapă pe ascuns...

«Nina, ce bine că avem doi copii...»

Medicii mi-au spus că inima este de două ori și jumătate mai mare, rinichii de două ori și jumătate, ficatul și el de două ori și jumătate mai mare.

Odată, noaptea, m-a întrebat: «Nu ți-e frică de mine?» Începuse să se teamă de apropiere.

Eu nu-l întrebam. Îl înțelegeam, îl ascultam cu sufletul... Voiam să vă întreb, să vă spun că mi se pare adesea... Altă dată simt că nu mai pot, că nu mai vreau să știu nimic. Urăsc să-mi aduc aminte! Urăsc! (*Din nou începe să țipe.*) Cândva îi invidiam pe eroi. Pe cei care luau parte la mari evenimente, care erau prezenți în momente de cotitură. Așa vorbeam noi atunci, așa cântam. Erau cântece frumoase. (*Începe să cânte.*) «Vulturaș, vulturaș...» Acum am uitat și cuvintele. «Zboară mai sus de soare...» Mi se pare că așa e! Ce cuvinte! Ce cuvinte frumoase erau în cântecele noastre... Visam! Îmi părea rău că nu mă născusem în 1917 sau în 1941... Dar acum gândesc altfel: nu vreau să trăiesc în istorie, într-o vreme istorică. Mica mea viață ar fi atunci imediat lipsită de apărare. Evenimentele mari o calcă în picioare, nici n-o bagă în seamă. Nu poți să le oprești... (*Cade pe gânduri.*) După noi, rămâne numai istoria... Cernobîlul o să rămână... Dar unde e viața mea? Iubirea mea?

Îmi povestea întruna. Am ținut minte...

Porumbei, vrăbii, berze... Aleargă o barză pe câmp, vrea să se ridice, dar nu poate... Iar o vrabie tot sare pe pământ, dar nu se poate ridica, nu se ridică mai sus de gard...

Oamenii au plecat, în casă au rămas să trăiască fotografiile lor...

Merg ei prin satul părăsit și văd un tablou – ca în poveste: stau în pridvor un moș și o babă, iar în jurul lor aleargă arici. Și sunt așa de mulți, parcă sunt pui de găină. În sat e liniște fără oameni, parcă e în pădure, aricii nu se mai tem, vin și cer lapte. Și vulpile, vin și ele, și cerbii. Unul din băieți nu s-a putut abține:

– Păi eu sunt vânător!

– Nu! Nu! au zis bătrânii fluturând din mână. Nu poți să te atingi de animale. Ne-am înrudit cu ele. Acum suntem o familie.

El știa că o să moară... Că e pe moarte... Și și-a dat cuvântul să trăiască numai în armonie și iubire. Eu lucram în două locuri, pensia lui nu ne ajungea, dar el mă ruga: «Hai să vindem mașina, nu e nouă, oricum o să ne dea ceva pe ea. Să stai mai mult acasă. Să mă uit pur și simplu la tine». Îi chema pe prieteni... Veneau, stăteau multă vreme la noi părinții lui. Înțelesese el ceva... Înțelesese el ceva despre viață, lucruri pe care mai înainte nu le înțelesese... Cuvintele lui erau deja altele...

— Nina, ce bine că avem doi copii. O fetiță și un băiat.

— Te-ai gândit la noi și la copii? La ce te-ai gândit acolo? îl întreb.

— Am văzut un băiat, s-a născut la două luni după avarie. L-au botezat Anton. Dar toți îl alintau Atomcik.

— Te-ai gândit...

— Acolo îți e milă de toți. Îți e milă și de o gâză, și de o vrabie. Să trăiască toți în jur. Să zboare muștele, să înțepe viespile, să se târască gândacii...

— Tu...

— Copiii desenează Cernobîlul. Copacii din desene cresc cu rădăcinile în sus. Apa din râuri e roșie sau galbenă. Desenează și plâng.

Iar prietenul... Mi-a povestit că acolo era extrem de interesant, de vesel. Recitau versuri, cântau la chitară. Veneau acolo cei mai buni ingineri, oameni de știință. Elita din Moscova și Leningrad. Filosofau... Pugaciova a avut un concert în fața lor, pe câmp... «Dacă n-o să adormiți, o să vă cânt, băieți, până la ziuă.» Ea le spunea eroi. Prietenul lui a murit primul... A dansat la nunta fetei lui, i-a amuzat pe toți cu bancuri. A luat paharul pentru a spune un toast și a căzut... Bărbații noștri mor ca în război, dar în mijlocul vieții pașnice. Nu vreau! Nu vreau să-mi aduc aminte... (*Închide ochii și se leagănă ușor.*) Nu vreau să vorbesc. El a murit și a fost așa de groaznic, o pădure așa de neagră...

«Nina, ce bine că avem doi copii. O fetiță și un băiat. Ei o să rămână...»

(*Continuă.*)

Ce vreau să înțeleg? Nici eu nu știu. (*Pe neașteptate, zâmbește.*) Prietenul lui m-a cerut în căsătorie. Încă de pe vremea când eram la facultate, în studenție, mă curta, apoi s-a căsătorit cu prietena mea, dar în curând a divorțat. Nu le ieșise. A venit cu un buchet de flori: «O să trăiești ca o regină». Are un magazin, un apartament elegant în oraș, casă de vacanță. L-am refuzat. El s-a supărat: «Au trecut cinci ani. Nu poți să-l uiți pe eroul tău?! Ha, ha, ha. Trăiești cu un monument». (*Începe să țipe.*) L-am alungat! L-am alungat! «Proasto! Să trăiești din salariul tău de profesoară, cu suta ta de dolari.» Trăiesc... (*După ce s-a liniștit.*) Cernobîlul mi-a umplut viața și sufletul meu s-a lărgit. Mă doare... O cheiță ascunsă... Începi să vorbești după durere, vorbești bine. Așa am vorbit, cu limba asta, numai atunci când am iubit. Și acum... Dacă nu aș crede că e în cer, cum aș îndura?

El tot povestea. Am ținut minte... (*Vorbește parcă în transă.*) Nori de praf... Tractoare pe câmp. Femei cu furci. Dozimetrul păcăne...

Nu sunt oameni și timpul se mișcă altfel... Ziua e lungă, lungă, ca în copilărie...

Nu trebuia să arzi frunzele... Au îngropat frunzele...

Nu se poate să suferi așa, fără nici un sens. (*Plânge.*) Fără cuvintele frumoase, cunoscute. Chiar și fără medalia pe care i-au dat-o. Stă acasă în dulap... Ne-a lăsat-o nouă...

Dar un singur lucru știu, că n-o să mai fiu niciodată fericită..."

*Nina Prohorovna Litvina,
soție de lichidator*

MONOLOG DESPRE FIZICA DE CARE TOȚI
AM FOST CÂNDVA ÎNDRĂGOSTIȚI

„Sunt omul de care aveți nevoie, nu ați greșit...

Din tinerețe am avut obiceiul să notez tot. De exemplu, când a murit Stalin – ce s-a întâmplat pe stradă, ce se spunea în ziare. Și despre Cernobîl am notat din prima zi, știam că o să treacă timpul și multe o să se uite, o să dispară ireversibil. Și așa s-a întâmplat. Prietenii mei au fost în centrul evenimentelor, fizicieni nucleari, au uitat ce au simțit atunci, ce vorbeau cu mine. Dar eu am notat tot...

În ziua aceea... Sunt șef de laborator la Institutul de Energie Nucleară al Academiei de Științe din Bielorusia, am venit la serviciu, institutul nostru este în afara orașului, în pădure. E o vreme minunată! Primăvară. Am deschis fereastra. Aerul e curat, proaspăt. M-am mirat: nu știu de ce azi nu vin sticleții pe care îi hrănisem iarna agățând la fereastră bucățele de salam. Unde s-or fi dus?

Iar între timp e panică la reactorul de la institutul nostru: dozimetrele au arătat o creștere a activității, în filtrele pentru curățarea aerului, indicii s-au ridicat de două sute de ori. Puterea dozei lângă intrare este de trei miliröntgeni pe oră. Este ceva foarte grav. O asemenea putere este admisă ca limită în încăperile cu pericol radioactiv, la un program de maximum șase ore. Prima supoziție – în zona activă s-a dezermetizat membrana vreunui element de evacuare a căldurii. Am verificat, e în parametri. O fi fost adus vreun container de la un laborator de radiochimie și o fi fost zguduit așa de tare pe drum, că s-o fi stricat membrana interioară, s-o fi contaminat teritoriul? Încearcă acum să speli pata de pe asfalt! Ce s-a întâmplat? Și atunci au anunțat prin radioul intern: angajaților nu li se recomandă să iasă din clădire. S-a făcut pustiu între clădiri. Nu e nici țipenie. Te ia cu frig. E neobișnuit.

Dozimetriștii mi-au verificat biroul: «luminează» masa, «luminează» hainele, pereții. Mă ridic, nici nu mai pot să stau pe scaun. M-am spălat pe cap la chiuvetă. M-am uitat la dozimetru – efectul este evident. Să fie totuși ceva aici la noi, o situație excepțională la institutul nostru? O scurgere? Cum să curețe acum autobuzele care ne duc prin oraș? Angajații? Va trebui să-mi sparg creierii... Mă mândream foarte tare cu reactorul nostru, l-am studiat la milimetru...

Sunăm la centrala nucleară de la Ignalina, e la doi pași. Și la ei urlă instrumentele. La fel, panică. Sunăm la Cernobîl. La centrală nu răspunde nici un telefon, la prânz se lămurește situația. Deasupra întregului Minsk e un nor radioactiv. Am stabilit – activitate a iodului. E o avarie la un reactor...

Prima reacție: s-o sun acasă pe soție, s-o previn. Dar toate telefoanele de la institutul nostru sunt ascultate. O, frica asta veșnică, băgată în noi de decenii! Dar nici ei nu știu nimic acolo... Fata, după orele de la conservator, se plimbă cu prietenele prin oraș. Mănâncă înghețată. Să sun?! Dar pot să fie neplăceri. N-o să-mi dea acces la lucrări secrete... Oricum, nu mă abțin, ridic receptorul.

— Ascultă-mă cu atenție.
— Despre ce vorbești? întreabă tare soția.
— Mai încet. Închide ferestrele, bagă toate alimentele în pungi de plastic. Pune mănuși de cauciuc și șterge cu cârpa umedă tot ce se poate. Pune și cârpa în pungă și du-o cât mai departe. Rufele care se usucă în balcon bagă-le din nou la spălat. Să nu cumperi pâine. Și în nici un caz plăcinte de pe stradă...
— Ce s-a întâmplat la voi?
— Încet. Pune două picături de iod într-un pahar cu apă. Să te speli pe cap.
— Ce...

Dar n-o las pe soție să vorbească, pun jos receptorul. Trebuia să priceapă, doar și ea lucrează la institutul nostru. Iar dacă a ascultat vreun KGB-ist, probabil a notat pe hârtie pentru el și pentru familia lui recomandările salvatoare.

La ora 15.30 am aflat – a avut loc un accident la reactorul de la Cernobîl.

Seara ne întoarcem în Minsk cu autobuzul de serviciu. Jumătate de oră, cât mergem, tăcem sau vorbim despre altceva. Ne temem să începem să vorbim cu voce tare unul cu altul despre ce s-a întâmplat. Fiecare are carnetul de partid în buzunar...

În fața ușii apartamentului era o cârpă udă. Deci soția a înțeles tot. Intru, îmi dau jos în hol costumul, cămașa, mă dezbrac până la chiloți. Pe neașteptate mă apucă furia... La dracu' cu secretele astea! Cu frica asta! Iau cartea de telefon a orașului, agendele de telefon ale fetei, ale soției... Încep să-i sun pe toți la rând, că eu, angajat la Institutul de Energie Nucleară, știu că deasupra Minskului e un nor radioactiv... Și enumăr în continuare ce trebuie să faci: să te speli pe cap cu săpun de casă, să închizi ferestrele... Să ștergi pe jos cu o cârpă umedă la trei–patru ore. Rufele de pe balcon să fie băgate din nou la spălat... Să bei iod. Cum să-l iei corect... Reacția oamenilor: mulțumesc. Nici întrebări, nici spaimă. Cred că nu m-au crezut sau nu au puterea să înțeleagă amploarea evenimentului. Nimeni nu s-a speriat. Reacția e uimitoare. Cutremurătoare!

Seara mă sună prietenul meu. Fizician nuclear, doctor în științe... Fără nici o grijă! Cu ce credință am trăit! Abia acum pricepi asta... Mă sună și spune, printre altele, că vrea să se ducă cu ocazia sărbătorilor din mai la părinții soției, în regiunea Gomel. De acolo e o aruncătură de băț până la Cernobîl. Se duce cu copiii mici. «Ce decizie minunată!», am început să strig. «Ai înnebunit!» Asta legat de profesionalism... Și despre credința noastră. Am urlat. Probabil nu mai ține minte că i-am salvat copiii... (*După ce-și trage sufletul.*)

Noi... Vorbesc despre noi toți... Noi nu am uitat de Cernobîl, noi nu l-am înțeles. Ce pot înțelege niște sălbatici despre fulger?

În cartea-eseu a lui Ales Adamovici, discuția lui cu Andrei Saharov despre bomba atomică...

«Dar știți ce bine miroase ozonul după o explozie nucleară?» a exclamat academicianul, părintele bombei cu hidrogen. În cuvintele astea e romantism. Romantismul generației mele... Vă rog să mă scuzați, vă observ reacția pe față... Vi se pare un entuziasm în fața coșmarului mondial, nu în fața unui geniu al umanității... Dar astăzi, energetica nucleară este umilită, făcută de rușine. Generația mea... În 1945, când au explodat bombele atomice, aveam șaptesprezece ani. Îmi plăcea SF-ul, visam să zbor pe alte planete, credeam că energia nucleară o să ne ridice în cosmos. Am intrat la Institutul Energetic din Moscova și am aflat acolo că exista un departament ultrasecret, cel de fizică energetică. Anii 1950–1960... Fizicieni nucleari, elita... Toți sunt entuziasmați în fața viitorului. Științele umaniste sunt date la o parte. În trei copeici, ne spunea profesorul nostru de la școală, zace atâta energie încât poate alimenta o centrală electrică. Ți se tăia respirația! Îl tot citisem pe americanul Smith, scria cum a fost inventată bomba atomică, făcuseră experimente, erau date detalii ale exploziei. La noi, totul era ținut secret. Citeam, îmi imaginam... A ieșit un film despre atomiștii ruși, *Nouă zile din an*. A fost foarte popular. Salariile mari, secretul confereau un plus de romantism. Cultul fizicii! Timpul fizicii! Chiar și când s-a produs explozia de la Cernobîl... Ce încet ne-am despărțit de acest cult... I-au chemat pe oamenii de știință, au venit la reactor cu o cursă specială, dar mulți nici nu și-au luat cu ei aparatele de ras, credeau că se întorc în câteva ore. Numai în câteva ore. Deși li s-a spus că e o explozie la centrala atomică. Dar ei credeau în fizica lor, erau din generația acestei credințe. Timpul fizicii s-a terminat la Cernobîl...

Dumneavoastră deja priviți altfel lumea... La filosoful meu preferat, Konstantin Leontiev, am citit recent o idee că rezultatele dezmățului fizico-chimic o să oblige cândva inteligența cosmică să se amestece în treburile noastre pământești. Dar noi, educați în vremea lui Stalin, noi nu puteam admite în gândurile noastre existența unor forțe extraterestre. A unor lumi paralele... Am citit Biblia după aceea... Și m-am căsătorit de două ori cu aceeași femeie.

Am plecat și m-am întors. M-am mai întâlnit cu ea încă o dată... Cine-mi poate explica minunea asta? Viața e o chestie uimitoare! Enigmatică! Acum cred. În ce cred? Că lumea tridimensională e deja mică pentru omul contemporan... De ce e un interes așa de mare azi pentru o altă realitate, pentru cunoștințe noi? Omul se rupe de pământ, se înarmează cu alte categorii de timp, nu cu cele ale unui singur pământ, ci cu cele ale unor lumi diferite. Apocalipsa... Iarna nucleară... În arta occidentală, toate astea au fost deja descrise. Pictate. Filmate. Ei s-au pregătit de viitor... Explozia unei cantități mari de arme nucleare va duce la incendii. Atmosfera o să se umple de fum. Razele soarelui nu vor putea să ajungă pe pământ, iar acolo s-a declanșat o reacție în lanț – e frig, mai frig, mai frig. Versiunea aceasta «pașnică» despre sfârșitul lumii ne este insuflată din timpul revoluției industriale din secolul al XVIII-lea. Dar bombele atomice nu o să dispară chiar și atunci când o să fie distrus și ultimul focos nuclear. O să rămână cunoștințele.

Tăceți... Iar eu mă tot cert mereu cu dumneavoastră... E o dispută între generații... Ați observat? Istoria atomului nu e doar un secret militar, o taină, un blestem. Este tinerețea noastră, timpul nostru. Religia noastră... Dar acum? Acum mi se pare la fel, că lumea este condusă de altcineva, că noi, cu tunurile și cu navele noastre cosmice, suntem ca niște copii. Dar încă nu cred sigur asta. Nu sunt ferm convins... E o chestie uimitoare viața! Mi-a plăcut fizica și credeam că n-o să mă mai ocup de altceva decât de fizică, dar acum vreau să scriu. De exemplu, despre faptul că știința nu este mulțumită de om, că omul îi stă în cale. Omul mărunt, cu problemele lui mărunte. Sau cum pot câțiva fizicieni să schimbe toată lumea. Despre o nouă dictatură... Dictatura fizicii și a matematicii... Mi s-a mai deschis o viață.

Înainte de operație... Știam deja că am cancer... Credeam că mi-au mai rămas numai câteva zile de trăit, zile numărate, și tare mai voiam să nu mor. Deodată am văzut fiecare frunză, florile viu colorate, cerul strălucitor, asfaltul cenușiu intens, cu crăpăturile lui, iar în ele intră furnici. Nu, îmi spun, trebuie să le ocolesc. Mi-e milă de ele. Nu vreau ca ele să moară. De la mirosul de pădure mă lua amețeala... Mirosul îl receptam mai puternic decât culorile. Mestecenii ușori... Brazii grei... Și n-o să mai văd nimic din astea? Să mai trăiesc o clipă, un minut! De ce am pierdut atâta timp, atâtea ore, zile în fața televizorului, în mijlocul foșnetului ziarelor? Lucrul cel mai important e viața și moartea. Altceva nu există. Nu poți să le pui în balanță...

Mi-am dat seama că sens are numai timpul viu... Timpul nostru viu..."

*Valentin Alekseevici Borisevici,
fost șef de laborator la Institutul de Energie Nucleară
al Academiei de Științe din Bielorusia*

MONOLOG DESPRE CE SE AFLĂ MAI DEPARTE DECÂT KOLÎMA,
AUSCHWITZ ȘI HOLOCAUST

„Trebuie să mă descarc... Sunt plină de sentimente...

În primele zile... Senzațiile erau amestecate... Țin minte două dintre cele mai puternice sentimente – sentimentul de frică și cel de obidă. S-a întâmplat totul și nu e nici o informație: autoritățile tac, medicii nu spun nimic. Nici un răspuns. În raion se așteptau indicații de la regiune, în regiune, de la Minsk, iar în Minsk, de la Moscova. Un lanț lung, lung... Dar, de fapt, se dovedise că eram lipsiți de apărare. Uite, acesta a fost principalul sentiment în acele zile. Undeva, departe, e Gorbaciov... Și încă vreo câțiva oameni... Doi–trei oameni ne decideau soarta. Decideau pentru toți. Soarta a milioane de oameni. Și numai câțiva oameni ne puteau omorî... Nu maniaci și criminali cu un plan terorist în cap, ci niște operatori obișnuiți, de serviciu la centrală. Probabil niște băieți buni. Când mi-am dat seama de asta, am simțit o tulburare puternică. Mi-am dat seama că Cernobîlul e mai mult decât Kolîma și Auschwitz-ul... Și decât Holocaustul... Nu știu dacă mă exprim clar. Un om cu un topor și cu un arc sau un om cu un aruncător de grenade și camere de gazare nu-i poate omorî pe toți oamenii. Dar un om cu un atom... Tot pământul e în pericol...

Nu sunt filosof, n-o să încep acum să filosofez... Vă împărtășesc ce mai țin minte.

Panica primelor zile: cineva a dat fuga la farmacie și a cumpărat mult iod, altcineva a încetat să se mai ducă la piață, să cumpere de acolo lapte, carne, mai ales carne de vită. În acest timp, în familia noastră încercam să nu facem economie, luam salam scump, sperând că e făcut din carne bună. Dar în curând am aflat că tocmai în salamul scump a fost amestecată carne contaminată, cică din moment ce e scump, o să fie cumpărat și consumat mai puțin. Se dovedește că eram lipsiți de apărare. Dar, desigur, dumneavoastră știți toate acestea. Vreau să vă povestesc altceva. Despre faptul că am fost o generație tipic sovietică.

Prietenii mei sunt medici, profesori. Elita intelectuală locală. Aveam cercul nostru. Ne adunam la mine acasă, beam cafea. Două bune prietene vorbesc între ele, una dintre ele, medic. Amândouă au copii mici.

Prima:

– Mâine mă duc la părinți. O să-i duc pe copii. Dacă se îmbolnăvesc cumva? N-o să mi-o iert niciodată.

A doua:

– Scrie în ziare că peste câteva zile situația o să fie normală. Acolo sunt trupele noastre. Elicoptere, tehnică de luptă. S-a spus la radio...

Prima:

– Te sfătuiesc și pe tine: ia copiii! Du-i de aici! Ascunde-i! S-a întâmplat ceva mai groaznic decât războiul. Nici nu ne putem imagina despre ce este vorba.

Pe neașteptate au luat-o pe acute și totul s-a terminat cu o ceartă. Cu acuze reciproce:

– Unde ți-e instinctul matern? Fanatico!

– Tu ești o trădătoare! Ce s-ar fi întâmplat cu noi, dacă fiecare ar fi procedat ca tine? Am fi învins noi în război?

Se certau două femei tinere, frumoase, care-și iubeau nebunește copiii. Se repeta o partitură cunoscută...

Tuturor celor aflați acolo, inclusiv mie, ne-a făcut impresia că prietena mea doctor se teme. Ne strică echilibrul. Ne știrbește încrederea în tot ce am fost învățați să avem încredere. Noi credeam că trebuie să așteptăm până o să ni se spună. Dar ea era medic, știa mai multe.

– Nu sunt în stare să-și apere propriii copii! Credeți că nu vă amenință nimeni? Dar totuși vă temeți!

Ce-am mai disprețuit-o în clipele acelea, chiar am urât-o, ne stricase seara. Mă exprim clar? Nu numai autoritățile ne-au mințit, dar nici noi nu voiam să știm adevărul. Undeva acolo... În adâncul subconștientului...

Desigur, acum nu vrem să recunoaștem asta, ne place mai mult să-l ocărâm pe Gorbaciov... Să-i ocărâm pe comuniști... Ei sunt vinovați, noi suntem buni. Noi suntem victimele.

A doua zi, ea a plecat, iar noi ne-am gătit copiii și i-am dus la parada de 1 Mai. Puteam să alegem să mergem sau nu. Nimeni nu ne obliga. Dar noi am considerat că e de datoria noastră. Cum să nu! Pe o asemenea vreme, într-o asemenea zi... Toți trebuie să fim împreună. Alergam pe stradă, în mulțime.

La tribună se aflau toți secretarii comitetului raional de partid; alături de primul secretar era fiica lui cea mică, stând în așa fel încât să fie văzută. Avea pe ea o pelerină și o căciuliță, deși era soare, iar el avea o pelerină militară de campanie. Dar stăteau acolo... Țin minte asta... «Contaminat» nu e doar pământul nostru, ci și conștiința noastră. Și asta pentru mulți ani.

M-am schimbat în acești ani mai mult decât în cei patruzeci de ani ai vieții mele. Suntem închiși în Zonă... Migrarea s-a încheiat... Și trăim ca în Gulag. Gulagul de la Cernobîl... Lucrez la biblioteca pentru copii. Copiii așteaptă o discuție: Cernobîlul este peste tot, e în jurul nostru, nu avem altă alegere, trebuie să ne învățăm să trăim cu el. Mai ales cei din clasele mari, ei au întrebări. Dar cum? Unde să afli despre asta? Să citești? Nu sunt cărți. Nici filme. Nici povești. Nici mituri. Eu învăț cu iubire, vreau să înving frica prin iubire. Stau în fața copiilor: îmi iubesc satul, îmi iubesc râul, pădurile noastre... Sunt cele mai frumoase! Pentru mine, nu există nimic mai frumos. Nu vă mint. Învăț cu iubire. Mă exprim oare clar?

Mă împiedică experiența de profesor... Vorbesc și scriu mereu prea exaltat, cu un patos care azi nu mai e la modă. Dar răspund la întrebarea dumneavoastră: de ce suntem neputincioși? Eu sunt neputincioasă. Există o cultură de dinainte de Cernobîl, dar nu este și una de după. Trăim în mijlocul unor idei precum războiul, crahul socialismului și viitorul nedefinit. Lipsa de noi reprezentări, scopuri, idei. Unde sunt scriitorii, filosofii noștri? Ca să nu mai vorbesc de faptul că intelectualitatea noastră, care așteptase și pregătise cel mai mult libertatea, astăzi e aruncată la o parte. Săracă și umilită. Se dovedește că nu au nevoie de noi. Nu pot să-mi cumpăr nici măcar cărțile necesare, iar cărțile sunt viața mea. Ca niciodată avem nevoie de cărți noi, pentru că în jurul nostru este o viață nouă. Dar noi suntem străini în ea. Nu avem putere să ne împăcăm cu asta. Tot timpul îmi pun întrebarea: de ce? Cine ne va face treaba? Televizorul nu-i învață pe copii, profesorul trebuie s-o facă. Dar asta e o altă discuție.

Mi-am adus aminte... De dragul adevărului acelor zile și al sentimentelor noastre. Ca să nu uităm cum ne-am schimbat noi... Și viața noastră..."

Liudmila Dmitrievna Polianskaia,
profesoară la țară

Monolog despre libertate
și visul unei morți obișnuite

„Asta a fost libertate. Acolo m-am simțit un om liber... Sunteți uimită? Văd că sunteți uimită. Asta poate să înțeleagă numai cine a fost în război. Ei beau, bărbații care au luptat, și-și aduc aminte, i-am ascultat, și acum tânjesc după asta. După acea libertate, după acel avânt. Nici un pas înapoi! Ordinul lui Stalin. Detașamente de pază în spatele frontului. E clar... Asta e deja istorie... Dar tu tragi, supraviețuiești, primești suta de grame cuvenită, mahorcă... Poți să mori de o mie de ori, poți să te faci fărâme, dar dacă te străduiești, dacă tragi pe sfoară pe dracul, pe diavol, pe sergent, pe comandantul de batalion, pe cel care are o cască străină și o baionetă străină, dacă-l convingi chiar pe Cel de Sus, poți să supraviețuiești! Am fost la reactor... Acolo e ca în tranșee, în linia întâi. Frică și libertate! Trăiești din plin... În viața obișnuită, asta nu e de înțeles. Nu poți să pricepi. Țineți minte, tot timpul ne pregăteau: o să fie război. Dar conștiința se dovedise a nu fi pregătită. Eu nu eram pregătit... În acea zi voiam să merg cu soția seara la film... Au venit la uzină doi militari. M-au chemat:

— Poți să deosebești motorina de benzină?

Întreb:

— Unde mă trimiteți?

— Unde, unde? Voluntar la Cernobîl.

Profesia mea militară e de specialist în combustibil pentru rachete. O specialitate secretă. M-au luat chiar de la uzină, în maiou și tricou, nici nu m-au lăsat să dau o fugă până acasă.

— Trebuie s-o previn pe soție, i-am rugat.

— O să-i comunicăm noi.

În autobuz ne-au adunat vreo cincisprezece oameni, ofițeri în rezervă. Băieții mi-au plăcut. Dacă trebuie, mergem, dacă trebuie, muncim... Ne-au dus la reactor, ne-am urcat pe acoperișul lui...

Lângă satele evacuate erau turnuri de pază, soldații din turnuri aveau arme. Automate cu gloanțe. Bariere. Tăblițe: «Marginea drumului este contaminată. Intrarea și staționarea sunt strict interzise». Sate de un alb-cenușiu, acoperite de un lichid de decontaminare. Albe ca zăpada. O iei razna! În primele zile ne era frică să ne așezăm pe pământ, pe iarbă, nu mergeam, ci alergam, cum trecea o mașină pe lângă noi, ne puneam aparatele de respirat. După tură stăteam în corturi. Ha, ha, ha! După vreo două luni... Devine deja ceva normal, este deja viața ta... Culegeam prune, prindeam peștele cu năvodul, era o mulțime de știucă acolo! Și plătică. Plătica o uscam pentru bere. Probabil ați auzit de asta, nu? Jucam fotbal. Ne scăldam! Ha, ha, ha! (*Râde din nou.*) Credeam în soartă, în adâncul sufletului, toți suntem fataliști, nu farmaciști. Nu suntem raționaliști. Mentalitate slavă... Credeam în steaua mea! Ha, ha, ha! Invalid de gradul doi... M-am îmbolnăvit imediat. Radiație blestemată... E clar... Iar eu, înainte de asta, nu aveam nici fișă medicală la policlinică. S-o ia dracu'! Nu sunt singurul... Mentalitatea...

Sunt soldat, închideam o casă străină, intram în locuința altuia... E un asemenea sentiment de parcă tragi cu ochiul la cineva... Sau pământul pe care nu aveai voie să te așezi... Vaca împinge în portiță, dar e încuiată, și la casă e lacăt. Laptele picură pe pământ... E un asemenea sentiment! În satele care încă nu erau evacuate țăranii se ocupau cu făcutul rachiului, făceau un ban în plus. Ni-l vindeau nouă. Iar noi aveam o grămadă de bani: salarii triple la muncă și ni se mai dădea și diurnă triplă. Apoi a venit un ordin: cel care o să bea o să fie lăsat pentru încă un stagiu. Deci, votca ajută sau nu? Ei, măcar din punct de vedere psihologic... Acolo credeau cu sfințenie în rețeta asta. E clar. Viața țăranilor decurgea simplu: unii sădeau ceva, pliveau, culegeau, restul merge și fără ei. Puțin le pasă de țar, de putere... De primul secretar al CC sau de președinte... De navele cosmice și de centralele atomice, de mitingurile din capitală. Și nu puteau să creadă că lumea s-a dat peste cap într-o clipită și că ei trăiesc deja în altă lume... Cea de la Cernobîl... Doar ei nu plecaseră nicăieri. Oamenii se îmbolnăveau din cauza tulburării. Nu se potoleau, voiau să trăiască la fel ca înainte. Luau pe ascuns lemne, rupeau roșii crude, le puneau la borcan. Borcanele săreau în aer, le mai fierbeau o dată. Cum să distrugi toate astea, să le îngropi, să le transformi în gunoi? Că noi chiar cu asta ne ocupam. Le anulam munca, sensul etern al vieții lor. Noi eram dușmani pentru ei... Iar eu voiam să ajung chiar la reactor. «Nu te grăbi», mă preveneau în ultima lună, înainte de lăsarea la vatră, «o să ne trimită pe toți pe acoperișul reactorului». Am slujit șase luni. Și exact după cinci luni de redislocare, acum suntem lângă reactor. Tot felul de glumițe și discuții serioase, că, uite, o să intrăm prin acoperiș... Ei, lasă, o să vedem noi după cinci ani, șapte, zece... E clar... Nu se știe de ce, cel mai des era rostită cifra cinci, de unde o luaseră? Fără gălăgie, fără panică. «Voluntari, un pas înainte!» Toată divizia face un pas înainte. În fața comandantului e un monitor, îl deschide – pe ecran e acoperișul reactorului: bucăți de grafit, bitum topit. «Uite, băieți, vedeți, sunt resturi. Să le curățați. Dar uite, aici, în pătratul ăsta, aici să faceți o gaură.» Timpul – patruzeci–cincizeci de secunde. Conform instrucțiunilor. Dar asta e imposibil – era nevoie măcar de câteva minute. Încolo, înapoi, dai fuga, arunci.

Cineva încărca roabele, alții le aruncau. Acolo, în ruine, în gaură. Ai aruncat, dar să nu te uiți în jos, nu ai voie. Oricum toți se uitau. Ziarele scriau: «Aerul de deasupra reactorului e curat». Citeam și râdeam. Înjuram. Aerul e curat, și noi uite ce doze primim. Ne-au dat dozimetre. Unul, de cinci röntgeni, din prima clipă a început să piuie, al doilea, ca un pix, de o sută de röntgeni, a piuit și el în câteva locuri. Cinci ani, au spus, nu e voie să faci copii... Dacă în cinci ani nu murim... Ha, ha, ha! (*Râde.*) Tot felul de glume... Dar fără gălăgie, fără panică. Cinci ani... Eu am trăit deja zece ani... Ha, ha, ha! (*Râde.*) Ne-au dat diplome. Eu am două... Cu toate desenele astea: Marx, Engels, Lenin... Steaguri roșii... Un băiat a dispărut, credeam că a fugit. Peste două zile l-am găsit în tufe. Se spânzurase. Toți au un sentiment, vă dați seama... Atunci a luat cuvântul adjunctul comandantului cu învățământul politic, cică primise o scrisoare de acasă, soția îl înșelase. Cine să mai știe? Peste o săptămână ne-au lăsat la vatră. Iar el a fost găsit în tufe... Am avut un bucătar, se temea așa de tare, că nu trăia în cort, ci la magazie, unde-și făcuse o nișă sub lăzi cu unt și conserve de carne. A dus acolo salteaua, perna... Trăia sub pământ. Trimit dispoziție: să se adune o nouă echipă și să-i trimită pe toți pe acoperiș. Dar toți fuseseră acolo deja. Să găsești oameni! Ei, și a fost trimis și el. A urcat o singură dată. Gradul doi de invaliditate... Mă sună des. Nu pierdem legătura, ne sprijinim unul pe altul... Ne vom aduce mereu aminte cât vom trăi. Așa să scrieți...

În ziare sunt minciuni... Numai minciuni... Nu am citit nicăieri cum ne-am făcut haine de zale, cămăși de plumb, chiloți. Ni s-au dat niște halate de cauciuc stropite cu praf de plumb... Dar ne-am făcut chiar noi un chilot de plumb... Am avut grijă de asta, e clar... Într-un sat am găsit două case secrete de întâlnire. Toți se duceau acolo. Bărbați rupți de casă, șase luni fără femei, e o situație extremă. Și fetele din partea locului își făceau de cap – oricum, plângeau ele, o să murim în curând. Chiloții din plumb se puneau deasupra pantalonilor... Să scrieți asta... Circulau bancuri. Un robot american a fost trimis pe acoperiș, a lucrat cinci minute – stop. Un robot japonez a lucrat zece minute – stop. Un robot rusesc lucrează zece ore. Comandă prin stația radio: «Soldat Ivanov, puteți să coborâți la pauza de fumat». Ha, ha, ha!

Înainte de a ne duce pe reactor, comandantul ne-a făcut instructajul... Suntem în formație. Câțiva băieți au protestat:

– Deja am fost acolo, acum trebuie să ne trimiteți acasă.

Treaba mea, de exemplu, e combustibilul, benzina, am fost și eu trimis pe acoperiș. Dar am tăcut. Voiam și eu, mi se părea interesant. Iar ăștia protestau.

Comandantul:

– O să meargă pe acoperiș voluntarii, ceilalți, un pas înapoi din formație, cu voi o să stea de vorbă procurorul.

Băieții ăștia au stat puțin, s-au sfătuit și au acceptat. Ai depus jurământul, deci ești obligat, ai sărutat steagul... Te-ai pus în genunchi în fața steagului... Cred că nimeni nu se îndoia că puteau să ne bage la închisoare. Lansaseră un zvon, că dau doi–trei ani. Dacă soldatul primea mai mult de douăzeci și cinci de röntgeni, atunci comandantul putea să fie închis pentru asta, pentru că și-a expus detașamentul la radiații. Nimeni nu are peste douăzeci și cinci de röntgeni... Toți au mai puțin. Înțelegeți? Dar oamenii îmi plăceau. Doi s-au îmbolnăvit, s-a găsit unul, chiar el a spus:

— Haideți că mă duc eu.

Dar el mai fusese o tură pe acoperiș în ziua aia. Au început să-l respecte. Primă – cinci sute de ruble. Altul a făcut o gaură sus, e timpul să plece, tot sapă la ea. Îi facem cu mâna: «Jos!» Dar el a căzut în genunchi și tot sapă. Trebuia să fie străpuns acoperișul în acel loc, să bage o pâlnie, să arunce gunoiul. Nu s-a ridicat până nu a dat gaura. Primă – o mie de ruble. De banii ăștia puteai pe atunci să cumperi două motociclete. Acum are invaliditate de gradul unu. E clar... Dar pentru frică plăteau imediat. Și uite, el moare. Acum moare... Tare se mai chinuie. Duminică m-am dus la el.

— Întreabă-mă, la ce visez?

— La ce?

— La o moarte obișnuită.

Are patruzeci de ani. I-au plăcut femeile. Are o nevastă frumoasă.

Lăsarea la vatră. Ne-au urcat în mașini. Cât am mers prin Zonă, am tot claxonat... Mă uit în urmă la zilele acelea. Am fost alături de ceva fantastic... Iar cuvintele «imens», «fantastic» nu redau tot. A fost așa un sentiment... (*Cade pe gânduri.*)

N-am întâlnit un asemenea sentiment nici în iubire..."

Aleksandr Kudriaghin, lichidator

Monolog despre monstrul care oricum va fi iubit

„Nu vă rușinați... Întrebați... Despre noi s-a scris așa de mult, ne-am obișnuit. Altă dată ne trimit și ziarul. Dar eu nu citesc. Cine ne înțelege? Trebuie să trăim aici...

Fetița mea a spus nu de mult:

— Mamă, dacă o să nasc un monstru, oricum o să-l iubesc.

Vă imaginați?! Ea învață în clasa a zecea, are deja ideile astea. Prietenele ei toate se gândesc la asta... Cunoștințele noastre au un băiat... L-au așteptat, primul copil. O pereche tânără, frumoasă. Dar băiatul are gura până la urechi, nu are o ureche... Nu mă mai duc la ei, ca înainte. Nu am putere... Dar fetița, nu și nu, mereu se duce. O trage acolo. Dar eu nu pot.

Puteam să fi plecat de aici, dar am discutat cu soțul și am rămas. Ne temem de alți oameni. Dar aici, toți sunt de-ai noștri, de la Cernobîl. Nu ne speriem unul de altul, dacă cineva ne servește cu mere sau cu castraveți din livada sau din grădina lui, le luăm și le mâncăm, nu le ascundem rușinați în buzunar, în geantă, ca mai apoi să le aruncăm. Avem aceeași memorie. Aceeași soartă, dar în orice alt loc suntem niște străini. Se uită la noi pieziș, cu teamă... Toți s-au obișnuit să audă: «De la Cernobîl!», «Copii de la Cernobîl!», «Strămutați de la Cernobîl!» Cernobîl e acum o etichetă pentru toată viața noastră... Dar nu știți nimic despre noi. Vă temeți de noi... Fugiți... Probabil că dacă nu ne-ar fi dat drumul de aici și ar fi pus cordoane de miliție, mulți v-ați fi liniștit. (*Se oprește.*) Nu trebuie să-mi demonstrați nimic... Nu mă convingeți! Am aflat asta și am suferit în primele zile... Mi-am luat fetița și am fugit la Minsk, la sora mea... Sora mea bună nu ne-a dat drumul în casă, pentru că avea un copil mic, îl alăpta. Nici într-un coșmar nu mi-aș fi imaginat asta! Și am înnoptat la gară. Mi-au trecut prin cap gânduri nebunești... Unde să fugim? Poate e mai bine să ne sinucidem, să nu ne mai chinuim... Asta a fost în primele zile. Toți își imaginau niște boli groaznice. Inimaginabile. Și doar sunt medic. Pot numai să bănuiesc ce se întâmpla cu ceilalți. Zvonurile sunt mereu mai groaznice decât orice informație veridică. Mă uit la copiii noștri: oriunde s-ar duce, se simt respinși. Niște sperietori vii... Ținta ironiilor... Într-o tabără de pionieri, unde a fost un an fata mea, se temeau să o atingă: «Licurici de Cernobîl. Luminează în întuneric». O chemau seara afară, să verifice dacă strălucește sau nu. Dacă nu are un nimb în jurul capului...

Uite, se vorbește despre război... Despre generația războiului... Ne compară... Generația războiului? Păi, ei au fost fericiți! Ei au avut victoria. Ei au învins! Asta le-a dat o energie puternică în viață, dacă e să folosim cuvintele de azi, o motivație puternică pentru supraviețuire. Ei nu se temeau de nimic. Voiau să trăiască, să învețe, să facă copii. Dar noi? Noi ne temem de toate... Ne temem pentru copii. Pentru nepoții care încă nu sunt... Ei nu sunt, dar nouă deja ne e frică... Oamenii zâmbesc mai puțin, nu mai cântă cum se cânta înainte la sărbători. Nu doar peisajul se schimbă, când, în loc de câmpuri, se ridică din nou păduri, tufărișuri, dar și firea națională. Toți au depresie... Trăiesc cu sentimentul damnării... Pentru unii, Cernobîl este o metaforă. O lozincă. Dar pentru noi, el este însăși viața noastră. Pur și simplu, viață.

Altă dată mă gândesc că era mai bine să nu fi scris despre noi. Să nu ne fi privit aşa, dintr-o parte... Să nu pună diagnostice: radiofobie sau altceva, să nu ne scoată în evidenţă faţă de ceilalţi. Atunci ne-am teme mai puţin. Doar nu se vorbeşte în casa unui bolnav de cancer de boala lui groaznică. Iar în celula de detenţie pe viaţă, nimeni nu aduce aminte de termen... (*Tace.*) Câte am spus, nu ştiu dacă aveţi nevoie de asta sau nu... (*Întreabă.*) Să pun masa? Să mâncăm sau vă e frică? Răspundeţi cinstit, doar nu ne supărăm. Am văzut de toate... A venit la mine un corespondent... Parcă şi văd: vrea să bea. Îi aduc o cană cu apă, dar el îşi scoate din geantă apa. Minerală. Îi e ruşine... Se justifică... Desigur, discuţia nu s-a legat, nu am putut să fiu sinceră cu el. Doar nu sunt un robot sau un computer. Nu sunt din fier! El îşi bea apa lui minerală, se teme să pună mâna pe cana mea, iar eu să-i pun sufletul pe masă... Să-i dau lui sufletul meu... (*Deja stăm la masă. Mâncăm.*)

Ieri am plâns toată noaptea... Soţul şi-a adus aminte: «Ai fost aşa de frumoasă»... Ştiu despre ce vorbeşte el... Mă văd în oglindă în fiecare dimineaţă... Aici, oamenii îmbătrânesc repede, eu am patruzeci de ani, dar îmi dai şaizeci. De aceea, fetele se grăbesc să se mărite. Le pare rău de tinereţe, e scurtă la ele. (*Izbucneşte.*) Ei, ce ştiţi dumneavoastră despre Cernobîl? Ce puteţi să notaţi? Vă rog să mă iertaţi... (*Tace.*)

Cum să scrieţi despre sufletul meu? Dacă nici eu nu pot mereu să-l citesc..."

*Nadejda Afanasievna Burakova,
locuitoare din orăşelul Hoiniki*

Monolog despre faptul că la viața cotidiană mai trebuie să adaugi ceva ca s-o înțelegi

„Aveți nevoie de fapte, de amănunte din acele zile? Sau de povestea mea?

Acolo am ajuns fotograf... Înainte de asta nu m-am ocupat de fotografie și acolo, deodată, am început să fac poze, din întâmplare aveam un aparat foto. Așa, îmi spuneam, pentru mine. Dar acum asta e profesia mea. Nu am putut să mă eliberez de noile sentimente pe care le-am încercat, nu au fost niște trăiri scurte, ci o întreagă poveste a sufletului meu. M-am schimbat... Lumea se vedea altfel. Înțelegeți?

(*Vorbește și pune pe masă, pe scaune, pe pervaz, fotografii: o floarea-soarelui gigantică, mare cât o roată de căruță, un cuib de barză într-un sat pustiu, un cimitir sătesc părăsit, cu o tăbliță la poartă: «Radiație înaltă. Intrarea interzisă», un cărucior de copil în curtea unei case cu ferestrele acoperite cu scânduri, pe el stă o cioară ca deasupra cuibului său, un stol de cocori deasupra câmpurilor sălbăticite.*)

Sunt întrebat:

– De ce nu filmezi pe peliculă color? În culori?

Dar Cernobîl e *ciornaia bîl*, iarbă neagră... Alte culori nu există. Povestea mea? Un comentariu la asta. (*Arată spre fotografii.*) Bine. O să încerc. Înțelegeți, tot ce e aici... (*Din nou arată spre fotografii.*) Pe atunci lucram la uzină, dar învățam pentru facultatea de istorie, la fără frecvență. Lăcătuș categoria a doua. Am fost adunați într-o grupă și trimiși urgent. Ca pe front.

– Unde mergem?

– Unde ni se ordonă.

— Ce-o să facem?
— Ce-o să ni se ordone.
— Dar noi suntem constructori.
— Păi uite, o să construiți. O să construiți de la zero.

Am construit tot felul de anexe: spălătorii, magazii, copertine. Eu am fost pus la descărcarea cimentului. Ce ciment, de unde era, nimeni nu verifica. Era încărcat, apoi descărcat. Ziua aduni cu lopata, spre seară numai dinții se mai văd. Un om din ciment. Cenușiu. Și eu, și salopeta, până la piele. Seara o scuturam, înțelegeți, iar dimineață o puneam din nou. Au făcut cu noi lecții de învățământ politic. Eroi, fapte de eroism, în prima linie... Lexicon militar. Dar ce înseamnă rem? Curie? Ce înseamnă miliröntgen? Punem întrebări, comandantul nu poate să ne explice, la liceul militar nu l-au învățat. Mili, micro... Chinezește...

— La ce vă trebuie? Îndepliniți ce vi se cere. Aici sunteți soldați.

Noi suntem soldați, dar nu deținuți. A venit o comisie.

— Aici, la voi, totul e în ordine. Mediul radioactiv e normal. Uite, la vreo patru kilometri de aici nu poți să trăiești, oamenii o să fie evacuați. Dar la voi e liniște.

E cu noi un dozimetrist, ia și deschide cutia aia pe care o ține pe umăr și cu un băț, așa lung, o trece peste cizmele noastre. Și cum o dă mai într-o parte, sare în sus... O reacție involuntară...

Uite, aici începe ce e mai interesant, mai ales pentru dumneavoastră, ca scriitoare. Ce credeți, cât timp ne-am adus aminte de acest moment? Cel mult câteva zile. Ei, omul nostru nu e în stare să se gândească numai la el, la viața lui, ca un sistem închis. Politicienii noștri nu sunt capabili să se gândească la valoarea vieții, dar nici omul. Înțelegeți? Așa suntem noi făcuți. Din alt aluat. Desigur, acolo toți beam și beam zdravăn. Noaptea nu mai rămânea nimeni treaz, dar nu beau să se îmbete, ci ca să stea de vorbă. După primele două păhărele, pe unul îl lua melancolia, își aducea aminte de soție, de copii, povestea despre munca sa. Înjurau șefii. Dar mai apoi, după o sticlă, două, erau discuții numai despre destinul țării și despre cum este făcut Universul. Dispute despre Gorbaciov și Ligaciov. Despre Stalin. Dacă suntem un stat mare sau nu, dacă o să-i depășim sau nu pe americani. Anul 1986... Ale cui avioane sunt mai bune, care nave cosmice sunt mai sigure? Ei, Cernobîl a sărit în aer, dar omul nostru a fost primul care a ajuns în cosmos! Înțelegeți, până ne lua rășeala, până dimineața. Dar despre faptul că nu avem dozimetre și că nu ne dau niște medicamente pentru orice eventualitate? Sau despre faptul că nu sunt mașini de spălat ca să ne spălăm salopetele în fiecare zi în loc de două ori pe lună? Asta se discuta în treacăt. Așa suntem noi făcuți, înțelegeți. La dracu'!

Votca era prețuită mai mult decât aurul. Era imposibil să cumperi. Din satele din jur s-a băut tot: votcă, rachiu. Au trecut la loțiuni, la aerosoli, lacuri. Pe masă se afla un borcan de trei litri de rachiu sau o plasă cu apă de toaletă... Și discuții, discuții. Printre noi erau și profesori, ingineri... O echipă internațională: ruși, bieloruși, kazahi, ucraineni. Discuții filosofice... Despre faptul că suntem prizonierii materialismului, iar materialismul ne separă de lumea obiectelor. Cernobîl este ieșirea din infinit. Țin minte cum discutam despre destinele culturii ruse, despre înclinația ei spre tragic. Fără o urmă de moarte nu poți să pricepi nimic. Numai pe tărâmul culturii ruse se poate pricepe o catastrofă. Ea e gata numai pentru așa ceva... Ne temeam de bomba atomică, de ciupercă, și uite cum a venit asupra noastră... Hiroshima este ceva groaznic, dar este de înțeles... Dar aici... Știm cum arde o casă de la niște chibrituri sau din cauza unui proiectil, dar Cernobîlul nu seamănă cu nimic. Veneau zvonuri că e un foc nepământesc, nu foc, ci o lumină. O licărire. O strălucire. Nu e albastră, ci bleu. Și nu e fum. Oamenii de știință se așezaseră prea devreme în locul zeilor, iar acum sunt îngeri căzuți. Demoni! Natura omenească rămăsese pentru ei un mister. Eu sunt rus, din regiunea Briansk. Înțelegeți, e un bătrân pe drum, casa e într-o rână, stă să se prăbușească, dar el filosofează, reface lumea. Neapărat se găsește un Aristotel al nostru în orice fumoar de la uzină. La o berărie. Iar noi, chiar lângă reactor...

Veneau la noi reporteri de la ziar. Fotografiau. Subiecte ciudate. Fotografiau fereastra unei case părăsite, puneau o vioară în fața ei... Și-i spuneau «Simfonia de la Cernobîl». Dar acolo nu trebuia să inventezi nimic. Voiai să păstrezi în memorie tot: un glob pământesc strivit de un tractor în curtea școlii, rufe spălate, înnegrite, care atârnă deja de câțiva ani într-un balcon, niște păpuși îmbătrânite din cauza ploii... Morminte ale armatei părăsite, unde iarba a crescut înaltă cât statuia soldatului, iar pe automatul statuii, un cuib de păsări. Ușile caselor sunt sparte, au fost pe acolo jefuitorii, dar perdelele la ferestre sunt trase. Oamenii au plecat, au lăsat să trăiască în case fotografiile lor. De parcă ar fi sufletele lor. Nu era nimic neimportant, mărunt. Voiai să ții minte tot și în detaliu: momentul zilei când ai văzut asta, culoarea cerului, senzațiile tale. Înțelegeți? Omul plecase din locurile astea pentru totdeauna. Dar ce înseamnă pentru totdeauna? Suntem primii oameni care au trăit acest «pentru totdeauna». Nu poți să scapi nici un mărunțiș. Fețele unor țărani bătrâni ce seamănă cu niște icoane... Ei pricepeau cel mai puțin ce se întâmplase. Niciodată nu-și părăsiseră curtea, pământul. Au venit pe lume, au iubit, și-au câștigat pâinea zilnică cu sudoarea feței, și-au dus neamul mai departe. Au așteptat venirea nepoților. Și, după ce și-au terminat viața, au părăsit liniștiți acest pământ intrând în el, transformându-se în el. O casă bielorusă! Pentru noi, orășenii, casa este o mașină în care trăiești. Dar pentru ei, casa este lumea, cosmosul. Mergi prin satele pustii... Și vrei așa de mult să întâlnești un om... O biserică jefuită. Am intrat – mirosea a ceară. Tare mai voiam să mă rog...

Am vrut să rețin toate astea. Am început să fotografiez... Asta este povestea mea...

Recent l-am îngropat pe un cunoscut cu care am fost acolo. A murit de cancer al sângelui. Pomenirea. Conform obiceiului slav, am băut, am luat ceva de mâncare, înțelegeți? Și au început discuțiile, până la miezul nopții. Mai întâi despre el, despre răposat. Iar mai apoi? Mai apoi iar despre destinul țării și despre cum e construit universul. O să plece trupele rusești din Cecenia sau nu? O să înceapă al doilea război în Caucaz sau deja se duce? Ce șanse are Jirinovski să devină președinte? Ce șanse are Elțîn? Despre coroana Angliei și prințesa Diana. Despre monarhia rusă. Despre Cernobîl. Acum sunt deja tot felul de supoziții... Una dintre ele, că extratereștrii știau de catastrofă și ne-au ajutat, alta, că a fost un experiment cosmic și peste un timp o să se nască copii cu capacități geniale. Neobișnuite. Dar poate că bielorușii o să dispară, așa cum au dispărut odinioară alte popoare: sciți, cazari, sarmați, cimerieni, azteci. Noi suntem metafizicieni... Nu trăim pe pământ, ci în vise, în discuții, în cuvinte... Mai trebuie să mai adăugăm ceva la viața cotidiană pentru a o înțelege. Chiar dacă suntem aproape de moarte...

Asta e povestea mea... Am povestit... De ce am început să fotografiez? Pentru că nu-mi ajungeau cuvintele..."

Viktor Latun, fotograf

Monolog despre un soldat mut

„În Zonă nu mă mai duc, dar, înainte, ceva mă trăgea acolo. Dacă o să văd asta, o să mă îmbolnăvesc și o să mor... O să moară fanteziile mele...

Țineți minte, era un film de război, *Du-te și vezi*. Eu nu am putut să-l urmăresc până la capăt, mi-am pierdut cunoștința. Acolo omorau o vacă. Avea pupila cât tot ecranul... Doar pupila... Nu am văzut cum erau omorâți oamenii... Nu! Arta este iubire, sunt absolut convinsă de asta! Nu vreau să deschid televizorul, să citesc ziarele de azi. Acolo numai se omoară, se omoară. În Cecenia, Bosnia, Afganistan... Îmi pierd mințile, mi-am stricat vederea. Groaza a devenit obișnuită, chiar banală... Și noi ne-am schimbat așa de tare, că groaza de azi de pe ecran trebuie să fie mai cumplită decât cea de ieri. Altfel nici nu mai e groază. Am depășit limitele...

Ieri am mers cu troleibuzul. O scenă: un băiat nu i-a cedat locul unui bătrân. Acela îi face morală:

– Când o să fii bătrân, nici ție n-o să-ți dea locul.
– Păi eu n-o să fiu niciodată bătrân, răspunde băiatul.
– De ce?
– Toți o să murim în curând.

În jur sunt discuții despre moarte. Copiii se gândesc la moarte. Dar ăsta e un lucru la care oamenii se gândesc la sfârșitul vieții, nu la tinerețe.

Văd lumea ca pe o scenă. Strada e un teatru pentru mine, casa e un teatru. Omul e un teatru. Nu rețin niciodată evenimentul integral. Numai detalii, gesturi...

Totul s-a amestecat în memoria mea, s-a dat peste cap... E fie din film, fie din ziare, fie am văzut undeva asta, am auzit... Poate am văzut în treacăt?

Văd cum merge pe strada unui sat pustiu o vulpe nebună. E liniștită, bună. Ca un copil... Se gudură pe lângă pisicile sălbăticite, pe lângă găini...

E liniște. Acolo e așa de liniște! E o liniște diferită față de cea de aici. Și deodată, în mijlocul acestei liniști, niște cuvinte ciudate, de om: «Goșa e bun. Goșa e bun». Se leagănă într-un măr bătrân o colivie ruginită, cu o ușiță deschisă. Un papagal domestic vorbește singur.

Începe evacuarea... Au sigilat școala, birourile de la colhoz, sovietul sătesc. Ziua, soldații scot seifuri și acte. Iar noaptea, locuitorii satului iau tot din școală, tot ce mai rămăsese. Iau cărțile de la bibliotecă, oglinzile, scaunele, chiuvetele și vasele de toaletă, un glob pământesc mare... Cine a venit ultimul, spre dimineață, găsește totul golit. A luat eprubetele goale din laboratorul de chimie.

Deşi toţi ştiu că peste trei zile şi ei o să fie duşi de aici. Totul o să rămână pe loc.

De ce adun toate acestea, de ce le strâng? N-o să pun în scenă niciodată un spectacol despre Cernobîl, aşa cum nu am făcut nici un spectacol despre război. Nu voi avea niciodată pe scenă un om mort. Nici un animal mort sau o pasăre. În pădure m-am dus spre un pin, văd ceva alb... Mi-am zis: sunt ciuperci, dar de fapt sunt vrăbii moarte cu burţile în sus... Acolo, în Zonă... Nu pricep moartea. Mă opresc în faţa ei ca să nu înnebunesc. Nu pot să trec de cealaltă parte a vieţii... Trebuie să prezinţi războiul într-un mod aşa de groaznic, încât omul să înceapă să vomite. Să se îmbolnăvească... Dar tot ce e aici nu e ceva de privit...

În primele zile... Încă nu se arătase nici o fotografie, dar eu îmi imaginam: acoperişuri dărâmate, pereţi distruşi, fum, sticlă spartă. Sunt duşi undeva copiii amuţiţi. Şiruri de maşini. Adulţii plâng, dar copiii nu. Încă nu publicaseră nici o fotografie... Probabil, dacă e să-i întrebi pe oameni, nu există o altă imagine a groazei ca explozia, incendiul, cadavrele, panica. Ţin minte asta din copilărie. (*Tace.*) Dar despre asta mai târziu... Dar aici s-a întâmplat ceva necunoscut... Vorbim de un alt fel de groază, care nu se aude, nu se vede, nu are miros, nu are culoare, dar care ne schimbă fizic şi psihic. Se schimbă formula sângelui, se schimbă codul genetic, se schimbă peisajul... Şi asta, orice am crede, orice am face. Uite, mă scol dimineaţa, beau ceai. Mă duc la repetiţie cu studenţii... Dar realitatea din jur stă deasupra mea, ca un semn şi ca o întrebare. Nu am cu ce să compar asta. Din copilărie ţin minte ceva care nu seamănă deloc cu asta...

Am văzut numai un singur film bun despre război. Am uitat titlul. Un film despre un soldat mut. A tăcut tot filmul. Ducea o nemţoaică gravidă, gravidă cu un soldat rus. Şi s-a născut un copil, el s-a născut pe drum, în căruţă. El l-a ridicat în braţe şi-l ţinea aşa şi copilul a făcut pipi pe automatul lui... Bărbatul râdea... La el, râsul acela era un fel de vorbă. El se uita la copil, la automatul său şi râdea... Sfârşitul filmului.

În film nu erau nici ruşi, nici nemţi. Era un singur monstru – războiul. Şi o singură minune – viaţa. Dar acum, după Cernobîl, totul s-a schimbat. Şi viaţa la fel. S-a schimbat lumea, acum nu mai pare eternă. Pământul parcă a intrat la apă, s-a micşorat. Ne-am pierdut nemurirea, uite ce s-a întâmplat cu noi. Am pierdut sentimentul veşniciei. Iar la televizor văd că în fiecare zi oamenii se omoară. Se împuşcă. Un om îl omoară pe alt om. După Cernobîl.

Ceva foarte tulbure, aflat adânc în memoria mea: aveam trei ani când eu şi mama am fost duse în Germania, într-un lagăr de concentrare... Ţin minte totul – e frumos... Poate că aşa e construită vederea mea. Un munte înalt... Parcă ploua sau ningea. Oamenii stăteau în jur, într-un imens semicerc negru, toţi aveau numere. Numere pe ghete. Aşa de clar, cu vopsea de un galben intens pe ghete... Pe spate. Peste tot erau numere, numere... Sârmă ghimpată. Într-un turn se afla un om cu o cască, alergau câini, lătrau tare, tare. Şi nu aveam nici o frică. Doi nemţi: unul mare, gras, în negru, iar al doilea era mic, într-un costum maro. Cel care e în negru arată undeva cu mâna... Şi din semicercul întunecat iese o umbră neagră și devine un om. Neamțul în negru începe să-l bată... Și parcă plouă sau parcă ninge. Cade...

Țin minte un italian frumos, înalt... Cânta tot timpul... Mama mea plângea și alți oameni plângeau. Dar eu nu puteam pricepe de ce plâng toți, când el cânta așa de frumos?

Am făcut studii despre război. Am încercat. Nu mi-a ieșit nimic. Niciodată n-o să pun în scenă un spectacol despre război. N-o să-mi iasă.

În Zona de la Cernobîl am prezentat un spectacol vesel, *Fântână, dă-ne apă*. O poveste. Ne-am dus în centrul raional Hotimsk. Acolo era o casă de copii orfani. Ei nu au fost duși nicăieri.

Pauza. Nu bat din palme. Nu se ridică. Tac. Actul al doilea. S-a terminat spectacolul. Iar nu bat din palme. Nu se ridică. Tac.

Studenții mei sunt în lacrimi. S-au adunat în spatele culiselor: ce e cu ei? Apoi am înțeles: ei credeau în tot ce se întâmpla pe scenă. Acolo, în tot spectacolul, era așteptată o minune. Copiii obișnuiți, copiii cu familii înțelegeau că ăsta e teatru. Dar cei de aici așteptau o minune...

Noi, bielorușii, nu am cunoscut niciodată veșnicia. Nu am avut nici măcar un pământ veșnic, tot timpul l-a luat cineva, ne-a șters urmele. Și noi nu puteam să trăim veșnic, cum se scrie în Vechiul Testament: acesta a dat naștere lui cutare, cutare, lui cutare... Un lanț. Verigi... Noi nu știm ce să facem cu veșnicia asta, nu știm să trăim cu ea. Nu putem s-o concepem. Și ea, în cele din urmă, ne-a fost dăruită. Veșnicia noastră este Cernobîl. Uite cum a apărut la noi... Și noi? Noi râdem... Ca într-o parabolă veche. Oamenii îl compătimesc pe omul căruia i-a ars casa, magazia... Totul a ars. Dar el răspunde: «Ei, dar și câți șoareci au crăpat!», și trântește vesel căciula pe jos. Ăsta este bielorusul adevărat. Râs cu plâns...

Dar zeii noștri nu râd. Zeii noștri sunt mucenici. Grecii antici au avut zei care râd, veseli. Dar dacă fantezia, visele, anecdotele sunt și ele texte despre cum suntem noi? Dar noi nu știm să le citim. Aud peste tot același cântec... E lung, lung... Nici nu este măcar melodie, nu e cântec, ci un bocet. Este programarea poporului nostru pentru orice nenorocire. Așteptarea nenorocirii, care nu-l părăsește. Dar fericirea? Fericirea e un lucru temporar, întâmplător. Poporul spune: «Un necaz nici nu este necaz», «De necaz nu te ferești cu bățul», «Fiecare lovitură necazul o aduce numai peste dinți», «Nu ai chef de colinde când casa e plină de belele». În afară de suferință, nu avem nimic altceva. Nu există o altă istorie, nu există o altă cultură...

Dar studenții mei se îndrăgostesc, fac copii. Dar ei sunt liniștiți, slabi... După război m-am întors din lagărul de concentrare. Vie! Atunci trebuia doar să supraviețuiești, generația mea se miră până acum cum de a supraviețuit. Puteam să mănânc zăpadă în loc de apă, vara puteam să nu ies din râu, să mă scufund de o sută de ori. Copiii lor nu pot să mănânce zăpadă. Chiar și cea mai curată, cea mai albă zăpadă. (*Se cufundă în tăcere.*)

Ce spectacol îmi imaginez? Doar mă gândesc la el. Tot timpul mă gândesc.

Am adus din Zonă un subiect. O poveste contemporană...

Au rămas în sat un moş şi o babă. Iarna, bătrânul a murit. Bătrâna l-a îngropat singură. A săpat o săptămână groapă pentru mormânt. L-a înfăşurat într-un cojoc gros, să nu îngheţe, l-a pus pe o sanie de copil şi l-a dus. Tot drumul, ea şi-a amintit viaţa alături de el...

A gătit pentru pomană ultima găină. A venit la bătrână un căţeluş flămând, atras de miros. Şi ea a avut cu cine să vorbească şi să plângă...

Odată chiar am visat viitorul meu spectacol...

Văd un sat pustiu, unde merii sunt în floare... Înfloresc mălinii. E frumos. Totul e gătit. La cimitir înfloreşte un păr sălbatic...

Pe uliţele pline de iarbă aleargă pisici cu cozile ridicate. Nu e nimeni. Pisicile fac dragoste. Totul e în floare. E frumos şi linişte. Uite, pisicile aleargă pe drum, aşteaptă pe cineva. Probabil că încă îşi mai aduc aminte de om...

Noi, bieloruşii, nu avem un Tolstoi. Un Puşkin. Dar îl avem pe Ianka Kupala... Iakub Kolos... Ei au scris despre pământ... Noi suntem oameni ai pământului, nu ai cerului. Monocultura noastră este cartoful, îl săpăm, îl sădim şi tot timpul ne uităm în pământ. În jos! În jos! Iar dacă omul înalţă capul, atunci nu o face mai sus de un cuib de barză. Pentru el deja şi asta e sus, chiar asta înseamnă pentru el cerul. Iar la noi nu există cerul care se numeşte cosmos; în conştiinţa noastră el lipseşte. Atunci luăm ceva din literatura rusă... Din cea polonă... Aşa, norvegienii au avut nevoie de un Grieg, iar evreii, de un Şalom Alehem, ca centru de cristalizare în jurul căruia să se poate uni şi să se vadă pe sine. Iar la noi, ăsta e Cernobîlul... El face ceva din noi. Creează. Acum am devenit popor. Poporul Cernobîlului. Şi nu doar un drum – din Rusia în Europa sau din Europa în Rusia. Abia acum...

Arta este amintire. Amintire a ceea ce am fost. Mă tem... Mă tem de un singur lucru, ca nu cumva frica să ia locul iubirii în viața noastră..."

*Lilia Mihailovna Kuzmenkova,
profesoară la un liceu de artă, regizoare*

MONOLOG DESPRE LUCRURI ETERNE ȘI BLESTEMATE:
CE-I DE FĂCUT ȘI CINE E VINOVAT?

„Sunt un om al timpului său, sunt un comunist convins...

Nu ne mai dau cuvântul... E la modă... Azi e la modă să-i ocărăști pe comuniști... Acum noi suntem dușmani ai poporului, criminali. Acum suntem vinovați de orice, chiar și pentru legile fizicii. Am fost atunci prim-secretar al comitetului raional de partid. În ziare se scria că ei, comuniștii, sunt vinovați pentru că au construit centrale atomice proaste, ieftine, că nu au ținut cont de viețile oamenilor. Nu s-au gândit la om, el era doar nisip pentru ei, bălegar al istoriei. Jos cu ei! Jos! Întrebări blestemate: ce-i de făcut și cine e vinovat? Eterne. Neschimbate în istoria noastră. Toți sunt nerăbdători, însetați de răzbunare și de sânge. Jos cu ei! Jos! Așteaptă capete tăiate... Pâine și circ...

Alții tac, dar eu o să spun... Dumneavoastră scrieți... Ei, nu dumneavoastră concret, dar în ziare se scrie că noi, comuniștii, am păcălit poporul, i-am ascuns adevărul. Dar am fost nevoiți s-o facem... Primeam telegrame de la CC, de la comitetul regional, în care ni se spunea să nu creăm panică. Iar panica, într-adevăr, e un lucru groaznic. Numai în timpul războiului au mai acordat o asemenea importanță știrilor de pe front, cum făceau acum cu informările de la Cernobîl. Frică și zvonuri. Oamenii erau omorâți nu de radiație, ci de evenimente. Trebuia să prevenim orice fel de panică... Nu putem să spunem că s-a ascuns totul de la bun început, nici măcar nu pricepeam amploarea celor întâmplate. Eram conduși de cele mai înalte considerații politice. Dar dacă e să lăsăm la o parte emoțiile, politica... Trebuie să recunoaștem că nimeni nu credea în ce se întâmplase. Nici măcar oamenii de știință! Așa ceva nu se mai întâmplase niciodată înainte, nicăieri în lume. Oamenii de știință prezenți la locul faptei au studiat situația și au luat decizii pe loc. Am văzut recent o emisiune, «Clipa adevărului», cu Aleksandr Iakovlev, membru al Biroului Politic, principalul ideolog al Partidului pe atunci. Alături de Gorbaciov. Ce-și aduce el aminte? Ei acolo, sus, nu-și imaginau nici ei tot tabloul. La o ședință a Biroului Politic, unul dintre generali a explicat: «Dar ce e radiația? Acolo, la poligon... După o explozie atomică, beau seara o sticlă de vin și asta e tot. Totul e bine!» Vorbeau despre Cernobîl ca despre o avarie obișnuită.

Dacă aș fi spus atunci că nu ar trebui oamenii să iasă afară? Ei ar fi spus: «Păi ce, vreți să ne stricați sărbătoarea de 1 Mai?» Era o chestiune politică. Mi-ar fi cerut imediat carnetul de partid... (*Se liniștește puțin.*) Nu e o anecdotă, ci adevărul curat. Se spune că președintele comisiei guvernamentale, Șcerbina, care a venit la centrală în primele zile după explozie, a cerut imediat să fie dus la locul celor întâmplate. I se spune că sunt căderi de grafit, câmpuri nebunești de radiații, temperatură înaltă, nu se poate duce acolo. «Ce fizică? Eu trebuie să văd totul cu ochii mei. Seara trebuie să raportez Biroului Politic.» Un comportament tipic militar... Nu cunoșteau un alt mod de abordare a lucrurilor. Nu pricepeau ce e aceea fizică, o reacție în lanț. Nu înțelegeau că nici un ordin și dispoziție guvernamentală nu vor influența mersul reacției în lanț. Lumea se sprijină pe fizică, nu pe ideile lui Marx. Dar dacă aș fi declarat atunci așa ceva... Să fi anulat demonstrația de 1 Mai... (*Iar începe să se întristeze.*) Scrie în ziare că oamenii erau pe stradă, iar noi stăteam în buncăre. Eu am stat două ore la tribună, sub soarele acela... Fără nimic pe cap, fără impermeabil... Și de 9 Mai, de Ziua Victoriei, am mers cu veteranii... Cântau la muzicuță, oamenii dansau, beau. Am fost toți parte a acestui sistem. Am crezut în idealurile înalte, în victorie! O să învingem Cernobîlul! Citeam despre lupta eroică de îmblânzire a reactorului care scăpase de sub puterea oamenilor. Aveau loc discuții politice. Unde nu ai vedea un rus fără idei? Fără un mare vis? E și aici ceva înfricoșător... Dar ce se întâmplă acum? Totul se destramă. Un capitalism sălbatic... Trecutul a fost condamnat... A fost condamnată toată viața noastră... A rămas Stalin... Arhipelagul Gulag... Dar ce filme erau pe atunci! Ce cântece fericite! De ce acum nu mai sunt asemenea filme? De ce nu mai sunt asemenea cântece? Omul are nevoie să fie încurajat, inspirat. Are nevoie de idealuri... Doar atunci poți avea un popor puternic. Salamul nu poate fi un ideal, frigiderul plin nu e un ideal. Nici Mercedesul nu este un ideal. E nevoie de idealuri strălucitoare! Le-am avut.

În ziare, la radio şi la televiziune se striga: «Adevărul! Adevărul!» La mitinguri se cerea adevărul! E rău, foarte rău! În curând o să murim! O să dispară naţiunea! Cine mai are nevoie de adevărul tău? Când în Convenţie a năvălit mulţimea şi a cerut execuţia lui Robespierre, oare a avut ea dreptate? Să te supui mulţimii înseamnă să devii mulţime... Nu trebuia să permitem să se producă panică... Era de datoria mea... (*Tace.*) Dacă eu sunt criminal, atunci de ce nepoata mea... Copila aceasta... E bolnavă... Fata a născut-o în acea primăvară, a adus-o la noi, la Slavgorod, în faşă. În cărucior. Au venit aici la câteva săptămâni de la explozie... Elicopterele zburau, maşinile militare erau pe străzi... Soţia m-a rugat: «Trebuie să-i trimitem la rude. Să-i trimitem de aici». Eram prim-secretar al comitetului raional de partid. Am interzis categoric: «Ce-o să zică oamenii dacă o trimit pe fata mea şi pe bebeluş? Copiii lor cum rămân aici?» Pe cei care încercau să se salveze... Îi chemam la comitetul raional, la birou: «Eşti comunist sau nu?» Oamenii erau testaţi. Dacă aş fi un criminal, mi-aş ucide propriul copil? (*În continuare incoerent.*) Chiar eu... Pe ea... În casa mea... (*Peste un timp se linişteşte.*)

Primele luni... În Ucraina e situaţie de criză, dar la noi, în Bielorusia, e linişte. Semănatul e în toi. Nu m-am ascuns, nu am stat prin cabinete, ci am umblat pe câmp, pe pajişti. Se ara, se semăna. Toţi uită că, înainte de Cernobîl, atomul era numit omul paşnic al muncii şi toţi ne mândream că trăim în era atomică. Nu ţin minte să fi existat frica de atom... Atunci încă nu ne temeam de viitor. Ce înseamnă să fii prim-secretar al comitetului de partid? Un om obişnuit, cu diplomă de facultate, cel mai adesea inginer sau agronom. Unii au mai terminat și școala superioară de partid. Știam despre radiație doar ce apucaseră să ne spună la cursurile de protecție civilă. Acolo nu am auzit nici un cuvânt despre cesiu în lapte, despre stronțiu... Am dus lapte cu cesiu la fabricile de lapte. Am dat carne. Am cosit iarbă de 40 Ci. Am îndeplinit planurile... Cu toată responsabilitatea... Nimeni nu ne scutise de realizarea planurilor...

Iată un alt tablou despre cum eram noi în acele prime zile. Oamenii se simțeau înspăimântați, dar trăiau și un sentiment înălțător. Eu sunt un om căruia îi lipsește instinctul de conservare. Este normal, pentru că am puternic dezvoltat sentimentul datoriei. Atunci erau mulți asemenea oameni, nu numai eu... Pe biroul meu se aflau zeci de cereri cu rugămintea: «Vă rog să mă trimiteți la Cernobîl». Chemarea inimii! Oamenii erau gata să se jertfească fără să stea pe gânduri și fără să ceară nimic în schimb. Indiferent ce s-ar scrie acolo, să știți că acest caracter sovietic a existat. Și a existat și omul sovietic. Și o să vă mai fie milă de omul acesta... Să vă aduceți aminte de el...

Au venit la noi oameni de știință, se certau și țipau. Până rășugeau. Mă duc la unul:

– Copiii noștri se joacă în nisip radioactiv!

Iar el îmi răspunde:

– Panicarzi! Diletanți! Ce știți voi despre radiație? Eu sunt specialist în fizică nucleară. Uite, a avut loc o explozie atomică. Peste o oră am fost în epicentru, cu o mașină de teren. Pe pământul topit. De ce împrăștiați panică?

L-am crezut. I-am chemat pe oameni în cabinet:

— Fraților! Dacă eu fug și voi fugiți, ce-o să creadă oamenii despre noi? O să spună că au dezertat comuniștii.

Dacă nu-i convingeam prin cuvinte, prin apelul la emoții, acționam altfel:

— Ești patriot sau nu? Dacă nu, pune pe masă carnetul de partid. Lasă-l jos!

Unii îl lăsau.

Am început să bănuiesc ceva... Aveam un contract cu Institutul de Fizică Nucleară pentru testarea mostrelor de pământ pe care le trimiteam la ei. Luau iarbă, apoi straturi de cernoziom și le duceau acolo, la ei, la Minsk. Acolo făceau testele. Și mă sună:

— Organizați, vă rog, un transport, ca să vă luați înapoi solul.

— Glumiți? Până la Minsk sunt 400 de kilometri.

Era cât pe ce să scap receptorul din mână... Să iau pământul înapoi?

— Nu, nu glumim, mi se răspunde. Noi, conform instrucțiunilor, trebuie să îngropăm aceste probe într-un buncăr subteran de beton armat. E adus la noi din toată Bielorusia. Într-o lună s-a umplut până la refuz recipientul pe care îl avem.

Ați auzit? Și noi aram, semănam pe pământul acesta. Pe el, copiii noștri se jucau... Ni se cerea să ducem la capăt planurile pentru lapte și carne. Din cereale se făcea alcool. Merele, perele, vișinele urmau să fie făcute suc...

Evacuarea... Dacă cineva s-ar fi uitat de sus, ar fi crezut că începuse cel de-al Treilea Război Mondial... Un sat este evacuat, apoi altul este anunțat că evacuarea va avea loc peste o săptămână! Și toată săptămâna asta, acolo se fac căpițe din paie, se cosește iarbă, se sapă în grădini, se taie lemne... Viață obișnuită. Oamenii nu-și dau seama ce se întâmplă. Iar peste o săptămână sunt duși cu mașini militare... Ședințe, delegații, presiuni, nopți albe. Câte nu au fost! Lângă comitetul orășenesc de partid din Minsk stă un om cu o pancartă: «Dați iod poporului». E cald. Are un impermeabil... (*Se întoarce la începutul discuției noastre.*)

Ați uitat... Dar oamenii credeau atunci că centralele atomice sunt viitorul. Nu o dată am luat cuvântul. Am făcut propagandă... Am fost la o centrală atomică: era liniște, solemn. Curat. În colț, un steag roșu, cu sloganul «Învingător al întrecerii socialiste». Viitorul nostru... Am trăit într-o societate fericită. Ni s-a spus că suntem fericiți și am fost fericiți. Am fost liber, nici prin cap nu-mi trecea că cineva putea crede că libertatea mea nu e de fapt libertate. Iar acum istoria ne-a anulat, de parcă nici nu am fost... Îl citesc acum pe Soljenițîn... Mă gândesc... (*Tace.*) Nepoata mea are leucemie... Am plătit pentru tot... Un preț mare...

Sunt om al timpului meu... Nu sunt un criminal..."

Vladimir Matveevici Ivanov, fost prim-secretar al comitetului raional de partid din Slavgorod

Monologul unui apărător al puterii sovietice

„Eee, mama voastră! (*O înjurătură lungă și stufoasă.*) Nu-l mai avem pe Stalin! O mână de fier...

Ce tot notați aici? Cine v-a dat voie? Fotografiați... Ia luați-vă jucăria... Luați-o de aici. Că o fac praf. Ca să vezi, dragă, au venit! Noi trăim. Suferim, iar dumneavoastră o să scrieți. Scribălăilor! Aiuriți poporul...

Protestați... Nu întrebați ce trebuie. Acum nu mai este ordine! Nu mai este ordine! Ca să vezi, dragă, au venit... Cu un casetofon...

Da, apăr! Eu apăr puterea sovietică. Puterea noastră. A poporului! În timpul puterii sovietice am fost puternici, toți se temeau de noi. Toată lumea se uita la noi! Pe unii îi lua tremuratul de frică, alții ne invidiau. Scârbele! Dar acum ce-i? Ce-i acum? În democrație? Ne aduc Snickers și margarină veche, medicamente expirate și blugi purtați, ca unor băștinași care abia au coborât din copac. Din palmier. Îmi pare rău pentru stat! Ca să vezi, dragă, au venit... Și ce stat a mai fost! Scârbele! Până a venit Gorbaciov la domnie... Mama dracului! Gorbi... Gorbi a acționat după planurile lor, după planurile CIA... Ce vii să-mi demonstrezi aici? Înțelegi tu! Ei au aruncat în aer Cernobîlul... Ăștia de la CIA și democrații... Am citit în ziare... Dacă nu ar fi explodat Cernobîlul, statul nu s-ar fi prăbușit... Un mare stat! Scârbele! (*Iar înjură.*) Înțelegi tu! O franzelă costa pe vremea comuniștilor douăzeci de copeici, iar acum două mii. Cu trei ruble cumpăram o sticlă și mai ajungea și pentru gustare... Iar în timpul democraților? Două luni la rând nu pot să-mi cumpăr niște pantaloni. Merg cu pufoaica ruptă. Au vândut tot! Au amanetat! Nici nepoții noștri n-o să se achite de datorie...

Eu nu sunt beat, eu sunt pentru comuniști! Ei au fost pentru noi, pentru oamenii simpli. Nu am nevoie de povești! Democrație... Au anulat cenzura. Ce vrei, aia scrii. Ești un om liber... Scârbele! Dar dacă moare omul ăsta liber, nici n-ai cu ce să-l îngropi. A murit la noi o bătrână. Singură, fără copii. A stat sărmana două zile în casă, moartă... Într-o bluză veche... Sub icoane... Nu au putut să cumpere sicriu. Cândva fusese stahanovistă, fruntașă. Două zile nu am ieșit pe câmp. Am făcut miting. Scârbele! Până a luat cuvântul președintele colhozului. În fața oamenilor. Și a promis că de acum, când o să moară un om, colhozul o să-i dea gratis un sicriu din lemn, un vițel sau un purcel și două lăzi de votcă pentru pomană. Și în timpul democraților? Două lăzi de votcă... Gratis! O sticlă pentru un bărbat e beție, o jumătate de sticlă e tratament. Ne-a dat pentru radiații...

De ce nu scrieți asta? Cuvintele mele. Și scrieți numai ce vă interesează. Aiuriți oamenii... Protestați... Aveți nevoie de capital politic? Să vă umpleți buzunarele cu dolari? Noi locuim aici... Suferim... Și nu există vinovați! Spuneți-mi care sunt vinovații! Eu sunt pentru comuniști! Ei o să se întoarcă și o să găsească imediat vinovații... Scârbele! Ca să vezi, dragă, au venit... Notează...

Eee! Mama ta..."

Nu și-a spus numele

Monolog despre cum doi îngeri au întâlnit-o pe micuța Olenka

„Eu am material... Toate rafturile de cărți din casă sunt pline de dosare mari. Știu așa de multe, că nu mai pot să scriu...

Șapte ani am adunat decupaje din ziare, instrucțiuni. Fluturași... Însemnările mele... Am cifre. O să vă dau tot... Pot să mă lupt: să organizez demonstrații, pichete, să fac rost de medicamente, să vizitez copii bolnavi. Dar nu pot să scriu. Luați... Iar eu am atâtea trăiri, că nu pot să mă descurc cu ele, mă paralizează. Mă împiedică. Cernobîlul are deja scriitorii lui... Dar eu nu vreau să intru în cercul celor care exploatează această temă. Trebuie să scrii cinstit. Să scrii tot... (*Cade pe gânduri.*)

O ploaie caldă de aprilie... De șapte ani țin minte ploaia asta... Picăturile de ploaie se rostogoleau de parcă erau mercur. Se spune că radiația e incoloră. Dar bălțile de apă erau verzi sau de un galben intens. Vecina mi-a spus în șoaptă că la radio Svoboda s-a transmis despre o avarie la centrala nucleară de la Cernobîl. Nu am dat nici o atenție acestui lucru. Convingerea fermă era aceea că dacă ar fi fost ceva serios, am fi fost informați. Existau echipamente speciale, semnalizare, adăposturi. O să ne prevină. De asta eram convinși! Toți au învățat asta la cursurile de apărare civilă. Eu chiar am predat acolo... Au dat examene în fața mea... Dar în seara aceleiași zile, vecina ne-a adus niște prafuri. I le dăduse o rudă, explicase cum să le ia (el lucra la Institutul de Fizică Nucleară), dar și-a dat cuvântul că o să tacă. Ca peștele! Ca piatra! Se temea mai ales de discuții și de întrebări la telefon...

Locuia pe atunci la mine un nepoțel. Dar eu? Eu oricum nu credeam. În opinia mea, nimeni dintre noi nu a luat prafurile astea. Eram foarte încrezători... Nu numai vechea generație, ci și tinerii...

Îmi aduc aminte de primele impresii, de primele zvonuri... Trec dintr-un timp în altul, dintr-o stare în alta... De aici acolo... Ca un om care scrie, m-am gândit la trecerile astea, mă interesau. În mine sunt parcă doi oameni – unul înainte de Cernobîl și altul de după Cernobîl. Dar acest «înainte» e acum greu de reconstituit cu mare veridicitate. Perspectiva mea s-a schimbat de atunci...

Am mers în Zonă încă din primele zile... Țin minte, ne-am oprit într-un sat. Ce m-a frapat acolo a fost liniștea! Nici păsări, nimic... Mergi pe uliță, liniște... Ei bine, casele sunt goale, nu sunt oameni, au plecat, dar în jur totul a amuțit, nu e nici o pasăre... Am văzut pentru prima dată pământul fără păsări... Fără țânțari... Nu zbura nimic...

Am ajuns în satul Ciudianî, 150 Ci... În satul Malinovka – 59 Ci... Populația absorbea radiații de o sută de ori mai mari decât cele absorbite de soldații care păzeau centrele de testare a bombelor nucleare, poligoanele nucleare. Dozimetrul pârâie, a atins limita... Iar în birourile din colhozuri sunt anunțuri semnate de radiologii raionali, cum că ceapa, salata, roșiile, castraveții se pot mânca. Totul crește, totul se mănâncă.

Ce spun acum acești radiologi raionali? Secretarii comitetelor raionale de partid? Cum se justifică?

În toate satele am întâlnit mulți oameni beți. Mergeau cherchelite chiar și femeile, mai ales mulgătoarele, cele ce aveau grijă de viței. Cântau un cântecel... Un cântecel la modă pe atunci: «Dar nouă puțin ne pasă. Dar nouă puțin ne pasă!» Într-un cuvânt, mi se rupe. Ca în filmul *Mâna cu briliante*.

În același sat, Malinovka (raionul Cerikovski), am intrat într-o grădiniță. Copiii aleargă prin curte... Cei mici se târăsc prin nisipar... Directoarea ne spune că nisipul este schimbat lunar. Este adus de undeva. Ne imaginăm de unde puteau să-l aducă. Copiii sunt triști...

Glumim, dar ei nu zâmbesc... O educatoare a început să plângă:

— Lăsați-i. Copiii noștri nu zâmbesc. Plâng în somn. Am întâlnit pe uliță o femeie cu un nou-născut.

— Cine v-a permis să nașteți aici? Sunt 59 Ci.

— A venit o doctoriță radiolog. M-a sfătuit doar să nu usuc scutecele afară.

Oamenii au fost convinși să nu plece, să rămână. Cum să nu, sunt forță de muncă! Și când satele au fost depopulate, evacuate, aduceau oameni pentru muncile agricole. Să strângă cartofii...

Ce spun ei acum? Secretarii comitetelor raionale de partid? Cum se justifică? Cine e vinovat, în opinia lor?

Am păstrat multe instrucțiuni strict secrete... O să vi le dau pe toate. Instrucțiuni de prelucrare a carcaselor de pui contaminate... În atelierul de prelucrare se cerea să fii îmbrăcat ca pe teritoriul contaminat, în contact cu elemente radioactive: cu mănuși de cauciuc și cu halate de cauciuc, cizme și așa mai departe. Dacă sunt X Ci, trebuie să fierbi carcasele în apă sărată, să verși apa în canalizare, iar carnea să o pui în pateu, salam. Dacă sunt Y Ci, le transformi în făină de oase, furaje pentru animale... Așa se îndeplineau planurile la carne. Din raioanele contaminate, vițeii erau vânduți ieftin în locuri curate. Șoferii care transportau asemenea viței povesteau că animalele erau ciudate, aveau blana până la pământ și erau așa de flămânde, că mâncau orice — cârpe, hârtie. Era ușor să le dai de mâncare! Vițeii erau vânduți în colhozuri, dar dacă voia cineva, putea să-i ia pentru el, în gospodăria sa. Treburi criminale! Criminale!

Am întâlnit pe drum o mașină... Camionul mergea încet, ca la înmormântare. L-am oprit. La volan era un tânăr. Întreb:

— Ți-o fi rău, de ce mergi așa de încet?
— Nu, transport pământ radioactiv.

Și ce căldură era! Praf!

— Ai înnebunit! Mai trebuie să te și însori, să faci copii.
— Păi unde mai câștig eu cincizeci de ruble pentru un transport?

Cu cincizeci de ruble, la prețurile acelea, puteai cumpăra un costum bun. Și despre plățile suplimentare se vorbea mai mult decât despre radiație. Plăți suplimentare și adaosuri mizerabile, care nu valorau cât o viață...

Tragicul și ridicolul se amestecau...

Stăteau niște femei pe niște bănci, lângă casă. Copiii alergau.

Am măsurat 70 Ci.

— De unde sunt copiii?
— Au fost aduși de la Minsk, pe vară.
— Păi aici e radiație mare!
— Ce ne tot vorbești de radiația asta? Am văzut-o noi.
— Păi nu se poate vedea!
— Uite, acolo, e o casă neterminată, oamenii au părăsit-o și au plecat. E atâta frică. Iar noi seara ne ducem și ne uităm pe fereastră... Iar ea stă sub grindă, radiația asta. E rea, rea, și ochii îi strălucesc... E neagră, neagră...
— Nu se poate!
— Uite, jurăm în fața ta! Ne facem cruce!

Se închină. Se închină vesele. Râd de ele sau de noi?

Ne adunăm la redacție, după călătorie.

— Ei, care e treaba? ne întrebăm.

– Totul e în ordine!
– Totul e în ordine? Uită-te în oglindă, ai venit cărunță!

Au apărut bancuri despre Cernobîl. Cel mai scurt: «Ce popor bun au fost bielorușii!»

Am primit o sarcină – să scriu despre evacuare... În Polesia, există o credință: dacă vrei să te întorci acasă, trebuie să sădești, înainte de un drum lung, un copac. Mă duc acolo... Intru într-o curte, în a doua. Toți sădesc copaci. Am intrat în a treia curte, m-am așezat și am început să plâng. Iar gazda îmi arată:

– O fată și ginerele au sădit un prun, altă fată, un scoruș negru, fiul ce mare, un călin, iar cel mai mic, o salcie. Eu și cu omul meu, un măr.

Ne luăm rămas-bun și ea mă roagă:

– Am atâtea căpșune, o curte întreagă. Ia căpșune de la mine.

Voia să rămână ceva, o urmă din viața ei...

Am apucat să notez puține lucruri... Am tot amânat: o să mă așez cândva la scris și o să-mi aduc aminte. O să mă duc în concediu...

Dar, uite... Mi-a trecut prin minte cimitirul dintr-un sat... La poartă e un semn: «Radiație înaltă. Intrarea interzisă». Nici pe lumea cealaltă, cum se spune, nu mai ajungi. (*Pe neașteptate a început să râdă. Pentru prima dată în timpul acestei lungi discuții.*)

Cred că v-au povestit că era strict interzis să fotografiezi lângă reactor. Numai cu aprobare specială. Au confiscat toate aparatele de fotografiat. Înainte de plecarea soldaților care și-au făcut stagiul acolo, i-au percheziționat ca după Afganistan, pentru ca, Doamne ferește, să nu fie vreo fotografie. Nici o probă... Celor de la televiziune le-au luat benzile cei de la KGB. Le-au dat înapoi distruse. Câte documente au fost distruse! Mărturii. Sunt pierdute pentru știință. Pentru istorie. Ar trebui să fie găsiți cei care au ordonat să se facă asta...

Ce justificare ar găsi? Ce ar inventa?

Nu le găsesc niciodată nici o justificare... Niciodată! Din cauza unei fetițe... Ea dansa la spital, dansa pentru mine o polcă. Împlinise nouă ani în ziua aceea... Dansa așa de frumos... Peste două luni m-a sunat mama ei:

– Olecika moare!

Și nu am avut putere să mă duc în ziua aceea la spital. Iar după aceea a fost prea târziu. Olenka avea o soră mai mică. Ea s-a trezit într-o dimineață și a spus:

– Mămică, am visat că au venit doi îngeri și au luat-o pe Olenka noastră. Ei au spus că Olenkăi o să-i fie bine acolo. N-o s-o mai doară nimic. Mămică, Olenka noastră a fost luată de doi îngeri.

Nu pot găsi o justificare nimănui..."

Irina Kiseliova, ziaristă

MONOLOG DESPRE PUTEREA NEMĂSURATĂ A UNUI OM
ASUPRA ALTUI OM

„Eu nu sunt umanist, sunt fizician. De aceea vreau fapte, numai fapte...

Pentru Cernobîl, cândva va trebui să răspundă cineva... O să vină o vreme când cineva va trebui să răspundă, ca și pentru anul 1937. Fie și peste cincizeci de ani! Fie și bătrâni, fie și morți... O să răspundă, sunt criminali! (*După ce a tăcut puțin.*) Trebuie să păstrăm faptele... Faptele! Ele vor fi cerute...

În acea zi, pe 26 aprilie... Eram la Moscova. În delegație. Acolo am aflat despre accident.

Sun la Minsk la prim-secretarul CC din Bielorusia, Sliunkov, sun o dată, de două ori, de trei ori, dar nu mi se face legătura. Îl găsesc pe adjunctul lui (acela mă știa bine):

– Sun de la Moscova. Faceți-mi legătura cu Sliunkov, am o informație foarte urgentă.

Sun pe legătura guvernamentală, dar deja totul e secretizat. Imediat ce începi să vorbești despre avarie, telefonul se deconectează. Supraveghează, normal! Ascultă. Organele corespunzătoare... Stat în stat. Și asta chiar dacă îl sun pe prim-secretarul CC... Dar eu? Eu sunt director al Institutului de Energie Nucleară al Academiei de Științe din Bielorusia. Profesor, membru corespondent... Dar și eu am fost supus secretizării...

Am avut nevoie de două ore ca Sliunkov să ridice totuși receptorul. Raportez:

– Este o avarie serioasă. Din calculele mele (iar eu vorbisem deja cu câteva persoane la Moscova, discutasem), coloana radioactivă se mișcă spre noi. Spre Bielorusia. Trebuie să se facă urgent profilaxia cu iod a populației și să fie evacuați toți cei care locuiesc în apropierea centralei. Pe o rază de o sută de kilometri trebuie să fie luați oamenii și animalele.

– Mi s-a raportat deja, spune Sliunkov, acolo a avut loc un incendiu, dar a fost stins.

Eu nu mă pot abține:

Rugăciune pentru Cernobîl

— Este o minciună! O minciună crasă! Orice fizician o să vă spună că grafitul arde cu o viteză de cinci tone pe oră. Imaginați-vă cât o să ardă!

Mă duc la Minsk cu primul tren. O noapte albă. Dimineață sunt acasă. Îi măsor tiroida fiului – o sută optzeci de microröentgeni pe oră! Atunci tiroida era un dozimetru ideal. Era nevoie de iodură de potasiu. Este iod obișnuit. La o jumătate de pahar de suc, două–trei picături pentru copii, iar pentru adulți, trei–patru picături. Reactorul a ars zece zile, zece zile trebuia să faci așa. Dar nimeni nu ne-a ascultat! Pe oamenii de știință, pe medici. Știința a servit politicii, iar medicina a fost și ea atrasă în politică. Cum să nu! Nu trebuie să uităm pe ce fundal al conștiinței se întâmplau toate astea, cum eram în acel moment, acum zece ani. Funcționa KGB-ul, poliția secretă. Erau înăbușite «vocile occidentale». Mii de tabuuri, de secrete de partid și militare... Instrucțiuni... În plus, toți sunt educați în sensul că atomul pașnic este la fel de sigur precum turba și cărbunele. Am fost oameni înlănțuiți de frică și de prejudecăți. De superstiția credinței... Dar vorbim despre fapte, numai fapte...

În aceeași zi, pe 27 aprilie, mă decid să merg în regiunea Gomel, la granița cu Ucraina. În centrele raionale Braghin, Hoiniki, Narovlia, de la ele până la centrală sunt numai câteva zeci de kilometri. Am nevoie de informații complete. Să iau instrumente, să măsor radiația de fond. Iar radiația de fond era următoarea: la Braghin, treizeci de mii de microröentgeni pe oră, la Narovlia, douăzeci și opt de mii. Se seamănă, se ară. Se pregătesc de Paște... Vopsesc ouă, coc cozonaci... Ce radiație? Ce-i asta? Se uită la mine ca la un nebun: «De unde? Despre ce vorbiți, domnule profesor?» Röntgen, microröntgen... Limbaj de extraterestru...

Ne întoarcem la Minsk. Pe bulevard se vând în voie plăcinte, înghețată, carne tocată, franzele. Sub norul radioactiv...

28 aprilie. Țin minte datele exacte... La opt dimineața stăteam deja în anticamera lui Sliunkov. Încerc să intru, insist. Nu sunt primit. Și așa până la cinci și jumătate seara. La cinci și jumătate, din cabinetul lui Sliunkov iese un poet cunoscut al nostru. Ne cunoaștem:

— Am discutat cu tovarășul Sliunkov problemele culturii bieloruse.

— În curând n-o să mai fie nimeni care să dezvolte cultura asta, izbucnesc eu, care să citească cărțile dumneavoastră, dacă acum nu evacuăm oamenii de lângă Cernobîl! Dacă nu-i salvăm!

— Dar ce spuneți?! Acolo deja s-a stins incendiul.

Am reușit totuși să intru la Sliunkov. Îi descriu tabloul pe care l-am văzut ieri. Trebuie să-i salvăm pe oameni! În Ucraina (sunasem acolo deja) a început evacuarea.

— De ce dozimetriștii dumneavoastră (de la institutul meu) aleargă prin oraș, răspândesc panică? M-am sfătuit cu Moscova, cu academicianul Ilin, președinte al Comitetului Sovietic pentru Protecție Radiologică. La noi, totul e în parametri normali. A fost trimisă armata, tehnica militară. La centrală funcționează o comisie guvernamentală. Procuratura. Acolo o să vadă... Nu trebuie să uităm: suntem în plin război rece... Suntem înconjurați de dușmani...

Pe pământul nostru se aflau deja mii de tone de cesiu, iod, plumb, zirconiu, cadmiu, beriliu, bor, o cantitate necunoscută de plutoniu (la reactoarele-canal de mare putere, RBMK, care foloseau uraniu și grafit, tip Cernobîl, se producea plutoniu militar pentru bombe nucleare) – circa 450 de tipuri de radionuclizi. Cantitatea lor era egală cu 350 de bombe aruncate asupra Hiroshimei. Trebuia să vorbim de fizică. Despre legile fizicii. Dar vorbeam de dușmani. Căutam dușmani.

Mai devreme sau mai târziu, va trebui să răspundă pentru asta.

– Cândva o să vă dați seama, îi spuneam eu lui Sliunkov, că dumneavoastră, un simplu constructor de tractoare (fost director al unei uzine de tractoare), nu vă pricepeți la radiații, dar eu sunt fizician, am idee despre urmările acestui accident.

Dar cum așa? Un profesor, niște fizicieni îndrăznesc să învețe CC-ul? Nu, ei nu erau o ceată de bandiți. Cel mai probabil, era un complot al inculturii și spiritului corporatist. Principiul vieții lor, o deprindere de aparatcic, era să nu ieși prea tare în evidență. Să le cânte altora în strună. Sliunkov tocmai fusese luat la Moscova, promovat. Așa deci! Cred că primise un telefon de la Kremlin... De la Gorbaciov... Cică acolo, voi, bielorușii, să nu stârniți panică, Vestul și așa face suficientă. Iar regulile jocului sunt în așa fel făcute că, dacă nu faceți pe plac șefului de mai sus, nu veți fi promovat în funcție, nu veți primi acel bilet de odihnă, nici acea casă de vacanță... Trebuie să fiți pe placul celor de mai sus... Dacă am fi, ca mai înainte, un sistem închis, în spatele unei cortine de fier, oamenii până acum ar fi trăit lângă centrală. Totul ar fi fost secretizat! Aduceți-vă aminte: Kîștîm[1], Semipalatinsk[2]. O țară stalinistă... Suntem încă o țară stalinistă...

Instrucțiunile în caz de pericol de război nuclear recomandă tocmai efectuarea profilaxiei cu iod a populației. În caz de pericol! Dar aici sunt 3 000 de microröntgeni pe oră... Dar nu pentru oameni se tem ei, ci pentru putere. E o țară a puterii, nu o țară a oamenilor. Statul are prioritate, iar valoarea vieții unui om e redusă la zero. Doar existau mijloace! Noi am propus... Fără declarații, fără panică... Pur și simplu să se pună preparate pe bază de iod în rezervoarele de apă din care era luată apa potabilă, să se adauge în lapte. Ei, s-ar fi simțit că nu e același gust al apei, că nu e același gust al laptelui... În oraș erau pregătite șapte sute de kilograme de preparate pe bază de iod. Așa au și rămas, în depozite... În depozitele de rezervă. Se temeau mai mult de mânia de sus decât de atom. Fiecare aștepta un telefon, un ordin, dar nu făcea nimic singur. Frica de răspundere personală. În servietă aveam un dozimetru: de ce? Nu mă mai primeau, se săturaseră de mine în cabinetele de sus. Atunci scoteam dozimetrul și-l lipeam de tiroida secretarei, a șoferilor personali ce stăteau în anticameră. Ei se speriau și asta ajuta uneori, îmi dădeau drumul. «Ei, ce faceți isteria asta, profesore? Ce, numai dumneavoastră

---

[1] Dezastrul nuclear de la Kîștîm, accident la stația nucleară Maiak din orașul Oziorsk, fosta URSS, al treilea cel mai important accident nuclear din istorie

[2] Poligonul de teste nucleare Semipalatinsk, principala zonă de testare a armelor nucleare în fosta URSS, deschis în 1949 și închis în 1991

sunteți îngrijorat pentru Bielorusia? Oricum omul o să moară de ceva: de fumat, în accidente de mașină, se sinucide».

Râdeau de ucraineni. Ei se târau în genunchi la Kremlin, tot cereau bani, medicamente, aparatură dozimetrică (nu era suficientă), iar al nostru (Sliunkov ăsta) în cincisprezece minute a raportat situația: «Totul e în ordine. Ne descurcăm cu forțele noastre». Era lăudat: «Bravo, frați bieloruși!»

Câte vieți a costat lauda asta?!

Am informații că ei, șefii, luau iod. Când au fost cercetați de angajații institutului nostru, toți aveau tiroida curată. Fără iod, asta era imposibil. Pe copiii lor îi trimiseseră, cu multă discreție, cât mai departe de aici. Când plecau în delegații, aveau aparate de respirat, costume speciale. Tot ce nu se găsea pentru ceilalți. Și deja nu mai e de mult un secret că lângă Minsk creșteau o cireadă specială. Fiecare vacă cu număr individual... Personal... Pământuri speciale, sere speciale... Control special... Respingător. (*După ce a tăcut puțin.*) Pentru asta încă nu a răspuns nimeni...

Au încetat să mă mai primească. Să mă asculte. Am început să-i bombardez cu scrisori. Cu rapoarte. Trimiteam hărți, cifre. La toate instanțele. Am adunat patru dosare a câte două sute cincizeci de pagini. Fapte, numai fapte... Pentru orice eventualitate, am făcut copii, două exemplare, unul se afla în cabinetul meu de la serviciu, iar pe cel de-al doilea l-am ascuns acasă. Soția l-a ascuns. De ce am făcut copii? Trebuia să avem memorie... Trăim într-o asemenea țară. Mereu închideam singur cabinetul. Vin eu dintr-o delegație – au dispărut dosarele... Toate cele patru dosare groase. Dar eu am crescut în Ucraina, bunicii mei sunt cazaci. Am fire de cazac. Am continuat să scriu. Să iau cuvântul. Trebuia să-i salvăm pe oameni! Să-i evacuăm de urgență! Aveam deplasări, una după alta. Institutul nostru a întocmit prima hartă a raioanelor «poluate». Tot sudul era roșu. Sudul ardea...

Asta e deja istorie. Istoria unei crime...

Din institut a fost luată toată aparatura pentru controlul radiațiilor. A fost confiscată. Fără explicații. Telefoane acasă la mine, cu amenințări: «Încetează, profesore, cu speriatul oamenilor! O să te trimitem acolo unde și-a înțărcat mutul iapa. Nu te prinzi? Ai uitat? Repede mai uiți!» Presiuni asupra angajaților institutului. Băgau spaima în ei.

Am scris la Moscova.

Mă cheamă președintele academiei noastre, Platonov:

— Poporul bielorus o să-și aducă aminte cândva de tine, ai făcut multe pentru el, dar e rău că ai scris la Moscova. E foarte rău! Ni se cere să te demitem. De ce ai scris? Oare nu pricepi pe cine ai supărat?

Eu am hărți, cifre. Dar ei? Puteau să mă bage la spitalul de nebuni... M-au amenințat. Puteam să fac un accident de circulație... Fusesem prevenit. Puteau să-mi facă dosar penal. Pentru propagandă antisovietică. Sau pentru o cutie de cuie lipsă în inventarul institutului...

Mi-au făcut dosar penal...

Au obținut ce-au vrut. Am căzut la pat, infarct... (*Tace.*)

Totul este în dosare... Fapte și cifre... Cifre criminale...

În primul an...

Milioane de tone de grâne «poluate» au fost prelucrate ca furaje combinate, s-au dat animalelor, iar carnea mai apoi ajungea pe masa noastră. Păsările şi porcii erau hrăniţi cu făină de oase contaminată cu stronţiu...

Satele erau evacuate, dar câmpiile erau semănate. Din datele institutului nostru, o treime din colhozuri şi sovhozuri avea pământuri «poluate» cu cesiu-137. Adesea densitatea «poluării» ajungea la 50 Ci/km^2. Nici nu putea fi vorba de obţinerea unei producţii curate; acolo nici nu puteai să stai prea multă vreme. Pe multe pământuri se depusese stronţiu-90...

În sate, oamenii se hrăneau din loturile de pe lângă casă şi nu se făcea nici o verificare. Nimeni nu i-a luminat, nu i-a învăţat cum trebuie să trăiască acum. Nu era nici un program. Se verifica numai ceea ce se trimitea mai departe pentru Moscova... În Rusia...

Îi verificam prin sondaj pe copiii din sate... Câteva mii de băieţei şi fetiţe... Aveau o mie cinci sute, două mii, trei mii de microröntgeni. Peste trei mii. Fetiţele astea n-o să mai facă niciodată copii. Au mutaţii genetice...

Au trecut atâţia ani... Dar uneori mă trezesc şi nu pot să adorm...

Ară un tractor... Îl întreb pe un funcţionar de la comitetul raional de partid care ne însoţeşte:

— Tractoristul este protejat măcar cu un aparat de respirat?

— Nu, ei lucrează fără aparate de respirat.

— Ce, nu v-au adus?

— Ei, ce spuneţi! Au adus atâtea că ajung până în 2000. Dar nu le dăm. Că altfel începe panica. Toţi o să plece de aici! O să dispară!

— Dar cum puteți să faceți așa ceva?

— Profesore, pentru dumneavoastră e ușor să vorbiți așa! Dacă vă dau afară, găsiți un alt loc de muncă. Dar eu unde să mă duc?

Ce putere! O putere nemăsurată a unui om asupra altui om. Nu mai vorbim doar de minciună, ci despre un război contra celor nevinovați...

Pe lângă Pripiat, o mulțime de corturi, oamenii se odihnesc cu familiile... Se scaldă, stau la soare. Nu știu că deja de câteva săptămâni se scaldă și stau la soare sub un nor radioactiv. Ni se interzice categoric să stăm de vorbă cu ei. Dar îi văd pe copii... Mă duc la ei și încerc să le explic. Mirare... Nedumerire... «Dar de ce nu se spune nimic la radio și televizor?» Cel care mă însoțește – de regulă mergea cu noi cineva din partea autorităților locale, de la comitetul raional, așa sunt regulile – tace. Pot să văd pe fața lui ce gândește: să raporteze sau nu? În același timp îi e milă de oameni, e un om ca toți ceilalți. Dar eu nu știu ce sentiment o să învingă când o să ne întoarcem. O să raporteze sau nu? Fiecare și-a făcut alegerea... (*O vreme tace.*)

Suntem încă o țară stalinistă... Un popor stalinist...

Țin minte, la Kiev... La gară. Trenurile, unul după altul, duc mii de copii speriați. Bărbații și femeile plâng. M-am gândit pentru prima dată: cine are nevoie de o asemenea fizică? De o asemenea știință? Dacă prețul este așa de mare... Acum asta se știe. S-a scris în ce ritm rapid a fost construită centrala nucleară de la Cernobîl. A fost construită în stil sovietic. Japonezii termină asemenea obiective în doisprezece ani, dar noi, în doi–trei ani. Calitatea și siguranța unui obiectiv special sunt pentru noi totuna cu cele ale unui complex zootehnic. Fabrici de păsări! Când lipsea ceva, puțin le păsa de proiect și-l înlocuiau cu ce se găsea atunci la îndemână. Așa, acoperișul de la sala mașinilor a fost acoperit cu bitum. El a fost stins cu atâta greutate de pompieri. Dar cine conducea centrala nucleară? La conducere nu era nici un fizician nuclear. Erau energeticieni, specialiști în turbine, instructori de partid, dar nici un specialist. Nici un fizician...

Omul a inventat o tehnologie pentru care încă nu era pregătit. Nu era pe măsura ei. Oare poți să dai un pistol pe mâna unui copil? Noi suntem niște copii fără minte. De aceea îmi interzic emoțiile...

Pe pământ... În pământ, în apă se află radionuclizi, zeci de radionuclizi. E nevoie de radioecologiști. Dar în Bielorusia nu existau, au fost chemați de la Moscova. Cândva la academia noastră de științe lucra profesorul Cerkasova, care se ocupa de problemele dozelor mici, de radiația internă. Cu cinci ani înainte de Cernobîl, laboratorul ei a fost desființat – la noi nu pot exista catastrofe. Despre ce vorbiți? Centralele nucleare sovietice sunt performante, cele mai bune din lume. Ce doze mici? Ce radiație internă? Produse alimentare radioactive, auzi tu! Laboratorul a fost desființat, doamna profesor a fost pensionată. Ea s-a angajat undeva ca garderobieră, dădea paltoanele.

Și nimeni nu a răspuns pentru nimic...

Peste cinci ani, numărul cazurilor de cancer tiroidian la copii a crescut de treizeci de ori. S-a înregistrat o creștere a unor mutații congenitale, a afecțiunilor la rinichi, inimă, diabet zaharat infantil...

După zece ani... Durata vieții bielorușilor s-a redus la șaizeci de ani...

Cred în istorie, în judecata istoriei... Cernobîlul nu s-a terminat, el abia începe..."

*Vasili Borisovici Nesterenko,
fost director al Institutului de Energie Nucleară
al Academiei de Științe a Bielorusiei*

Monolog despre jertfe și preoți

„Omul se scoală dimineața devreme... Își începe ziua...

Și el nu se gândește la cele veșnice, gândurile lui sunt la pâinea cea de toate zilele. Iar dumneavoastră vreți să-i puneți pe oameni să se gândească la cele veșnice. Este greșeala tuturor umaniștilor...

Ce înseamnă Cernobîl?

Ajungem într-un sat. Avem un autobuz german mic (a fost donat fundației noastre), copiii ne înconjoară: «Tanti! Noi suntem de la Cernobîl. Ce ne-ați adus? Dați-ne ceva. Dați-ne!»

Uite-l, Cernobîlul...

Pe drumul spre Zonă întâlnim o femeie bătrână cu o fustă brodată, de sărbătoare, cu șorț, cu o bocceluță în spinare.

— Încotro, mamaie? În vizită?

— Mă duc la Marki. La casa mea.

Iar acolo sunt 100 Ci! Trebuie să meargă vreo 25 de kilometri. Face o zi până acolo și una înapoi. Aduce un borcan de trei litri care a stat de doi ani în gard la ea. Dar ea a mai fost în gospodăria sa.

Uite-l, Cernobîlul...

Ce țin minte din primele zile? Cum a fost? Tot de la început trebuie să o iei... Ca să-ți povestești viața, trebuie să începi din copilărie. Așa și aici... Am punctul meu de plecare. Îmi aduc aminte parcă altceva. Îmi aduc aminte de aniversarea a patruzeci de ani de la Marea victorie. Atunci a fost primul foc de artificii de la noi, la Moghilău. După festivitățile oficiale, oamenii nu au plecat, ca de obicei, ci au început să cânte cântece. Total pe neașteptate. Țin minte sentimentul acesta general. După patruzeci de ani, despre război se spusese tot, venise momentul semnificațiilor. Iar înainte de asta am supraviețuit, am reconstruit, am născut copii. Așa și cu Cernobîlul... O să ne mai întoarcem la el, o să-l vedem cândva mai profund. O să devină un loc sacru. Un zid al plângerii. Dar deocamdată nu există nici o formulă. Nici o formulă! Nu sunt idei. Curie, rem, sievert, toate astea nu au o semnificație. Nu sunt o filosofie. Nu alcătuiesc o concepție de viață. La noi, omul e fie cu armă, fie cu o cruce. În toată istoria. Alt om nu a fost. Deocamdată nu este.

Mama mea lucra la statul-major al apărării civile a orașului și a fost printre primii care au aflat. Au funcționat toate dispozitivele. Conform instrucțiunilor care se aflau în fiecare birou la ei, se impunea imediat informarea populației, dotarea acesteia cu aparate de respirat, cu măști de gaz și așa mai departe. Și-au deschis magaziile secrete, sigilate, parafate, dar totul se găsea acolo într-o stare groaznică, proastă, nu se puteau folosi. În școli, măștile de gaze erau de model antebelic, nici măsura nu era bună pentru copii. Dispozitivele sunau, dar nimeni nu pricepea nimic, nu se mai întâmplase niciodată așa ceva. Dispozitivele au fost pur și simplu deconectate. Mama se justifica: «Uite, dacă ar fi izbucnit războiul, am fi știut ce să facem. Existau instrucțiuni. Dar aici?» Cine conducea la noi apărarea civilă? Generali în rezervă, colonei pentru care războiul începe așa: se transmit la radio comunicate guvernamentale, e alarmă aeriană, fugase, bombe incendiare... Nu se ajunsese până acolo pentru că se schimbase secolul. Era nevoie de un salt psihologic. Și el a avut loc. Acum știm: o să stăm, o să bem ceai la masa de sărbătoare... O să stăm de vorbă, o să râdem, dar războiul deja se desfășoară. Nici n-o să observăm cum o să dispărem.

Iar apărarea civilă era un joc la care participau adulții. Ei răspundeau de parade, de instrucție... Asta costa milioane... Eram luați de la lucru trei zile. Fără nici o explicație, la instrucție militară. Jocul acesta se numea «În caz de război atomic». Bărbații sunt soldați și pompieri, femeile – surori medicale. Ne dădeau combinezoane, cizme, genți sanitare, o pungă de bandaje, niște medicamente. Păi cum să nu! Poporul sovietic trebuie să-l întâmpine pe dușman cu demnitate. Hărți secrete, planuri de evacuare – toate acestea se păstrau în seifuri ignifuge sigilate. După planurile acestea, în câteva minute de la alarmă trebuiau să fie ridicați oamenii și dus totul în pădure, într-o zonă sigură. Urlă sirena. Atenție! Război...

Se înmânau cupe, steaguri. Și urma un banchet. Bărbații beau pentru victoria noastră viitoare! Și, desigur, pentru femei!

Recent s-a dat alarma în oraș... Atenție! Apărare civilă! Asta a fost acum o săptămână... Oamenii sunt speriați, dar e altfel de spaimă. Acum nu mai atacaseră americanii, nici germanii, dar ce e acolo, la Cernobîl? Oare din nou?

Anul 1986... Cine suntem noi? Cum ne-a găsit această versiune tehnologică a sfârșitului lumii? Pe mine? Pe noi? Este vorba de intelectualitatea locală, aveam cercul nostru. Duceam o viață separată, îndepărtându-ne de tot ce era în jur. O formă de protest a noastră. Aveam legile noastre: nu citeam ziarul *Pravda*, dar revista *Ogoniok* o treceam dintr-o mână în alta. Se slăbiseră un pic hățurile, ne îmbătam și noi cu asta. Citeam samizdat, în sfârșit au ajuns și la noi, în fundătura asta uitată de lume, Soljenițîn, Șalamov... Venecika Erofeev... Mergeam în vizită unii la alții, discuții interminabile la bucătărie. Tânjeam după ceva. După ce? Undeva trăiesc actori, staruri de film... Uite, eu o să fiu Catherine Deneuve... O să-mi pun o hlamidă stupidă, o să-mi încrețesc părul într-un mod neobișnuit... Dor de libertate... Acea lume necunoscută... O lume străină... Forma unei libertăți... Dar și ăsta era un joc. O fugă de realitate. Cineva din cercul nostru cedase, altul devenise alcoolic, cineva intrase în Partid, urcase pe scara profesională... Nimeni nu credea că zidul ăsta al Kremlinului poate fi spart, străpuns, că o să se prăbușească... În orice caz, nu va fi în timpul vieții noastre. Dacă e așa, atunci puțin ne pasă ce se întâmplă acolo la voi, o să trăim aici. În lumea noastră iluzorie...

Cernobîlul... La început a fost aceeași reacție. Dar ce ne privește pe noi? Lasă să se agite autoritățile. La ei e Cernobîl... Și e departe. Nici nu ne uitaserăm pe hartă. Nu era interesant. Nu mai aveam nevoie de adevăr. Uite, când pe sticlele cu lapte au apărut etichete «Lapte pentru copii» și «Lapte pentru adulți», atunci, da! Se apropie ceva... Da, nu sunt membru de partid, dar oricum sunt om sovietic. A apărut frica: «Nu știu de ce, frunzele de ridiche anul ăsta parcă sunt de sfeclă». Dar imediat seara, dacă dădeai drumul la televizor, vedeai: «Nu vă lăsați pradă provocărilor!» Și toate îndoielile se împrăștie. Iar demonstrația de 1 Mai? Nimeni nu ne obligase să ne ducem la ea, pe mine, de exemplu, nu m-a obligat nimeni. Puteam alege. Dar nu am făcut-o. Nu țin minte demonstrație de 1 Mai mai frumoasă, mai veselă, ca în acel an. Erau neliniștiți, desigur, voiau toți să fie în turmă, să fie alături de ceilalți... Voiau să înjure pe cineva. Conducerea, guvernul, comuniștii... Acum mă gândesc și caut să înțeleg unde s-a produs ruptura... Dar ruptura e chiar de la început... Lipsa noastră de libertate... Culmea libertății gândirii: «Putem să mâncăm ridiche sau nu?» Lipsa de libertate este în noi...

Lucram ca inginer la uzina Himvolokno și acolo aveam un grup de specialiști germani. Instalau noile echipamente. Am văzut cum se comportă alți oameni, alt popor. Dintr-o altă lume. Când au aflat de avarie, au cerut imediat să vină medici, să li se dea dozimetre, să se controleze mâncarea... Ei ascultau la radioul lor, știau ce trebuie să facă. Desigur, nu li s-a dat nimic. Atunci și-au făcut geamantanele și s-au pregătit să plece. Să ne cumpărați bilete! Să ne trimiteți acasă! Plecăm, din moment ce nu puteți să ne asigurați protecția. Au făcut grevă, au trimis telegrame guvernului lor... Președintelui... Au luptat pentru soțiile lor, pentru copii – locuiau la noi cu familiile. Pentru viața lor! Dar noi? Cum ne-am comportat noi? A, uite ce isterizați mai sunt germanii ăștia! Sunt lași! Măsoară radiația din borș, din chiftele... Afară nu ies fără treabă... Mai mare râsul! Uite bărbații noștri – ăștia, da, bărbați! Bărbați ruși! Impetuoși! Se luptă cu reactorul! Nu tremură pentru pielea lor! Se urcă pe acoperișul topit cu mâinile goale sau cu mănuși din foaie de cort (am văzut asta la televizor). Iar copiii noștri se duc la demonstrație cu stegulețe! Și veteranii de război. Garda veche! (*Se gândește.*) Dar asta este tot o formă de barbarie – lipsa fricii pentru propria persoană. Spunem mereu «noi», nu «eu», «noi ne demonstrăm eroismul sovietic», «noi o să demonstrăm caracterul sovietic». Lumii întregi! Dar sunt eu! Eu nu vreau să mor... Mie mi-e frică...

Astăzi e interesant să te studiezi, să-ți studiezi sentimentele. Cum s-au schimbat. Să te analizezi. De mult mi-am dat seama că eu am devenit mai atentă la lumea din jur. Din jurul meu și din mine. După Cernobîl, asta a venit de la sine. Am început să învățăm să spunem «eu». Eu nu vreau să mor! Mi-e frică. Dar atunci? Dau drumul mai tare la televizor: steagul roșu este înmânat mulgătoarelor care au învins în întrecerea socialistă. Dar asta nu e oare la noi? În apropiere de Moghilău? În satul care se află în centrul „petei" de cesiu? Uite, acum o să fie strămutată... Vocea crainicului: «Oamenii muncesc cu abnegație, în pofida oricăror lucruri!», «Exemple de curaj și eroism!» După mine, potopul! Să mergem în pas de revoluționar! Da, nu sunt membru de partid, dar, oricum, sunt om sovietic. «Tovarăși, nu cedați provocărilor!», zi și noapte urlă televizorul. Îndoielile se împrăștie...

(Sună telefonul. Revenim la discuție după o jumătate de oră.)

Sunt interesată de fiecare om nou. De fiecare om care se gândește la asta...

În fața noastră stă sarcina de a înțelege Cernobîlul ca filosofie. Două state separate de sârmă ghimpată: unul este Zona însăși, celălalt, restul. Pe stâlpii putreziți din jurul Zonei, ca pe niște cruci, flutură ștergare albe. Așa e obiceiul nostru. Oamenii vin aici ca la un cimitir. Lumea după tehnologie... Timpul merge înapoi... Aici e îngropată nu numai casa lor, ci o epocă întreagă. Epoca credinței în știință! Într-o idee socială justă! Marele imperiu s-a desfăcut pe la cusături. S-a prăbușit. Mai întâi Afganistan, apoi Cernobîl. Când s-a risipit imperiul, noi am rămas singuri. Mă tem să spun, dar noi iubim Cernobîlul... L-am iubit. Este un sens al vieții redescoperit de noi... Sensul suferinței noastre. Asemenea războiului. Despre noi, bielorușii, lumea a aflat după Cernobîl. A fost o fereastră către Europa. Suntem în același timp și victimele, și preoții lui. Mă tem că acesta este adevărul...

În zonă... Până și sunetele sunt altele... Intri în casă, ai senzația că ești în basmul cu prințesa adormită. Dacă încă nu e totul jefuit: fotografii, obiecte de gospodărie, mobilă... Oamenii trebuie să fie undeva alături. Uneori îi găsim... Dar ei nu vorbesc despre Cernobîl, ci despre faptul că au fost păcăliți. Pe ei îi frământă ce să facă pentru a primi tot ce li se cuvine și să nu primească alții mai mult. Poporul nostru are mereu sentimentul că este păcălit. În toate etapele marelui drum. Pe de o parte, e vorba de nihilism, de negare, pe de alta, de fatalism. Nu cred în autorități, nu cred în oameni de știință și medici, dar nici ei nu fac nimic. Sunt nevinovaţi şi neimplicaţi. În stăruinţa aceasta au fost găsite un sens şi o justificare, restul parcă nu are nici o importanţă. De-a lungul câmpului sunt tăbliţe: «Radiaţie înaltă». Pe câmp se ară. Sunt 30 Ci, 50 Ci. Tractoriştii stau cu cabinele deschise, respiră praf radioactiv. Au trecut zece ani, dar până acum nu există tractoare cu cabine ermetice. Au trecut zece ani! Cine suntem noi? Trăim pe pământul contaminat, arăm, semănăm. Facem copii. Şi atunci care e sensul suferinţei noastre? De ce mai există ea? De ce e aşa de mare? Despre asta acum discut mult cu prietenii mei. Dezbatem des problema. Pentru că Zona nu înseamnă rem şi curie, nici microröntgeni. Este vorba de popor. De poporul nostru. Cernobîlul «a ajutat» sistemul nostru muribund. Din nou o stare de urgenţă. Repartizare. Raţie. Cum ni se băga mai înainte în cap ideea cu «dacă nu ar fi fost război», acum apăruse posibilitatea de a pune totul pe seama Cernobîlului. «Dacă nu ar fi fost Cernobîlul.» Imediat ochii devin languroşi – suntem îndureraţi. Daţi-ne! Daţi-ne! Să avem ce să împărţim. Să curgă întruna!

Cernobîlul este istorie. Dar este şi munca mea. Şi modul de viaţă. Eu merg... Văd... Un sat bielorus patriarhal. Casa bielorusă. Fără toaletă şi apă caldă, dar cu icoană, fântână de lemn, ştergare brodate, preşuri ţesute. Cu ospitalitatea ei. Am intrat într-o asemenea casă să bem puţină apă, iar gazda scoate din cufărul vechi, vechi ca şi ea, un ştergar şi mi-l întinde: «Să-l ai ca amintire din gospodăria mea». A fost pădure, câmp. S-a păstrat o comunitate cu frânturi de libertate: pământ lângă casă, gospodărie, văcuţa ta. De la Cernobîl au început să fie strămutați în «Europa», în sate de tip european. Poți construi o casă mai bună, mai confortabilă, dar nu poți să construiești într-un loc nou toată această lume uriașă de care au fost legați ombilical. O lovitură uriașă dată psihicului uman. O ruptură cu tradiția, cu toată cultura seculară. Când te duci în satele astea noi, sunt, așa, ca un miraj la orizont. Sunt viu colorate. Albastre, bleu, galben-roșcate. Și denumirile lor – Maiski, Solnecinîi[1]. Vilele europene sunt mult mai confortabile decât căsuțele de lemn. Este un viitor de-a gata. Dar în viitor nu poți să cobori cu parașuta... Oamenii au fost transformați în sălbatici... Ei stau pe pământ și așteaptă să vină avionul, să vină autobuzul și să fie adus ajutorul umanitar. Nici vorbă să se bucure de șansă: am ieșit din infern, am o casă, pământ curat și trebuie să-mi salvez copiii care au deja Cernobîlul în sânge, în gene. Așteaptă o minune... Se duc la biserică. Știți ce-l roagă pe Dumnezeu? Același lucru, să le dea o minune. Nici vorbă să le dea sănătate și forța de a obține ceva singuri. S-au obișnuit să ceară... Fie din străinătate, fie din cer...

Trăiesc în casele astea ca în niște voliere. O să se prăbușească, o să se facă fărâme. Acolo trăiește un om care nu e liber. Un om condamnat. Trăiește necăjit și speriat, nu bate nici un cui singur. Vrea comunism. Îl așteaptă. Zona are nevoie de comunism. La toate alegerile, acolo se votează pentru o mână forte, duc dorul ordinii staliniste, militare. Pentru ei, este sinonimul dreptății. Acolo chiar se trăiește după reguli militare: sunt posturi de miliție, oameni în uniformă militară, sistem de intrare pe bază

---

[1] De la cuvintele *mai, soare*

de permis, rații. Funcționari care împart ajutoare umanitare. Pe cutii scrie de mână în germană și în rusă: «Nu se poate schimba. Nu se poate vinde». Se vinde peste tot. În orice punct comercial...

Și din nou, ca un joc... Ca un spectacol... Duc o caravană cu ajutoare umanitare. Oameni străini. În numele lui Hristos, în numele a altceva vin la noi. Iar în bălți, în noroi, cu pufoaice și haine vătuite se află neamul meu, în cizme ieftine... «Nouă nu ne trebuie nimic! Oricum o să se fure tot!», citesc eu în ochii lor. Dar, în același timp, văd și dorința de a pune mâna pe o cutie, pe o ladă cu ceva din străinătate. Deja știm unde locuiește fiecare femeie. Ca într-o rezervație. Și dorința respingătoare, nebunească de a spune deodată, cu obidă: «Dar o să vă arătăm acum! O să găsim ceva! Ceva ce nu găsiți în Africa! Nu e nicăieri în lume așa ceva! 200 Ci, 300 Ci.» Observ cum se schimbă și femeile, unele pur și simplu au devenit «stele de cinema». Deja au monologuri învățate pe de rost și o lacrimă le cade din ochi fix la momentul potrivit. Când au venit primii străini, ele tăceau, plângeau numai. Acum deja au învățat să vorbească. Poate pun mâna pe niște gumă de mestecat pentru copii, pe niște hăinuțe... Iar toate acestea sunt inspirate de o filosofie profundă, aceea a relației lor cu moartea, cu timpul. Nu pentru ciocolata germană și guma de mestecat nu își părăsesc ei casele și cimitirele natale.

Ne întoarcem. Le arăt: «Ce pământ frumos e aici!» Soarele a coborât jos, jos. A luminat pădurea, câmpul. Pentru noi, la despărțire. «Da», răspunde cineva din grupul de germani, care vorbește rusește, «e frumos, dar e otrăvit!» Are un dozimetru în mână.

Și-mi dau seama că numai mie îmi e drag acest apus. Este pământul meu."

Natalia Arsenievna Roslova, președinte al comitetului de femei „Copiii Cernobîlului" din Moghilău

Corul copiilor

Alioșa Belski – 9 ani, Ania Boguș – 10 ani, Natașa Dvorețkaia – 16 ani, Lena Judro – 15 ani, Iura Juk – 15 ani, Olia Zvonak – 10 ani, Snejana Zinevici – 16 ani, Ira Kudriaceva – 14 ani, Iulia Kasko – 11 ani, Vania Kovarov – 12 ani, Vadim Krasnosolnîșko – 9 ani, Vasia Mikulici – 15 ani, Anton Nașivankin – 14 ani, Marat Tatarțev – 16 ani, Iulia Taraskina – 15 ani, Katia Șevciuk – 14 ani, Boris Șkirmankov – 16 ani.

„Am stat în spital...

Mă durea așa de tare... Am rugat-o pe mama: «Mămică, nu mai pot să îndur. Mai bine omoară-mă!»"

„Un nor așa de negru... O ploaie așa de mare...

Bălțile s-au făcut galbene, verzi... Parcă se turnase vopsea în ele. Spuneam că este polen de la flori. Noi nu alergam prin bălți, numai ne uitam la ele. Bunica ne închidea în beci. Iar ea se punea în genunchi și se ruga. Și ne învăța și pe noi: «Rugați-vă! Este sfârșitul lumii. Pedeapsa lui Dumnezeu pentru păcatele noastre». Frățiorul meu avea opt ani, iar eu, șase. Am început să ne aducem aminte de păcatele noastre: el spărsese un borcan cu dulceață de zmeură... Iar eu nu recunoscusem în fața mamei că mă agățasem de gard și-mi rupsesem rochia nouă... Am ascuns-o în dulap...

Mama se îmbracă des în negru. Batic negru. Pe strada noastră, tot timpul e îngropat câte cineva... Oamenii plâng. Când aud muzica, dau fuga acasă și mă rog, spun *Tatăl Nostru*.

Mă rog pentru mama și pentru tata..."

„După noi au venit soldați în mașini. Credeam că a început războiul.

Soldații aveau pe umeri automate adevărate. Ei spuneau cuvinte de neînțeles: «dezactivare», «izotopi»... Pe drum am visat ceva: avusese loc o explozie! Iar eu sunt vie! Nu mai e casă, nu sunt părinți, nu mai sunt nici vrăbii, ciori. M-am trezit îngrozită, am sărit în sus... Am dat la o parte perdelele... M-am uitat pe fereastră: oare pe cer nu a apărut cumva o ciupercă de coșmar?

Țin minte că un soldat alerga după o pisică... Dozimetrul «acționa» lângă pisică precum un automat: poc, poc, poc... După ea alergau un băiat și o fată... Era pisica lor... Băiatul nu zicea nimic, dar fetița striga: «N-o dau!!!» Alerga și striga: «Drăguța mea, fugi! Fugi, drăguța mea!» Iar soldatul venea din urmă cu un sac mare de plastic..."

„În casă l-am lăsat pe hamsterul meu, Belenki. I-am lăsat mâncare pentru două zile. Dar am plecat pentru totdeauna..."

„Am mers pentru prima oară cu trenul...

Trenul era plin de copii. Cei mici urlă, se murdăresc. O educatoare la douăzeci de copii, iar toți plângeau:

«Mama! Unde e mama? Vreau acasă!» Eu aveam zece ani, niște fetițe ca mine ajutau să-i liniștească pe cei mici. Femeile ieșeau pe peron în calea noastră și ne făceau semnul crucii. Ne aduceau prăjituri de casă, lapte, cartofi calzi...

Am fost duși în regiunea Leningrad. Acolo, când ne apropiam de gară, oamenii se închinau și se uitau la noi de la distanță. Se temeau de trenul nostru, în fiecare gară îl spălau. Când, într-o gară, am sărit din vagon și am dat fuga la bufet, acolo nu mai primeau deja pe nimeni: «Aici sunt copii de la Cernobîl, mănâncă înghețată». Bufetiera vorbea cu cineva la telefon: «O să plece, o să spălăm cu clor și o să fierbem paharele». Noi auzeam...

Ne-au întâmpinat niște medici. Aveau măști de gaz și mănuși de cauciuc... Ne-au luat hainele, toate lucrurile, până și plicurile, creioanele și pixurile, le-au pus în pungi de celofan și le-au îngropat în pădure.

Ne-am speriat așa de tare... După aceea, multă vreme am așteptat să începem să murim..."

„Mama și tata s-au sărutat și m-am născut eu...

Mai înainte îmi spuneam că n-o să mor niciodată. Dar acum știu că o să mor. Un băiat a stat cu mine la spital... Vadik Korinkov... Îmi desena păsări. Căsuțe. A murit. Nu e mare lucru să mori... O să dormi multă, multă vreme, n-o să te mai trezești niciodată. Vadik mi-a spus că, atunci când o să moară, o să trăiască multă vreme într-alt loc. I-a spus asta unul dintre băieții mai mari. El nu se temea.

Am visat că am murit și eu. Am auzit în vis că mama mea plângea. Și m-am trezit..."

*

„Noi plecam...

Vreau să povestesc cum și-a luat bunica rămas-bun de la casa noastră. Ea l-a rugat pe tata să scoată din magazie un sac cu grâu și l-a aruncat prin livadă: «Pentru păsările cerului». A adunat ouă într-o sită și le-a pus prin curte: «Pentru pisicul și câinele nostru». Le-a tăiat slănină. A scuturat din toate săculețele ei semințe: de morcov, dovleac, castraveți, ceapă... De toate culorile... Le-a risipit prin grădina de legume: «Lasă să trăiască în pământ». Iar mai apoi a făcut o plecăciune în fața casei... A făcut o plecăciune spre magazie... Le-a dat roată și a făcut o plecăciune în fața fiecărui măr...

Iar bunicul, când am plecat, și-a scos căciula...

Eram mic."

„Șase, nu, opt ani, mi se pare. Mai exact, opt. Am socotit acum. Țin minte că mi-era frică de multe. Îmi era frică să alerg desculț pe iarbă. Mama mă speria că o să mor. Mă temeam să mă scald, să mă scufund. În pădure, să culeg alune. Să iau un gândac în mână, doar se târăște pe pământ, iar el e contaminat... Furnicile, fluturii, bondarii – toți sunt contaminați. Mama își aduce aminte că la farmacie a fost sfătuită să-mi dea iod cu lingurița! De trei ori pe zi. Dar ea s-a speriat...

Am așteptat primăvara: oare o să crească din nou mușețelul? Ca înainte? La noi, toți spuneau că lumea o să se schimbe... La radio și la televizor... Că mușețelul o să se transforme. În ce-o să se transforme? În altceva... Iar vulpii o să-i crească o a doua coadă, aricii o să se nască fără ace, trandafirii, fără petale. O să apară oameni care seamănă cu humanoizii, o să fie galbeni. Fără păr, fără sprâncene. Numai ochii. Iar apusul n-o să mai fie roşu, ci verde.

Eram mic... Opt ani...

E primăvară... Primăvara, ca de obicei, au ieşit frunzele din muguri. Verzi. Au înflorit merii. Albi. A început să miroasă mălinul. A înflorit muşeţelul. Era la fel. Atunci am dat fuga la râu, la pescari: babuşca are, la fel, cap şi coadă? Şi ştiuca? Am verificat căsuţele graurilor: au venit graurii? Dar o să aibă pui?

Aveam multă treabă... Verificam tot..."

„Adulţii vorbeau în şoaptă... Am auzit...

Din anul în care m-am născut eu, din 1986, în satul nostru nu e nici un băiat, nici o fată. Sunt singurul. Medicii nu le-au dat voie... Au speriat-o pe mama... E ceva groaznic... Dar mama mea a fugit din spital şi s-a ascuns la bunica. Şi am apărut eu... Ei, m-am născut, deci. Am tras cu urechea la astea...

Nu am nici un frăţior sau surioară. Dar tare mai vreau. Dar de unde se iau copiii? M-aş duce să-mi caut un frăţior.

Bunica îmi răspunde în toate felurile:

– Barza îi aduce în cioc. Uneori se întâmplă să crească pe câmp câte o fetiţă. Pe băieţi îi găsesc în tufele cu fructe de pădure, dacă-i aruncă acolo pasărea.

Mama spune altfel:

– Tu mi-ai căzut din cer.

– Cum?

– A început să plouă şi mi-ai căzut direct în braţe.

Tanti, tu eşti scriitoare? Cum puteam să nu mă fi născut? Dar unde aş fi fost? Undeva sus, în cer? Dar poate pe o altă planetă..."

„Înainte îmi plăcea să mă duc la expoziţii... Să mă uit la tablouri...

În oraşul nostru a fost adusă o expoziţie despre Cernobîl... Aleargă un mânz prin pădure, are numai picioare, opt, zece, un viţel cu trei capete, în cuşcă sunt iepuri fără păr, parcă sunt din plastic... Oamenii se plimbă pe o pajişte în costume de scafandru... Copacii sunt mai înalţi decât bisericile, iar florile sunt precum copacii... Nu am putut să mă uit până la capăt. Am dat de un tablou: un băiat întinde mâinile, poate spre o păpădie, poate spre soare, dar băiatul ăsta are, în loc de nas, o trompă... Am vrut să plâng, să strig: «Nu avem nevoie de asemenea expoziţii! Nu le mai aduceţi! Şi aşa în jur toţi vorbesc numai de moarte. Despre mutanţi. Nu vreau!!!» În prima zi, la expoziţie au fost oameni, au venit, dar mai apoi n-a mai fost nici un om. La Moscova, la Petersburg, se scria în ziare, se duceau acolo în număr mare. Dar la noi e sala pustie.

M-am dus în Austria la tratament, acolo sunt oameni care pot să-şi pună la ei acasă o asemenea fotografie. Băiatul cu trompă... Sau, în loc de mâini, are labe... Şi să o priveşti în fiecare zi, ca să nu uiţi de cei cărora le e rău. Dar când locuieşti aici, asta nu mai e ceva fantastic şi nu mai e artă, e viaţă. Viaţa mea... Dacă ar fi să aleg, mai bine îmi pun în camera mea un peisaj frumos, ca acolo totul să fie normal: și copacii, și păsările. Obișnuite. Pline de veselie...

Vreau să mă gândesc la ceva frumos..."

„În primul an după avarie...

În satul nostru au dispărut vrăbiile... Ele erau la pământ peste tot: în livezi, pe asfalt. Fuseseră adunate și puse în containerele cu frunze. În acel an nu a fost permis să arzi frunzele, erau radioactive. Frunzele erau îngropate...

Peste doi ani au apărut vrăbiile. Ne-am bucurat, strigam: «Ieri am văzut o vrabie. S-au întors».

Au dispărut cărăbușii. Nici acum nu mai sunt la noi. Poate că o să se întoarcă peste o sută sau o mie de ani, cum spune profesorul nostru. Poate nici eu n-o să-i mai văd... Iar eu am nouă ani...

Dar bunica mea? Ea e bătrână..."

„1 septembrie... În careu, la școală...

Nici un buchet. În flori, știam deja, e multă radiație. Înaintea începerii anului școlar, la școală lucrau nu tâmplarii și zugravii, ca înainte, ci soldații. Ei coseau flori, scoteau și duceau undeva pământul în mașini cu remorcă. Au stricat un parc mare, vechi. Tei vechi. Baba Nadia... Mereu era chemată la o casă, când murea cineva, să bocească. Să citească rugăciuni. «Nu l-a lovit fulgerul... Pământul n-a alunecat... Marea nu l-a înecat... Stau ca niște sicrie negre...» Plângea după copaci ca după oameni. «Stejarul meu drag... Mărul meu drag...»

Iar peste un an, toți au fost evacuați, satul a fost îngropat. Tatăl meu e șofer, el s-a dus acolo și a povestit. Mai întâi au făcut o groapă mare, de cinci metri... Au venit pompierii, iar cu furtunurile stropesc casa de la acoperiș până la temelii, ca să nu se ridice praf radioactiv. Ferestrele, acoperișul, pragul – totul este spălat. Iar mai apoi, o macara smulge casa din loc și o pune în groapă... Cad acolo păpuși, cărți, borcane... Excavatorul acoperă. Totul e acoperit cu nisip, lut, se netezește. În loc de sat, ai câmp drept. Acolo se află casa noastră. Și școala, și comitetul sătesc... Acolo sunt ierbarul meu și două albume cu timbre, visam să le adun.

Am avut și o bicicletă... Tocmai mi-o cumpăraseră..."

„Am doisprezece ani...

Sunt tot timpul acasă, sunt invalid. La noi acasă, poștașul aduce pensie pentru mine și pentru bunicul. Fetițele din clasă, când au aflat că am cancer de sânge, se temeau să stea cu mine. Să mă atingă. Iar eu mă uitam la mâinile mele, la ghiozdan și la caietele mele... Nu s-a schimbat nimic. De ce se tem de mine?

Medicii au spus: m-am îmbolnăvit pentru că tatăl meu a lucrat la Cernobîl. Iar eu m-am născut după aceea.

Dar eu îl iubesc pe tata..."

„Niciodată nu am văzut atâția soldați...

Soldații au spălat copacii, casele, acoperișurile... Au spălat vacile de la colhoz... Eu mă gândeam: «Sărmanele animale din pădure! Pe ele nimeni nu le spală. Și nici pădurea nu o spală nimeni. Și ea o să moară!»

Profesoara a spus: «Desenați radiația!» Eu am desenat cum cade o ploaie galbenă... Și curge un râu roșu..."

*

„Din copilărie mi-a plăcut tehnica... Visam, când o să cresc, să fiu tehnician, ca tata, el adora tehnica. Tot timpul construiam câte ceva împreună. Meșteream.

Tata a plecat. Nu am auzit când se pregătea. Dormeam. Dimineață am văzut-o pe mama plânsă: «Tatăl nostru e la Cernobîl».

L-am așteptat pe tata ca de la război...

S-a întors și a început să se ducă din nou la uzină. Nu a povestit nimic. Iar la școală mă lăudam la toți că tatăl meu a venit de la Cernobîl, că el e lichidator, iar lichidatorii sunt cei care ajutau să lichideze avaria. Sunt eroi! Băieții mă invidiau.

Peste un an, tata s-a îmbolnăvit...

Mergeam prin parcul spitalului... Asta era după a doua operație... Și a vorbit pentru prima oară cu mine despre Cernobîl...

Au muncit în apropiere de reactor. Încet, pașnic, își amintea că era frumos... Iar în acest timp se întâmpla ceva. Livezile înfloreau. Dar pentru cine? Oamenii din sate plecaseră. Au mers prin orașul Pripiat: în balcoane se vedeau rufe, ghivece cu flori. Sub o tufă se afla o bicicletă, cu o geantă din pânză de cort a unui poștaș, plină cu ziare și scrisori. Și în ea era un cuib de păsări. Ca într-un film...

Ei au «curățat» tot ce trebuia să se arunce. Au înlăturat pământul contaminat cu cesiu și stronțiu. A doua zi, aparatul păcănea din nou.

«La despărțire ni s-au strâns mâinile și ne-au dat scrisori de recunoștință pentru abnegație...» Tata își tot amintea. Ultima oară s-a întors de la spital și ne-a spus: «Dacă o să rămân în viață, las chimia, las fizica... O să plec de la uzină... Mă fac cioban...»

Am rămas doar eu cu mama. N-o să mă mai duc la facultatea tehnică, așa cum visează mama. Acolo unde a învățat tata."

„Am un frate mic...

Îi place să se joace de-a Cernobîlul. Construiește un adăpost, acoperă reactorul cu nisip... Sau se face o sperietoare, aleargă după toți și-i sperie: «Ooo! Eu sunt radiația! Ooo! Eu sunt radiația!»

El nu exista când s-a întâmplat asta."

„Noaptea, zbor...

În mijlocul unei lumini puternice... Nu este ceva real, dar nici ceva de pe cealaltă lume. Este și una, și alta, și altceva. În vis știu că pot să intru în interiorul acestei lumi, să stau puțin acolo în ea... Sau să rămân? Limba mea e cam împiedicată, respirația e greoaie, dar acolo nu e nevoie să vorbesc cu cineva. Mi s-a întâmplat ceva în genul acesta. Dar când? Nu mai țin minte... Sunt cuprins de dorința de a mă contopi, dar nu văd pe nimeni... Numai lumină... Am senzația că pot s-o ating... Ce uriaș sunt! Sunt cu toți ceilalți, dar deja separat, într-o parte. Singur. Când eram foarte mic, am văzut niște imagini color despre ceea ce văd eu acum în acest vis... Vine uneori câte o clipă când nu pot să mă mai gândesc la altceva. Deodată se deschide o fereastră... O pală neașteptată de vânt: ce-i asta? De unde? Între mine și acel cineva se stabilește o legătură, o comunicare... Dar ce tare mă împiedică pereții aceștia cenușii, de spital. Ce slab sunt încă... Acopăr lumina cu capul, pentru că mă împiedică să văd... M-am întins, m-am întins... Am apucat să mă uit mai sus...

Și a venit mama. Ieri a pus o icoană în salon. Șoptește ceva acolo, în colț, se pune în genunchi. Toți tac: profesorul, medicii, surorile medicale. Cred că eu nu-mi dau seama, că nu știu că o să mor în curând. Dar eu noaptea învăț să zbor...

Cine a spus că e ușor să zbori?

Cândva am scris versuri... Mă îndrăgostisem de o fată din clasa a cincea. În clasa a șaptea am aflat că există moarte... Poetul meu preferat e Garcia Lorca. Am citit la el despre «rădăcina neagră a strigătului». Noaptea, versurile sună altfel. Cu totul altfel... Am început să învăț să zbor... Mie nu-mi place jocul acesta, dar ce să fac?

Pe cel mai bun prieten al meu îl chema Andrei... I s-au făcut două operații și a fost trimis acasă. Peste o jumătate de an îl aștepta a treia operație. S-a spânzurat de cureaua sa... În clasa pustie, când toți se duseseră la ora de sport. Medicii îi interziseseră să alerge, să sară. Era considerat cel mai bun fotbalist din școală, înainte de operație...

Aici am avut mulți prieteni... Iulia, Katia, Vadim, Oksana, Oleg. «O să murim și o să ajungem știință...», spunea Andrei. «O să murim și o să uite de noi...», așa credea Katia. «Când o să mor, să nu mă îngropați la cimitir, mi-e frică de cimitir, acolo sunt numai morți și ciori. Să mă îngropați în câmp...», se ruga Oksana. «O să murim...», plângea Iulia.

Pentru mine, acum, cerul e ceva viu când mă uit la el... Ei sunt acolo..."

O VOCE OMENEASCĂ SINGURĂ

„Până nu de mult am fost aşa de fericită. De ce? Am uitat...

Totul a rămas undeva, într-o altă viaţă. Nu pricep... Nu ştiu cum o să pot trăi din nou. Voiam să trăiesc. Uite, râd, vorbesc. Am fost aşa de necăjită. Eram ca paralizată. Voiam să vorbesc cu cineva, dar nu cu un om. Intru în biserică, acolo e linişte, linişte, cum se întâmplă în munţi. Linişte, linişte. Acolo poţi să-ţi uiţi viaţa. Iar dimineaţa mă trezesc. Caut cu mâna. Unde e el? Perna lui, mirosul lui... O pasăre mică, necunoscută aleargă pe pervaz cu un clopoţel mic şi mă trezeşte, înainte nu am mai auzit un asemenea sunet, o asemenea voce. Unde e el? Nu pot să redau tot, nu totul se poate rosti. Nu înţeleg cum am rămas să trăiesc. Seara vine fetiţa: «Mamă, am făcut deja lecţiile». Atunci îmi aduc aminte că am copii. Dar unde e el? «Mamă, mi s-a rupt un nasture. Să mi-l coşi». Cum să mă duc după el? Să-l întâlnesc. Închid ochii şi mă gândesc la el până adorm. El vine în vis, dar numai în treacăt, repede. Dispare imediat. Chiar îi aud paşii... Uite, unde dispare el? Dar el tare nu voia să moară. Se uită pe fereastră, se tot uită. La cer... Îi pun o pernă, două, trei... Ca să stea sus. A murit de multă vreme... Un an întreg... Nu ne puteam despărţi... (*Tace mult.*)

Nu, nu, nu vă temeţi, n-o să încep să plâng... M-am dezvăţat să mai plâng. Vreau să vorbesc. Alteori e aşa de greu, aşa de insuportabil – vreau să-mi spun, să mă conving că nu ţin minte nimic... Ca prietena mea... Ca să nu înnebunesc... Soţii noştri au murit în acelaşi an, au fost împreună la Cernobîl. Ea se pregăteşte să se căsătorească, vrea să uite, să închidă uşa asta. Uşa într-acolo. După el... Nu, nu, eu o înţeleg. Ştiu. Trebuie să supravieţuieşti. Are copii. Am fost undeva unde nu mai fusese nimeni, am văzut ceva ce n-a mai văzut nimeni. Tac, tac, dar odată, în tren, am început să povestesc unor oameni necunoscuţi. De ce? Mi-e frică singură...

El a plecat la Cernobîl de ziua mea. Musafirii încă mai erau la masă, s-a scuzat în faţa noastră. M-a sărutat. Iar maşina îl aştepta deja jos. Pe 19 octombrie 1986. Ziua mea de naştere... El e montor, a mers prin toată Uniunea Sovietică, iar eu l-am aşteptat. Aşa a fost ani de zile. Am trăit ca nişte îndrăgostiţi – ne luam rămas-bun şi ne întâmpinam... Iar atunci, frica a pus stăpânire doar pe mamele noastre, nu şi pe noi. Acum mă gândesc: de ce? Doar ştiam unde se duce. Ei, să fi luat de la copilul vecinilor manualul de fizică de clasa a zecea, să-l fi răsfoit măcar. Acolo a stat fără căciulă. Alţi băieţi, peste un an, şi-au pierdut tot părul, lui, dimpotrivă, i s-a îndesit şi mai tare. Nici unul din ei nu mai este. Brigada lui, şapte oameni, toţi au murit. Tineri... Unul după altul... Primul a murit după trei ani... Îşi spuneau că a fost o întâmplare. Soarta. După aceea, al doilea, al treilea, al patrulea... Acum fiecare începuse să aştepte ca el... Uite cum au trăit! Soţul meu a murit ultimul... Cei de la montaj se căţărau pe sus. Ei au întrerupt lumina din satele evacuate, se urcau pe stâlpi, deasupra caselor moarte, a străzilor pustii. Tot timpul la înălţime, sus. Era înalt de aproape doi metri, greutatea, nouăzeci de kilograme – cine putea să-l omoare așa? Multă vreme nu am cunoscut frica... (*Zâmbește pe neașteptate.*)

Ah, ce fericită am fost! S-a întors... L-am văzut... În casă era sărbătoare, mereu, când se întorcea, era sărbătoare. Am o cămașă de noapte lungă, lungă, frumoasă, frumoasă, am pus-o pe mine. Îmi plăcea lenjeria scumpă, am numai lucruri frumoase, dar cămașa asta e deosebită. De sărbătoare. Pentru prima noastră zi... Noapte... Îi știam tot trupul, pe dinafară, am sărutat tot. Uneori chiar visez că sunt o parte a trupului său, așa de inseparabili suntem. Îmi era tare dor de el, fără el mă durea ceva. Când ne despărțeam, pentru o vreme îmi pierdeam orientarea – unde mă aflu, pe ce stradă, cât e ceasul... Ieșeam din timp... A venit cu niște noduli limfatici la gât, i-am simțit cu buzele, erau mici, dar am întrebat:

– O să te duci la medic?

El m-a liniștit:

– O să treacă.

– Cum e acolo, la Cernobîl?

– Muncă obișnuită.

Nici bravadă, nici panică. Un singur lucru am aflat:

– Acolo e la fel ca aici.

În cantina în care mâncau, la parter erau serviți soldații – tăiței, conserve, iar la etajul unu, șefii, generalii militari – fructe, vin roșu, apă minerală. Fețe de masă curate. Fiecare avea un dozimetru. Iar lor, în toată brigada, nu le-au dat nici unul...

Țin minte marea... Încă mai mergeam cu el la mare, țin minte că era așa de multă mare, cât era și cerul. Prietena cu soțul, și ei au mers cu noi. Și ea își aduce aminte: «Marea era murdară. Toți se temeau să nu se îmbolnăvească de holeră». Scria ceva de genul acesta în ziare... Eu țin minte altfel, într-o altă lumină... Țin minte că marea era peste tot, ca și cerul. Albastră, albastră. Și el era alături de mine. Eu m-am născut pentru iubire... Pentru o iubire fericită... La școală, fetele visau – care să intre la facultate, care să se ducă la un șantier comsomolist, iar eu voiam să mă mărit. Să iubesc tare, tare, ca Natașa Rostova. Numai să iubesc! Dar nu puteam să recunosc asta față de nimeni, pentru că atunci, trebuie să mai țineți minte, era voie să visezi numai la un șantier comsomolist. Asta ni se insufla. Toți voiau în Siberia, în taigaua de nepătruns, mai țineți minte, se cânta: «Dincolo de ceața și de mirosul taigalei». La facultate nu am intrat din primul an, nu am avut puncte suficiente, m-am dus să lucrez la o centrală telefonică. Acolo am făcut cunoștință cu el. Eram de serviciu... Și eu m-am măritat cu el, eu l-am rugat: «Căsătorește-te cu mine. Te iubesc așa de mult!» Mă îndrăgostisem până peste cap. Era un băiat așa de frumos... Eram în al nouălea cer. Chiar eu l-am rugat: «Căsătorește-te cu mine». (*Zâmbește.*)

Altă dată cad pe gânduri și-mi găsesc tot felul de motive de liniștire: dar poate că moartea nu este sfârșitul, el s-a schimbat numai și trăiește undeva într-o altă lume. Undeva alături? Eu lucrez la bibliotecă, citesc multe cărți, mă întâlnesc cu tot felul de oameni. Tare mai vreau să vorbesc despre moarte. Să înțeleg. Caut alinare. Citesc din ziare, din cărți... Mă duc și la teatru, dacă e vorba și acolo despre moarte... Mă doare fizic pentru că nu e cu mine, nu pot să trăiesc singură...

El nu voia să se ducă la medic:

— Nici nu vreau să aud. Nu mă doare.

Dar nodulii limfatici deveniseră cât un ou de găină. L-am băgat cu forța în mașină și l-am dus la policlinică. A fost trimis la oncolog. L-a văzut un medic, l-a chemat pe un altul:

— Aici mai e unul de la Cernobîl.

Și atunci nu i-au mai dat drumul. După o săptămână i-au făcut operație: i-au înlăturat total glanda tiroidă, laringele și i le-au înlocuit cu niște tubulețe. Da... (*Tace.*) Da... Acum știu că și asta a fost o perioadă fericită. Doamne! Cu ce prostii mă ocupam: alergam prin magazine, cumpăram cadouri pentru medici – cutii de bomboane, lichioruri de import. Pentru asistente, ciocolată. Și ei le luau. Iar el râdea de mine:

— Înțelege, doar nu sunt zei. Iar chimie și radiație aici sunt pentru toată lumea. Îți dau și fără bomboane.

Dar eu alergam la capătul orașului pentru un tort «lapte de pasăre» sau pentru un parfum franțuzesc – toate astea se cumpărau pe atunci numai prin cunoștințe, pe sub mână. Apoi am mers acasă! Acasă... Mi s-a dat o seringă specială, mi-au arătat cum s-o folosesc. Trebuia să-l hrănesc cu seringa asta. Am învățat multe. De patru ori pe zi fierbeam ceva proaspăt, neapărat proaspăt, dădeam prin mașina de tocat, frecam în sită și apoi le puneam în seringă. Străpungeam un tubuleț, cel mai mare, care se ducea în stomac... Dar el nu mai simțea mirosurile, nu le mai distingea. Îl întrebam: «E gustos?» Nu știa.

Dar noi, oricum, am mers de câteva ori la film. Și acolo ne sărutam. Ne agățaserăm de un firișor de ață așa de subțire, dar ni se părea că ne-am agățat din nou de viață. Încercam să nu vorbim despre Cernobîl. Să nu ne aducem aminte. Subiect interzis... Nu-l las la telefon. Apuc receptorul. Băieții lui mor unul după altul. Subiect interzis... Dar, într-o dimineață, îl trezesc, îi aduc halatul, iar el nu se poate scula. Și nu poate să spună nimic... A încetat să vorbească... Avea ochii mari, mari, atunci s-a speriat... Da... (*Tace din nou.*) Ne mai rămăsese un an... În acest an a murit... Pe zi ce trecea îi era mai rău și el știa că băieții lui mor... Dar am trăit și cu asta, cu așteptarea asta... Se vorbește despre Cernobîl, se scrie despre Cernobîl. Dar nimeni nu știe ce e asta... Acum, la noi, totul este altfel: nu ne naștem cum trebuie, nu murim cum trebuie. Nu așa cum o fac toți. Mă întrebați cum se moare după Cernobîl? Omul pe care l-am iubit, pe care l-am iubit așa de tare, cum n-aș fi putut s-o fi făcut mai mult nici dacă l-aș fi născut chiar eu, se transforma sub ochii mei într-un monstru... I-au înlăturat nodulii limfatici și s-a dat peste cap circulația sangvină, nasul parcă o luase din loc, se mărise de vreo trei ori, iar ochii erau cumva altfel, se îndepărtaseră, apăruse în ei o lumină necunoscută și o expresie de parcă nu el, ci altcineva se uita de acolo. Apoi, un ochi s-a închis de tot... Iar eu mă temeam ca el să nu se vadă așa, să nu se țină minte așa... Dar el începuse să mă roage, să arate cu mâinile, să-i aduc o oglindă. Am fugit la bucătărie de parcă am uitat, nu am auzit. Două zile l-am tot păcălit așa, a treia zi mi-a scris într-un caiețel cu litere mari și cu trei semne de exclamare: «Dă-mi oglinda!!!» Aveam deja un caiețel, pix, creion, comunicam în felul acesta, pentru că nu mai putea vorbi nici în șoaptă, nici o șoaptă nu-i mai ieșea. Muțenie totală. Am dat fuga la bucătărie, lovindu-mă de cratițe. Nu citeam, nu ascultam. Mi-a scris din nou: «Dă-mi oglinda!!!» și cu semnele acelea. I-am adus oglinda, una foarte mică... S-a uitat, s-a luat cu mâinile de cap și a început să se legene în pat... Eu am încercat să-l liniștesc. «Uite, numai să te faci puțin mai bine și o să mergem undeva într-un sat părăsit. O să cumpărăm o casă și o să trăim acolo, dacă n-o să vrei în oraș, unde sunt mulți oameni. O să trăim singuri». Nu-l păcăleam, m-aș fi dus cu el unde voia, nu avea importanță cum arăta. Eu nu-l mințeam...

Refuz să-mi amintesc lucrurile despre care nu vreau să vorbesc. Dar s-au întâmplat toate... Am privit departe, poate chiar mai departe de moarte... (*Se oprește.*)

Aveam șaisprezece ani când ne-am cunoscut, el era mai mare decât mine cu șapte ani. Am ieșit împreună doi ani. Îmi plăcea foarte mult la noi, la Minsk, cartierul de lângă sediul oficiului poștal central, strada Volodarskogo; acolo, la ceas, ne dădeam întâlnire. Eu locuiam lângă țesătorie și mergeam cu troleibuzul 5, care nu oprea lângă poștă, ci puțin mai departe, spre magazinul cu haine pentru copii. Troleibuzul mergea mai încet înainte de a coti, exact cum îmi trebuia mie. Mereu întârziam puțin, puțin, ca să mă uit pe fereastră și să exclam: ce băiat frumos mă așteaptă! Nu am observat nimic doi ani – nici iarnă, nici vară. Mă ducea la concerte... La preferata mea, Edita Pieha. La dansuri nu ne duceam, el nu știa să danseze. Ne sărutam, doar ne sărutam... Îmi spunea «micuța mea». Ziua de naștere, din nou ziua mea de naștere... E ciudat, dar lucrurile cele mai importante mi s-au întâmplat chiar de ziua asta, uite, cum să nu crezi în destin. Stăteam la ceas: la cinci era întâlnirea, iar el nu era acolo. La şase, tulburată, cu ochii în lacrimi, tot umblam de colo colo prin staţia mea, am traversat strada, m-am uitat în urmă şi am văzut cum el alerga după mine, trecând pe roşu, cu salopeta de serviciu, cu cizme. Nu i-au dat drumul mai devreme de la serviciu... Aşa l-am iubit şi mai mult: în costumul de vânătoare, cu bluza de corp, orice îi venea bine... Ne-am dus la el acasă, el s-a schimbat, am decis să serbăm ziua mea de naştere la restaurant. Dar, pentru că era seară, nu erau locuri libere, iar să dăm o hârtie de cinci sau de zece (erau încă bani vechi) portarului, cum făceau alţii, nici el, nici eu nu ştiam.

— Hai, spuse el deodată, radiind, să cumpărăm de la magazin şampanie, nişte prăjituri şi să mergem în parc, să serbăm acolo. Sub stele, sub cerul liber!

Am stat până dimineaţă pe o bancă, în parcul Gorki... Aşa era el... Nu am avut în viaţa mea o altă zi de naştere ca asta şi atunci i-am spus:

— Căsătoreşte-te cu mine. Te iubesc aşa de tare!!!

El a început să râdă:

— Eşti încă mică.

Iar a doua zi am depus actele la starea civilă.

Ah, ce fericită am fost! Nu aş schimba nimic în viaţa mea, chiar dacă m-ar avertiza cineva de sus... Din stele... Să-mi dea un semn... În ziua nunţii, el nu şi-a găsit buletinul, am scormonit toată casa. Am fost trecuţi la starea civilă pe o hârtiuţă. «Fata mea, ăsta e semn rău», plângea mama. Apoi am găsit buletinul în nişte pantaloni vechi, în pod. Iubire! Asta nici nu mai era iubire, ci un proces lung de îndrăgostire. Ce mai dansam dimineaţa în faţa oglinzii: eu sunt frumoasă, tânără, el mă iubeşte! Acum îmi uit fața, acea față pe care o aveam cu el. Nu mai văd în oglindă fața aceea...

Este oare ceva despre care pot să vorbesc? Să redau în cuvinte... Poate sunt taine... Nici acum nu pricep ce a fost. Chiar și în ultima lună petrecută împreună... Mă căuta noaptea... Avea dorințe. Mă iubea mai tare ca înainte... Ziua, când îl priveam, nu-mi venea să cred că noaptea ne iubeam... Nu voiam să ne despărțim. Eu îl mângâiam, îl alinam. În acele clipe îmi aduceam aminte de toate lucrurile frumoase. Fericite. Cum a venit din Kamceatka cu barbă, îi crescuse barbă acolo. Ziua mea de naștere în parc, pe bancă. «Căsătorește-te cu mine.» Oare trebuie să vorbesc? Se poate oare? M-am dus la el așa cum se duce un bărbat spre o femeie. Ce puteam eu să-i dau în afară de medicamente? Ce speranță? El nu voia deloc să moară. El credea că iubirea mea o să ne salveze. O asemenea iubire! Mamei mele nu i-am povestit nimic, ea nu m-ar fi înțeles. M-ar fi condamnat. M-ar fi blestemat. Pentru că nu a fost un cancer obișnuit, de care oricum toți se temeau, ci unul de la Cernobîl, cu mult mai înspăimântător. Medicii mi-au explicat: dacă metastazele ar fi pătruns în interiorul organismului, ar fi murit repede, dar ele au ajuns la suprafață, pe față... Crescuse pe el ceva negru... Bărbia dispăruse, la fel și gâtul, iar limba îi căzuse în afară... Venele i s-au spart, și a început să sângereze... Pe gât, pe obraji, din urechi, din toate părțile... Aduceam apă rece de la baie, puneam comprese, toate acestea nu ajutau la nimic. Era groaznic, perna era toată pătată... Aduceam un lighenaș de la baie și firișoarele de sânge curgeau ca în hârdăul de muls... Se auzea picuratul ritmic, liniștit, mă simțeam, parcă, la țară... Și acum îl mai aud noaptea... Cât încă era conștient, bătea din palme – era semnul nostru pentru chemarea salvării. Nu voia să moară... Avea patruzeci și cinci de ani... Sunam la salvare, ei ne știau de-acum, nici nu mai voiau să vină: «Nu-l putem ajuta cu nimic pe soțul dumneavoastră». Le ceream măcar o injecție cu morfină. Învățasem cum se face injecția, dar aceasta lăsa o vânătaie sub piele, care nu se mai resorbea... Odată chiar am reușit să conving salvarea să vină, era acolo un medic tânăr. S-a aplecat peste el și imediat s-a tras înapoi:

– Spuneți-mi, nu cumva e de la Cernobîl? Nu e dintre cei care au fost acolo?

Eu răspund:

– Ba da.

Și el, nu exagerez, a țipat:

– Draga mea, lasă-l să se ducă repede! Cumplit se mai moare de Cernobîl, i-am văzut și pe ceilalți cum au sfârșit.

Iar omul meu e conștient, aude tot... Bine că nu știe, că nu bănuiește că a rămas singurul din brigada sa... Ultimul. Altă dată a fost trimisă de la policlinică o soră medicală, ea a stat pe hol, nici nu a intrat în apartament. «Vai, nu pot!» Dar eu pot, pot totul! Ce să mai fac? Cum să-l salvez? El strigă, are dureri, toată ziua strigă... Atunci am găsit ieșirea: i-am dat votcă cu seringa. Uita de sine, de durere. Nu mie mi-a trecut prin cap asta, alte femei mi-au spus, care au trecut prin același chin... Venea mama lui. «De ce l-ai lăsat să plece la Cernobîl? Cum ai putut face asta?» Dar mie atunci nici prin cap nu-mi trecuse că puteam să nu-i dau voie, iar el cred că nici nu se gândisc că ar fi putut să refuze să meargă acolo. Erau vremuri de criză, armata era totul. L-am întrebat odată:

— Acum nu-ți pare rău că te-ai dus acolo?

Dă din cap că nu. Scrie în caiețel:

— După ce voi muri, să vinzi mașina, roțile de rezervă, iar cu Tolik – ăsta e fratele lui – să nu te măriți.

Lui Tolik îi plăcea de mine.

Știu taine... Stau lângă el... Doarme... Are încă un păr atât de frumos! Am luat o foarfecă și am tăiat o șuviță... A deschis ochii, s-a uitat ce am în mână, a zâmbit. Mi-au rămas ceasul lui, livretul militar și medalia de la Cernobîl... (*Tace multă vreme.*) Ah, ce fericită am mai fost! La maternitate, țin minte, stăteam zile întregi la fereastră, așteptându-l... Nu pricepeam nimic: ce era în neregulă cu mine? Nu mă mai săturam să-l privesc, simțeam cumva că asta se va termina în curând. Dimineața îi făceam de mâncare și-l admiram cum mânca. Cum se rădea. Cum mergea pe stradă. Sunt o bună bibliotecară, dar nu pricep cum poți să-ți iubești serviciul atât de mult. Eu îl iubeam doar pe el. Numai pe el. Și nu pot fără el. Noaptea urlu... Urlu în pernă, ca să nu audă copiii...

Nici pentru o clipă nu mi-am imaginat că o să plece din casă, că nu vom fi împreună în ultima lui clipă de viață... Mama mea, fratele lui începuseră să îmi spună, să îmi sugereze, că medicii le-au spus că era un loc anume lângă Minsk, un spital, unde primeau pe cei în faze terminale – soldați din Afganistan, fără brațe, fără picioare –, printre care și pe cei de la Cernobîl... Mă imploră să-l ducem acolo, că o să-i fie mai bine, că sunt medici peste tot. Nu voiam, nici nu voiam să aud de asta. Atunci l-au convins pe el și el a început să mă roage:

— Du-mă acolo. Nu te chinui.

Iar eu ba îmi iau concediu medical, ba concediu fără plată. Conform legii, concediu medical îți dau numai pentru îngrijirea unui copil bolnav, iar concediu fără plată, nu mai mult de o lună. M-a făcut să-i promit că o să-l duc acolo. Am mers cu mașina, cu fratele lui. La marginea unui sat, se numea Grebionka, se afla o casă mare de lemn, cu o fântână dărăpănată lângă ea. Toaleta este în curte. Niște bătrâne în negru, habotnice... Nici nu am ieșit din mașină. În noaptea aceea l-am sărutat:

— Cum ai putut să mă rogi așa ceva? Asta n-o să se întâmple niciodată! N-o să se întâmple niciodată! Niciodată!!!

L-am sărutat peste tot.

Ultimele săptămâni au fost cele mai cumplite... Petreceam o jumătate de oră ca să urineze într-un borcan de jumătate de litru. Nu-și ridica privirea. Îi era rușine. L-am sărutat. În ultima zi a fost un moment când a deschis ochii, s-a ridicat, a zâmbit și a spus: «Valiușka...» Asta eram eu. Eu am amuțit de fericire... De bucuria de a auzi vocea lui...

M-au sunat de la serviciu:

— O să-i aducem diploma de onoare.

Îi spun:

— Vor să vină băieții tăi. Să-ți dea o diplomă.

Dă din cap că nu! Dar ei au venit. Au adus niște bani, o diplomă într-o mapă roșie, cu fotografia lui Lenin. Am luat-o și mi-am spus: «Pentru ce moare el? În ziare se scrie că nu doar Cernobîlul, ci și comunismul a sărit în aer. Viața sovietică s-a terminat. Iar profilul de pe mapa roșie e același». Băieții mai voiau să-i spună niște cuvinte frumoase, dar el s-a acoperit cu pătura, numai părul îi ieșea... Au stat puțin lângă el și au plecat. Deja se temea de oameni... Numai de mine nu se temea... Dar omul moare singur... Eu l-am strigat, dar el nu mai deschidea ochii. Respira numai. Când l-au îngropat, i-am acoperit fața cu două batiste. Dacă cineva mă ruga să-l vadă, le dădeam la o parte... O femeie a leșinat. Iar cândva l-a iubit, eram geloasă pe ea.

– Lasă-mă să-l văd pentru ultima oară.

– Uită-te.

Nu i-am spus că, atunci când a murit, nimeni nu putea să se apropie de el, toți se temeau. Iar rudele nu aveau voie să-l spele, să-l îmbrace, conform obiceiurilor noastre. Au venit de la morgă doi infirmieri, au cerut votcă:

– Am văzut, au recunoscut ei, de toate: striviți, tăiați, cadavre de copii în urma incendiilor... Dar așa ceva, pentru prima oară... (*Tace.*)

El a murit și a stat așa fierbinte, fierbinte. Nu puteai să-l atingi... Am oprit ceasurile din casă... Șapte dimineața. Și ceasul nostru și acum stă așa, nu mai merge... Am chemat un meșter, a ridicat din umeri neputincios:

– Aici nu e vorba nici de mecanică, nici de fizică, ci de metafizică.

Primele zile... Fără el... Am dormit două zile fără pauză, nu au putut să mă trezească, mă ridicam, beam puțină apă, nu mâncam, cădeam din nou pe pernă. Acum mi se pare ciudat: cum de am putut să dorm atât? Când soțul prietenei mele era pe moarte, arunca cu farfuriile după ea. Că de ce era ea așa de tânără, de frumoasă?

Dar al meu doar se uita la mine. A scris în caiet: «Când o să mor, să-mi arzi rămăşiţele. Vreau să nu te temi». De ce hotărâse aşa? Circulau tot felul de zvonuri, că cei de la Cernobîl sunt radioactivi şi după moarte... Am citit şi eu că mormintele pompierilor de la Cernobîl, morţi în spitalele militare de la Moscova şi îngropaţi în apropierea oraşului, la Mitino, sunt ocolite de oameni, nimeni nu-şi îngroapă morţii în preajma lor. Până şi morţii se tem de morţii de la Cernobîl, ce să mai vorbim de cei vii... Pentru că nimeni nu ştie ce înseamnă Cernobîl. Sunt numai supoziţii. Presimţiri. El a adus de la Cernobîl un costum alb în care a muncit acolo. Pantaloni, salopetă... Şi aşa a stat costumul acela la noi în şifonier până la moartea lui. Apoi mama a decis: «Trebuie să-i aruncăm toate lucrurile». Se temea... Dar eu am vrut să păstrez măcar acel costum. O treabă criminală, doar am copii în casă... O fată şi un băiat... Le-am dus în afara oraşului şi le-am îngropat... Am citit multe cărţi, trăiesc în mijlocul cărţilor, dar nu pot să explic nimic. Au adus urna... Nu mi-era frică... Am dat cu mâna în cenuşă, iar acolo era ceva mărunt, ca nişte scoici, erau oasele şoldului... Înainte de asta, i-am mai atins lucruri, dar nu-l auzeam, nu-l simţeam. Îmi amintesc că în noaptea în care a murit, stăteam lângă el. Şi deodată am văzut ridicându-se un firişor de fum... A doua oară l-am mai văzut la crematoriu... Era sufletul lui... Nimeni nu l-a văzut, în afară de mine. Şi am avut sentimentul că ne-am mai revăzut încă o dată...

Am fost aşa de fericită! Ce fericită! Când era plecat în delegaţie, număram zilele, orele, până la întoarcerea lui. Secundele! Fizic, nu pot trăi fără el. Nu pot! (*Îşi acoperă fața cu mâinile.*) Îmi aduc aminte... Am mers la sora lui, la țară, iar seara, ea îmi spune: «Ți-am făcut patul în camera asta, iar lui, în cealaltă». Ne uităm unul la altul și râdem... Nu ne puteam imagina că se poate dormi separat, în camere diferite. Numai împreună. Nu pot fără el. Nu pot! Mulți m-au pețit... Fratele lui m-a cerut de nevastă... Ei semănau așa de mult unul cu altul. La statură. Chiar și la mers. Dar mi se pare că dacă o să mă atingă altcineva, o să plâng întruna. N-o să mă opresc niciodată...

Cine mi l-a luat? Cu ce drept? I-au adus un ordin cu dungă roșie la 19 octombrie 1986, ca și când l-ar fi chemat la război. (*Aduce un album. Îmi arată fotografiile de la nuntă. Și când deja vreau să-mi iau rămas-bun de la ea, se oprește.*)

Cum să merg mai departe? Nu v-am spus tot... Nu am spus până la capăt... Am fost fericită... Nebunește... Poate că nu trebuie să-mi dați numele. Rugăciunile se spun în șoaptă, cu voce scăzută. (*Tace.*) Nu, spuneți numele! Să-i aduceți aminte lui Dumnezeu... Vreau să înțeleg de ce ni se dau asemenea suferințe? Pentru ce? La început am crezut că ceva nou, întunecat mi se va statornici în privire, ceva ce nu era al meu... Ce anume m-a salvat? Ce m-a împins mai departe? Fiul meu... Mai am un fiu. Primul fiu al nostru... E bolnav de mult... A crescut, dar vede lumea ca un copil de cinci ani. Vreau să fiu cu el... Visez să fac schimb de apartament, mai aproape de Novinki, acolo e spitalul de psihiatrie. Toată viața și-o trăiește acolo. Este sentința medicilor: ca să trăiască, el trebuie să fie acolo. În fiecare zi mă duc acolo. Mă întâmpină: «Dar unde e tata

Mișa? Când o să vină?» Cine o să mă mai întrebe asta? El îl așteaptă.

O să-l așteptăm împreună. O să-i citesc rugăciunea mea pentru Cernobîl. Iar el o să privească lumea cu ochi de copil..."

Valentina Timofeevna Apanasevici,
soție de lichidator

ÎN LOC DE EPILOG

„Biroul de turism din Kiev oferă excursii la Cernobîl...
Traseul începe din oraşul mort Pripiat: turiştii o să vadă blocurile părăsite, cu rufele înnegrite în balcoane şi cărucioarele pentru copii. Fosta miliţie, fostul spital şi comitetul orăşenesc de partid. Aici încă se păstrează lozinci din vremurile comuniste – radiaţia nu le-a făcut nimic.

Din oraşul Pripiat, traseul continuă prin satele moarte unde, prin case, în toiul zilei, bântuie lupi şi mistreţi. S-au înmulţit ceva de groază!

Iar punctul culminant al călătoriei sau, cum se scrie în reclamă, punctul maxim de atracţie este considerat a fi vizita la obiectivul «Carcasa» sau, mai simplu, sarcofagul. Construit în pripă deasupra celui de-al patrulea bloc al reactorului distrus, este plin de crăpături prin care se strecoară umplutura mortală – resturile combustibilului nuclear. Veţi avea ce să le povestiţi prietenilor când vă întoarceţi acasă. Nu e ca şi cum v-aţi duce în Insulele Canare sau în Miami... Excursia se va încheia cu fotografierea stelei ridicate în amintirea eroilor morţi la Cernobîl. Vă veţi simţi parte a acelei istorii.

Ei, și la finalul excursiei, amatorilor de turism extrem li se propune un picnic cu produse curate din punct de vedere ecologic și vin roșu. Și votcă rusească. Organizatorii garantează că în ziua petrecută în Zonă, veți absorbi mai puțină radiație decât atunci când faceți o radiografie. Dar nu vă sfătuiesc să vă scăldați, să mâncați peștele și vânatul prins. Să culegeți fructe de pădure și ciuperci, să le frigeți la foc. Să oferiți femeilor flori de câmp.

Credeți că e o aiureală? Greșiți, turismul nuclear este la mare căutare, mai ales printre turiștii occidentali. Oamenii vin după impresii noi și puternice, care pot fi trăite în foarte puține locuri din lume, pentru că lumea e mult prea comună și accesibilă. Viața a devenit plicticoasă. Și noi vrem ceva veșnic...

Vizitați Mecca nucleară... Prețurile sunt corecte..."

Din materiale apărute în ziare bieloruse, 2005

1986–2005

CUPRINS

Informație istorică 7
O voce omenească singuratică 15
Interviu al autoarei cu sine însăși despre
    o istorie uitată și despre faptul că Cernobîl
    pune sub semnul întrebării imaginea noastră
    despre lume... 39
Capitolul 1. Pământul morților......................... 53
Capitolul 2. Apogeul creației............................ 123
Capitolul 3. Tristețea ne încântă....................... 239
În loc de epilog... 365